*The Ideology
Issues of
Contemporary Chinese
and Western Cultural
Communication*

当代中西文化

交流中的意识形态问题

刘洋 著

社会科学文献出版社
SOCIAL SCIENCES ACADEMIC PRESS (CHINA)

序

　　刘洋的《当代中西文化交流中的意识形态问题》，选题具有重要的理论价值和实践意义。仅从论题字面来看，所涉问题都非常重要。中西文化交流历史悠久，当代中西文化交流是历史上中西文化交流的延伸，但带有极为鲜明的当今时代的色彩，其中主要是两个方面：一是中西文化之间达到了前所未有的互动，二是在这种新的文化交流中始终存在着明显的意识形态斗争。在我国改革开放进行了三十多年之后，在中西文化交流在各个层面全面、立体地展开之后，人们很少从意识形态的角度去观察和思考这些问题。因此，在全面展示当代中西文化交流的历史过程中，找到意识形态斗争的线索、特点，有利于我们开展有针对性的工作，自觉地开展社会主义文化建设，不断推进社会主义文化强国建设。

　　选题虽然很好，但难以做出好的成绩。这主要是因为文化本身是一个十分复杂的系统，在学术上不好把握。论述当代中西文化交流，既不能完全从纯学术性的概念去推论，也不能仅仅停留在纷繁复杂的文化现象上，而要从大量的文化交流中找出规律性特点，并将意识形态问题从复杂的文化活动中剥离出来。做到这一点，必须以马克思主义的科学方法为指导，也要采取有效的研究方法，其中包括历史方法、对比研究、问卷调查等。在这方面，作者通过回顾中西文化交流的历史，仔细对比了历史上的中西文化交流与当今的中西文化交流的特点，从而使我们能从漫长的文化交流史中大体把握各个时期的特点，特别是关于当今中西文化交流的特点的把握，使我们能从中体会到文化交流中的意识形态问题的依据和缘由。更令人称道的是，作者为了较为准确地把握当代中西文化交流的特点，专门在中国当代的大学生和来华留学大学生中进行了符合规范的问卷调查，从中可以较为具体地了解到西方文化对当代中国大学生价值观的影响，以及中国大学生对西方文化的认识；了解到在华留学生对中国文化的认知情况。这样的调研数据从最严格的意义上来说，当然还有改进的空间，但从目前的状况来看，这样做的人极为少见，而且所得出的结论具有较强的说服力。在这样的基础上，作者提出了在中西文化交流的当下，应当做好文化超越和文化转型工作。这样的思路和见解，无疑具有极为重要的战略价值。以此为基础，作者对中西文化交流中的文化安全和意识形态斗争策略进行了较为系统的思考，所提建议也是富有建设性的。

  作为作者的导师，我深知这个选题的分量以及做好这个课题的艰辛。作者曾经在英国留学多年，对西方文化有亲身感受，同时又在国内高校教授英语，这是她做好这个课题的最有利的条件。但做好这个课题，还需要有较为扎实的马克思主义理论功底和文化知识，她这方面则稍显薄弱。为了弥补这个不足，作者下了很大的功夫，投入极大的精力研读经典，并多方拜访名师，数易其稿，可以说是功夫不负有心人，取得了初步的成功。我所以在总体评价上有所保留，不是现有书稿有什么明显的缺陷，而是说，这个选题实在是太重要、太重大了，不是这个篇幅所能完全回答的。无论是作者本人，还是其他对此有兴趣的学者，都可以在此基础上做出更多更好的文章。我作为这个问题的一个爱好者，期待各位同行的努力和成功。

是为序。

荣长海

2014 年 3 月 20 日

目 录
CONTENTS

绪　论 …………………………………………………………… 1
　　一　选题的意义／1
　　二　题解／4
　　三　中西文化交流的研究现状／6
　　四　研究方法／23
　　五　研究的基本思路／24
　　六　可能的创新之处与难点所在／24

第一章　相关概念的梳理和界定 …………………………… 26
　　一　文化概念／26
　　二　意识形态概念／33
　　三　马克思主义交往观／39

第二章　中西文化交流的历史回顾与当代启示 …………… 43
　　一　历史上中西文化交流的过程和特点／43
　　二　中西文化交流史的当代启示／61

第三章　当代中西文化交流的现状及意识形态问题 ……… 63
　　一　改革开放之前的中西文化交流／63
　　二　改革开放以来的中西文化交流／66
　　三　当代中西文化交流中的意识形态问题分析／87

第四章　实证研究一：西方文化对当代中国大学生
　　　　价值观的影响 ………………………………………… 95
　　　　一　调查的基本情况／96
　　　　二　西方文化对当代中国大学生价值观的影响／151

第五章　实证研究二：在华留学生对中国文化的认知 ………… 157
　　　　一　调查的基本情况／157
　　　　二　在华留学生对中国文化的认知情况／190

第六章　文化的超越与转型 ………………………………………… 192
　　　　一　文化超越／193
　　　　二　文化转型／201

第七章　当代中西文化交流中的文化安全和意识
　　　　形态斗争策略 …………………………………………… 218
　　　　一　文化安全及意识形态斗争／219
　　　　二　中国对外文化交流的对策建议／229

参考文献 ……………………………………………………………… 243

附录A　西方文化对当代中国大学生
　　　　价值观的影响调查问卷 ………………………………… 250

附录B　在华留学生对中国文化认知调查问卷 ………………… 260

附录C　Cognition of Chinese Culture from Foreign
　　　　Student's Perspective ……………………………… 265

后　　记 ……………………………………………………………… 273

绪　　论

一　选题的意义

从某种意义上来说，世界文化史就是文化相互交流、传播、碰撞、融合以及不断创新的历史。文化交流是人类历史上的普遍现象，是推动社会进步的重要动力。正如 A. G. Smith 所指出的："哪儿有人类交往哪儿就有交流，交流是人们生存于社会以及保存自身文化的必由之路。"[①] 在当今世界多极化、经济全球化的发展过程中，各个国家、民族之间的文化交流，在规模上、深度上、广度上都是前所未有的，其影响也是极为巨大的。文化全球化是否也会随着经济全球化而产生，这在理论上和实践上都是值得重视的大问题。早在1848年，马克思和恩格斯在《共产党宣言》中就为我们勾勒出了一幅经济/文化全球化的图景：

> 美洲的发现，绕过非洲的航行，给新兴的无产阶级开辟了新的活动场所……资产阶级由于开拓了世界市场，使一切国家

---

① A. G. Smith ed., *Communication and Culture: Readings in the Codes of Human Interaction*, New York: Holt, Rinehart & Winston, 1996, p. 136.

的生产和消费都具有世界性……过去那种地方的和民族的自给自足和闭关自守状态，被各民族的各方面的互相往来和各方面的互相依赖所代替了。物质的生产是如此，精神的生产也是如此。各民族的精神产品成了公共的财产。民族的片面性和局限性日益成为不可能，于是由许多种民族的和地方的文学形成了一种世界的文学。①

马克思和恩格斯的这段话揭示了新大陆发现后资本在世界范围内运作和扩张的过程和特点。他们所预言的"世界文学"其实就是文化全球化的产物。他们的世界历史理论在今天的具体形式，就是全球化。虽然这一论断是否证明文化全球化具有必然性还有待论证，但它指出了文化交流和传播中的现实问题：在文化的交流与互动中，究竟是内容还是形式，或者说内容和形式都具有世界性？进一步讲，如果只是形式上具有世界性，那在内容上有没有矛盾和斗争？现代以来中西文化冲突的实质是什么？在文化冲突中，用一种意识形态去抵抗另一种意识形态是不是一种积极有效的方式？面临中西文化交流的机遇与挑战，中国如何在多元文化的背景下树立主流意识形态的理性权威，使之成为具有社会共识的精神支柱？如何发挥文化优势，促进意识形态中的社会核心价值取舍？这些问题，既涉及对当今世界范围文化格局的现实情况判断，以及由此而引发的各个民族国家的文化政策选择，也涉及有关文化以及文化与政治、经济的关系等基本理论问题。这些都是重大问题，不可能用简短的篇幅加以解决。本书试图从中西文化交流中的意识形态角度做出一点探讨，以期对当前文化大发展大繁荣背景下的中西文化交流有所贡献。

资本主义经济在全球范围内的扩张，必然带来资本主义文化的

---

① 《马克思恩格斯选集》第 1 卷，人民出版社，1995，第 276 页。

传播。在这样的条件下，任何一个发展中国家都不可避免地面临着自己的传统文化与西方文化之间的冲突，中国近代以来的历史充分、反复地证明了这一点。

随着全球经济一体化的深化发展，"文化全球化"的表现在20世纪最后20年达到了高潮，某些西方理论家便迫不及待地宣布历史和意识形态的终结。颇具讽刺意味的是，在人类历史进入新千年的时刻，我们并未看到这种经济/文化全球化带来的盛世图景，反而更加难以解释日趋紧张的地区争端、猖獗的恐怖主义等现象。一个突出的感受是：世界文化形式多样性与经济全球化并不紧密关联，文化有自己的内在逻辑；在世界范围内，文化层面的交流既是必然的大趋势，又不可能（至少在可预见的时期内）完全统一起来，更不可能由经济占主导地位的国家或其他共同体的文化一统天下。因此，站在中国人的角度对世界范围内的文化交流问题加以研究，具有很强的现实意义。

文化交流之中有没有意识形态问题？从字面上看，文化属于意识形态，或意识形态就是文化的表现，而这与文化定义的内容范围大小有关。但无论如何，文化交流中具有鲜明的意识形态特征是毫无疑问的。现代以来，文化交流的一种重要形式是新闻传播，而新闻传播本身带有强烈的意识形态特征。自觉地运用传播手段系统地向其他相对落后的国家传播资产阶级意识形态，进而以此作为干涉他国事务的一个手段或步骤，已经成为当今发达资本主义国家进行文化传播的基本形式。在全球化的背景之下，文化传播的范围、内容及形式愈加宽广和丰富，各种意识形态之间的冲突和碰撞也随着文化传播影响范围的扩大而影响愈广，只是在某种程度上，这种意识形态的冲突没有以冷战时期针锋相对的态势表现出来，而是以一种更隐蔽的方式存在。因此，我们不应当也不可能回避文化传播与交流中的意识形态问题。本书的研究是从纷繁复杂的文化交流形式中来理解文化传播与交流的实质，并且分析其在当代的表现。

从党的十六大提出"文化体制改革"的任务，到十七大提出"文化软实力"，到十七届六中全会首次从完整意义上制定"文化强国战略"并提出增强国家文化软实力、推进中华文化走向世界的历史任务，直至十八大强调"建设社会主义文化强国，关键是增强全民族文化创造活力"，这些都表明文化发展已成为当下中国的重大任务，而研究文化传播与交流中的意识形态问题必然提上议事日程。可以说，在中西文化交流中，不可能全是意识形态问题，但也必然存在着意识形态问题。如何区分和处理这些问题，是实现文化交流良性发展的重大问题。作为一个社会主义国家，我国与世界上大多数国家存在着国体和政体以及意识形态等方面的差异，这必然给我国同别国间的文化交流带来一定的困难。作为世界上仅存的几个社会主义国家之一，长期以来，我国在国际上的形象一直被误读，甚至屡屡遭遇"妖魔化"。如何从根本上提高国家的软实力，改善我国的国家形象，把我国的丰富文化展现给世界人民，树立我国文化大国的形象，都是我们必须解决的问题。

另外，随着改革开放的不断深化，我国的文化安全问题也日益凸显出来。当我们在大力发展文化事业、开展文化交流时，不能忽视西方资本主义文化中的意识形态因素有意无意对我国文化乃至社会生活的侵蚀和渗透。为此，科学地证明文化交流中的意识形态问题，提出有效的应对策略，也是本书的意图之所在。

二　题解

（一）有关"当代中西文化"

当代中西文化的界定，包括时间和空间上的限定。从时间上看，中西文化交流有几千年的历史，秉持厚今薄古的原则，为了更好地分析全球化视域下中西文化交流中的意识形态问题，除了对必要的中西文化交流史进行简略回顾外，本书主要致力于分析当代中西文化交流，特别是1978年改革开放以来中西文化交流中的意识形态问题。因为改革开放以来的三十多年，不仅是中国经济迅猛发展的三十多年，也是中西文化大碰撞的三十多年。在此期间，巨大的社会变化不仅表现在物质、经济等方面，更重要的是还触及了人们的思想、观念，特别是对深层的价值观产生了巨大的影响。

从空间上看，文化的界定比较困难，但也可以简化处理，即空间与时间对应。由于文化具有延续性，本书所指的中国文化是包括中国传统文化在内的中国社会目前的主流文化。西方文化则不是纯粹地理意义上的概念，而是指文化意义上的西方，即以古希腊和古罗马文明为基础，除了欧洲的英、法、意等地理学意义上的西欧国家外，还包括北欧斯堪的纳维亚半岛、中欧与南欧以及伊比利亚半岛的西班牙、葡萄牙等国，这是一个大欧洲文化概念，也就是所谓的"大西洋文化圈"；美国和加拿大等北美洲国家，大洋洲的澳大利亚和新西兰，地跨欧亚的俄罗斯等一般也属于西方的范畴。因此，本书所论述的西方是指最广泛意义上的西方。[①] 一般来说，在文化研究中，中西文化体系基本可以代表人类文明的主流。所谓的文化体系是指具备"有特色、能独立、影响大"这三个基本条件的文化。中国文化与西方文化是世界文化体系中两个最大的分支，中国文化属于原生态型内陆农耕文化，而西方文化是非原生态型的海洋狩猎文化。两者曾经长期分区并立、平行发展，各自对人类发展做出了自己的贡献。中西文化各自具有鲜明的特征，是分属当今

---

① 马克思主义产生于西方，从地域上归类应当属于西方文化，但作为无产阶级和社会主义的理论基础，它已经与西方文化的基本特征有本质区别，故不包含在本书所指的西方文化之中。

人类四大文化体系两端的两种类型文化（另两大文化体系为印度文化体系、阿拉伯伊斯兰文化体系）。

（二）有关"意识形态"

从历史上的和当代的中西文化交流中，我们可以明显地看出一种合乎内在逻辑的现象：中国文化对外来文化的某些内容，其汲取过程可谓极其顺利；而对外来文化的另一些内容，则表现出相当程度的抗拒与抵制。具体表现为，在当代中西文化交流中，西方的物质文化（表层文化）已经完全被国人吸纳，制度文化也部分地被借鉴，而核心的意识形态（价值观）虽然在局部产生了某种潜移默化的影响，但仍存在较大的矛盾和对抗。当今的中西文化交流，文化的吸纳是全方位的和表层的，但文化的抗拒则是局部的和核心的，选取意识形态作为文化交流研究的切入点，具有很强的现实意义。

（三）有关"文化交流"

本书所讲的"文化交流"不同于一般意义上的"文化传播"。一般认为，文化传播更具专业性和可把握性，因为它要通过具体的媒介；文化交流则大大超出了传播的范围，也没有固定的媒介。不过，由于"文化交流"和"文化传播"具有很大的重合性，本书也会使用"文化传播"概念并对其内容有所涉及。

三 中西文化交流的研究现状

从历史上看，文化的交流和传播总是与对文化的认识和研究相互交织的，要严格区分二者是很困难的。本书的写作又要求必须将二者区分开来，因而本小节与本书的第二章难免有重复之处。本书尽量对二者加以区别对待，本小节主要还是在简述历史过程的基础上分析中西文化交流的研究现状。

马克思对文化交流曾有过这样的表述:"某一个地域创造出来的生产力,特别是发明,在往后的发展中是否会失传,完全取决于交往扩展的情况。当交往只限于毗邻地区的时候,每一种发明在每一个地域都必须单独进行。"① 这充分说明文化交流促进了民众之间交往的日益频繁与密切。同时,文化交流也是人类社会得以生存和发展的主要因素之一。哲学家罗素曾指出:"不同文化之间的交流过去已经被多次证明是人类文明发展的里程碑。希腊学习埃及,罗马借鉴希腊,阿拉伯参照罗马帝国,中世纪的欧洲又模仿阿拉伯,而文艺复兴时期的欧洲则效仿拜占庭帝国。"②

中西文化交流的历史可谓源远流长,广绰庞繁,其中有碰撞、冲突,但更多的是交汇与融合。对于中西文化交流研究的历史回顾,本书将采取两个视角:"东学西传"与"西学东渐"。这两者是一个整体,是中西文化交流这一过程的两个侧面,只有同时了解这两个侧面,我们才可能对中西文化交流做出完整的评价。许多学者在讨论中西文化交流时,都不自觉地把中国文化和西方文化假想为敌对的双方,而又由于西方文化自近代以来所具有的明显优势,因此学界往往更注重研究西方文化向中国的扩展,而忽略中国文化对西方的影响。这种单向度的思维必然会影响研究成果的科学性。本书提出这个问题,也是考虑有必要把中西文化交流定位于平等的交流,对"东学西传"与"西学东渐"进行全面、均衡的分析。

(一)中西文化交流的两种态势

1. 东学西传

从地缘文化和地缘政治上来说,历史上的中国是一个相对独立

---

① 《马克思恩格斯文集》第1卷,人民出版社,2009,第559页。
② 罗素:《中西文化之比较》,载《一个自由人的崇拜》,时代文艺出版社,1988,第8页。

的地理单元，中华文化自其发端之初，就在"东渐于海，西被于流沙，朔南暨声教，迄于四海"①之方域内，在氏族、部落、民族之间交流、同化与融合。但地理环境的阻隔并不能真正阻挡中外之间的文化交流，文化的交流从来都是双向的，尽管并不总是均等的。在世界历史的舞台上，中国文化曾经是一个难以逾越的高峰，正如英国学者李约瑟所说的，在3世纪到13世纪之间，中国的科学知识水平保持了一个令西方望尘莫及的高度。从历史学的角度看，在中西文化交流的初期，中国曾经是最主要的"输出国"之一，作为曾经的东亚文明核心，中国在对外交流中的"输出"是大量的、全面的和经常的，这其中不仅包括物质产品，还有艺术、思想、典章制度等各种文化产品。这种"输出"不仅仅影响了西方的历史，其对人类历史的影响也是不可低估的。

本书把中西文化交流过程分为以下四个阶段。

第一阶段：公元2世纪至公元13世纪。据考证，中西之间最早的间接文化交流始于公元2世纪，即处于中国的汉朝和西方的古罗马时期。学界一般认为，16世纪以前的中西文化交流都是以"东学西传"为主。这一期间，主要是通过遣使访问、通商、传教等途径来引进外来文化和输出中华文化。在这个阶段，中国传到西方的主要是物态的文化，如四大发明、丝绸、茶叶、瓷器等。从历史宏观层面来看，这一时期的中西文化交流特别是"东学西传"还没有大规模展开，双方尚谈不上对对方文化有深刻的了解和认识，交流的层面也大多停留在器物层面，无论是从深度还是广度上来讲，这种文化交流都远逊于新航路开辟以后的世界近代史时期。

第二阶段：公元16世纪至公元18世纪。在欧洲的文艺复兴和资产阶级启蒙运动时期，中西文化发生了直接的交流。无论在国内

---

① 《四书五经》（书经·卷2），中国书店，1984，第38页。

学界还是西方学界，16~18世纪中西文化交流史一直都是被关注的焦点。通过历史上最早到中国的一批耶稣会士的传播，西方开始出版一些有关中国的专著，如《大学》《中庸》与《易经》等。方豪曾经指出："利玛窦实为明季沟通中西文化第一人。自利士入华，迄于乾嘉厉行禁教时为止，中西文化交流蔚为巨观。……而欧洲人之开始移译中国经籍，研究中国儒学入一般文化之体系与演进，以及政治、生活、文化、教会各个方面受中国之影响，亦无不出现于此时。"①

这一时期"东学西传"的内容主要有：第一，当时中国封建的政治制度被介绍到西方以后引起了广大西方资产阶级思想家的极大关注，他们对其中所倡导的开明君主专制极力推崇，并借此反对当时欧洲盛行的神权君主专制。第二，中国古代哲学思想传入西方后启发了西方某些思想家，中国儒家有关天、道、仁德的思想和对教育的重视都曾对他们产生极大的影响，如法国哲学家笛卡尔的理想主义就是受中国儒家思想的影响而形成的，而斯宾诺莎的泛神论则深受老子思想的影响。第三，中国的瓷器、茶叶、丝绸随着中西贸易的发展而传入了欧洲，普遍为西方民众接受，成为西方的时尚。第四，中国的艺术、绘画、建筑园林艺术等传入西方，从而在西方掀起了一场风靡西欧的"洛可可"运动，法国甚至出现了一种"中国—哥特"式的建筑风格。

第三阶段：公元19世纪至20世纪初。学界普遍认为，自1841年法兰西学院率先设立汉学教学席位后，西方汉学研究产生了划时代的变化，汉学研究正式进入"近代学院式研究"阶段，法国的汉学研究自此始终处于欧洲的领先地位，产生了诸如雷慕沙、巴赞、伯希和等汉学权威，他们的理论深刻地影响了欧美汉学的发

---

① 方豪：《中西交通史》，中国文化大学出版社，1983，第692页。

展。二战后，法国汉学研究的优势地位迅速为美国取代，西方汉学研究的原有格局被彻底打破。以研究中国古典文化为主的汉学研究取向因为无法回应世界格局的变化和近代以来发生的一系列深刻变迁，从20世纪初就饱受质疑，从而直接导致汉学研究重心的转移，现当代中国问题研究逐渐成为西方世界中国研究的"热点"。不难看出，从法国汉学到美国中国学，是一种继承与发展的关系，中国学包含汉学，又广于汉学，它涵盖了汉学和现当代的中国研究（Modern China Studies）。

第四阶段：20世纪以后。如果说早期的西方汉学家和学者对于中国问题的研究主要集中于中国的历史、艺术、文化、习俗和科学领域的话，那么现代和当代的汉学家对中国问题的研究则大体上可分为以下四种类型。

第一类：从国际关系和国际政治角度出发研究中国问题，为政府的对华政策提供决策咨询，如美国的费正清、兰普顿、霍普金斯和艾莫斯等均可划归此列。费正清（John King Fairbank，1907~1991年）一生致力于中国问题研究，学界普遍认为"在哈佛大学研究中国问题的教授中，最早、最著名、最具代表性的人物当属费正清教授"。① 1948年，费正清发表了他的现代中国学的奠基之作《美国与中国》（The United States and the China，此后随着形势的发展不断补充修订，先后于1958年、1971年、1979年、1989年再版），他创造的"刺激—反应"方法成为美国中国学研究领域的重要方法。费正清的主要学术贡献在于：第一，创立了当代中国学。这种"中国学"有别于以往偏重于历史学、文化学、传统汉学的中国学。第二，为中美关系正常化做出了积极不懈的努力，他关于

---

① 张冠梓：《哈佛看中国——全球顶级中文问题专家谈中国问题》，人民出版社，2010，第12页。

中国问题的许多观点在西方外交界和史学界都产生了巨大而深远的影响,对美国政府的对华决策机制产生了巨大的积极影响,他的论著深刻影响了几代美国学者和二战后的美国政府对华政策。第三,致力于19世纪中叶中西方文化交流史的研究,探索了传统中国社会的特点、改变中国历史的重大变故和中西文化交流的整个过程。第四,强调学术研究主要是讲求实证,不必构筑庞大的理论体系,主张经世治国,相信研究应当有实际的效用。

第二类:以介绍中国的政党、政治特别是中共党史为主,如史华慈(Benjamin I. Schwartz)、斯诺(Edgar Snow)和施拉姆(Stuart R. Schram)等人。史华慈也是哈佛大学一位深具影响力的汉学家,他的研究涉及近现代中国史、中国思想史、人类文化比较研究三大领域。他对中国共产党研究的最早和最有影响力的成果是他的博士论文《中国的共产主义运动与毛泽东的崛起》(Chinese Communism and the Rise of Mao,哈佛大学出版社,1951)。文中介绍了中国共产党革命战略的特点及其贡献,特别指出了毛泽东思想和马克思主义的区别。他对中国思想史研究的第一部代表作是《寻求富强:严复和西方》(In the Search of Wealth and Power: YanFu and the West,哈佛大学出版社,1964),该书通过分析严复所译几部欧洲主要哲学著作,向西方学界介绍了这位中国启蒙思想家探寻西方富强原因的艰辛努力。[①] 史华慈是较早运用比较的方法来探讨中国学术是如何被西方的思想所影响的学者之一。他认为通过这样的比较可以得出人类文化发展的共同思想经验,虽然中西文化异源、异质,但通过努力,跨文化的理解与沟通是能够达成的。哈佛大学费正清东亚研究中心的裴宜理(Elizabeth Perry)教授认为,如果要在美国寻找一位既研究中国政治又研究中国古代和近代史的学者,那么史华慈

---

① 本杰明·史华慈:《寻求富强:严复与西方》,江苏人民出版社,1996,第38页。

绝对是唯一的人选。史华慈最先提出中国共产党不是苏联共产主义简单的追随者的论断，他认为中国共产主义拥有独特的深厚历史渊源和社会发展背景。

第三类：以中国的科技和经济发展问题为主要研究对象，如英国学者李约瑟（Noel Joseph Terence Montgomery Needham，1900~1995年）。李约瑟的专著《中国科学技术史》（Science and Civilisation in China，英文简称 The SCC Project）是当今汉学界的一项最具有经典意义的杰出成果。① 李约瑟在这部著作中首次用西方所熟悉的词汇成功地解读了庞大的中国自然和社会科学文库，系统地向西方读者论述了中国历代的重要科技成果，展示了中国几千年五彩缤纷的人文视野，把中华文明作为西方文明之外的典范向西方介绍。无论是从编写的时间跨度、学术资源的开发还是研究人员的眼光和胆识来看，这一巨大学术工程都是史无前例的。李约瑟通过其著作向世界表明：除了四大发明之外，中国在冶金、医学、纺织、航海、矿业、土木工程甚至数学与逻辑等方面都有惊人的成就。他的研究成果实际上已经远远超越了科技史的学术意义，对于人类不同文明和文化之间的理解和认同具有极大的推动和激励作用。同时，这本著作还体现了李约瑟的科学哲学思想，其核心是"和谐与协调"，这点在今天看来也是十分有意义的。李约瑟提出的一个重要问题（即史上有名的"李约瑟难题"）——中国古代的经验科学领先世界一千年，但为何中国没有产生近代实验科学？为什么资本主义和现代科学起源于欧洲而不是中国？他的理论在中国学术界也产生了巨大的反响。

第四类：对中国问题进行综合性研究，或从广义的文化角度研究中国，如英国的著名哲学家伯特兰·罗素（Bertrand Russell，

---

① 熊文化：《英国汉学史》，学苑出版社，2007，第135页。

1872~1970年)。罗素于1922年出版了《中国问题》一书,其在著作中对中国的政治、经济、文化等诸多方面发表了见解,使他无愧于"中国问题专家"这一称号。特别是其对中国文化的评价,至今看来都很有新意:"中国不是一种政治实体而是一种文明实体,是从远古时代留存下来的唯一的文明。从孔子的时代以来,古埃及人、巴比伦人、马其顿人以及罗马帝国都先后灭亡;只有中国在持续的进化中生存了下来,虽然也受到其他国家的影响,诸如昔日的佛教、现代的西方科技等,但佛教并没有使中国人变成印度人,而西方科技也没有使中国人变成欧洲人。"

相对于早期西方学者,现当代西方学者对中国的研究又有如下的新特点:一是现当代西方学者对中国的研究已经从传统的汉学研究(Sinology)转向现代中国学研究(China Study)。传统的汉学研究一般指对中国传统文化如汉字、音韵、历史、考古等的研究,而现当代中国学的研究则主要关注近代中国与西方的接触和相互关系,而对中国古代文明只做背景介绍。二是当代西方中国学研究的最大转变就在于海外研究者们自身角色的转变,即从纯粹的"观察中国"(China Watching)到"体验中国"(China Experiencing/China Practicing)。如美国著名的国际关系学者沈大伟(于2009~2010年在中国社会科学研究院世界经济与政治研究所做访问学者)讲过:"我喜欢和中国老百姓接触,如果中国不了解美国,或者美国不了解中国,我们两个国家就会有问题,对不对?所以,我强调加强交流,增进了解。"① 西方新一代中国研究专家正亲身体验和参与着中国的发展,这种特殊的经历无疑对其日后的研究有着积极作用。三是中国逐渐从一个被动接受信息的"客体"成为主动创造信息的"主体"。这不仅仅是由于更多的海内外学者从不同角度

---

① 何雁:《中国问题专家沈大伟见证中国》,《人民日报》(海外版)2010年5月21日。

解读当代中国，也是由于中国政府、国内传媒机构、国家汉办（孔子学院总部）的共同努力，他们都在不遗余力地积极塑造着中国的国际形象，向西方主流社会传播中国文化，扩大中国文化在全球的影响力，争夺国际话语权，让西方以更加客观和中立的眼光来看待当代中国。四是西方中国学的研究方法从"跨学科或多学科的合作"（inter-disciplinary or multi-disciplinary）向"后科学时代"（post-disciplinary）转变。近二十年来，区域研究受到文化研究、全球化、理性选择等不同理论的挑战，包括中国学研究在内的区域研究开始转型。学者们开始超越学科界限，更为关注问题和现象本身，而不拘泥于用西方已有的经验和理论来解释新的社会文化现象。

纵观历史上的"东学西传"，我们不难发现，中华文化的对外传播是以和平方式进行的，这是由于以儒家思想为核心的中国传统文化崇尚"仁""义""礼""智""信"，尚文不尚武，中国在历史上就是一直追求和平的国家，在大多数情况下对周边国家和地区是持和平友好的态度的，因此中华文化的传播总是凸显出寻求友谊的愿望。所以，同历史上的"西学东渐"不同，中华文化的传播始终没有出现类似西方文化的伴随暴力的"高压方式"的暴风骤雨般的输出。相反，它是在和平的生活中潜移默化地进行，即使是典章制度、行为方式和价值观念这个层面上的文化，其传播方式也大多是潜移默化式的"融合"，而非高压下的"同化"。

2. 西学东渐

本书也把西学东渐分为四个阶段。

第一阶段：汉代至16世纪前，虽然这个阶段是以中华文化的西传为主，但也存在着"西学东渐"的现象。汉唐以后，不仅西方物态的东西大量涌入我国，而且意识层面的东西也大量进入并得到大力传播。这些深层次的文化引进大多伴随着大量的物质投入以及有组织的政府行为。在这一阶段，从西方传入的意识形态层面的文化主要是宗教，如佛教。

第二阶段：16世纪至18世纪。其间，西方国家通过宗教改革、文艺复兴成功地实现了文化的转型，在社会发展层面大大超越了同时期依旧闭关锁国的中国。因此在这一阶段的中西文化交流中，占据主导地位的毫无疑问是西方文化，并由此产生了持续数百年的"西学东渐"的历史现象。这一时期的中西文化交流无论在规模上、深度上和程度上都大大超越了前一阶段。交流的方式也在发生变化，以暴力方式为主，西方列强靠坚船利炮强行打开了中国的大门，双方之间的关系是不平等和敌对的。由于这时期的中西文化交流是以这种不平等的方式进行的，而且中西文化的特质本身有很大区别，所以，中西文化一经触碰便发生了激烈的碰撞与冲突。虽然这一阶段碰撞与冲突是中西文化交流的主流，但双方也有融合、互补的一面。这一时期，西方人在传教过程中，同时把西方的科技文化也介绍到中国。虽然西方人此阶段传播西学的目的是引导中国的信徒羡慕西方文明，信仰西方宗教，但客观上西学在中国的传播拓宽了国人的视野，促进了我国科技文化的发展和国民思想意识的转变，间接或直接地激发了中国的思想界，促使思想家们重新审视中国传统文化的特质，并提出了若干具有近代特征的建议与思想命题。

第三阶段：19世纪至20世纪初。继西方列强用暴力手段打开中国闭关锁国的大门之后，一次次的侵略与反侵略战争相继爆发，近代中西文化交流就是在这样的特殊历史背景下展开的。西方人强行将他们的文化输入中国，主要是通过出版图书、创办报刊与学校等手段。鸦片战争以后，很多有识之士开始注重研究西方的文化，这其中包括以林则徐、魏源为代表的先进知识分子，他们组织编译、介绍、传播西方的自然科学、社会制度、社会理论方面的有关知识，打出了"师夷长技以制夷"的文化旗号。之后，冯桂芬提出"中学为体，西学为用"的主张，在这一思想的影响下，中国引进了不少西方的物质文明和科学技术，翻译了大量的书籍。甲午战争失败后，康有为、梁启超等人又着眼于中国政治制度的改革，从西方引进了自由平等思想及君主立宪制度等。到新文化运动时期，陈独秀、李大钊等人从近代中西文化的比较中认识到，西方科技与民主体制并不能真正挽救当时的中国。要想真正挽救中国，离不开国民对救亡与革命的参与，离不开民主与科学思想的启蒙。于是，他们举起了"德先生"（民主）与"赛先生"（科学）两面大旗，向封建文化伦理发起了攻击，以期能唤起公民的觉悟。但新文化运动后，中国的传统文化与西方近代文化都没能使中国走向富强。正是在这种情况下，十月革命启发了中国人，中国人民最终接受了马克思主义的学说。这次中国近代史上最大规模的西学东渐深刻地影响了当时的中国社会，它直接促使了中国科学思想、科学精神的形成及近代社会科学及自然科学的建立，推动了中国近代历史上的一系列社会运动，如太平天国运动、洋务运动、戊戌变法、辛亥革命及五四运动等。这一系列革命运动都不同程度地受到西方文化的影响。

第四阶段：当代的"西学东渐"。在这一时期的中西文化交流中，中国自始至终处于主动地位，本着学习、借鉴的目的，与西方进行多层面和更大范围的真正和平的文化交流。这一时期，学者们主要从语言学、社会学、传播学、哲学等方面对中西文化交流进行了研究。比较有代表性的著作有：关世杰的《跨文化交流学——提高涉外交际能力的学问》，王志章的《对外文化传播引论》，郭镇之主编的《全球化与文化间传播》，乐黛云的《跨文化之桥》，乐黛云、李比熊主编的《跨文化对话》（丛书，1~14），苏国勋、夏光等的《全球化：文化冲突与共生》，关世杰主编的《跨文化交流与国际传播研究》，俞思念的《文化与宽容》，李灵等主编的《中西文化精神与未来走向》，高旭东的《生命之树与知识之树——中西文化专题比较》，乔建新的《超越西方——文明的变革》，江西元的《中西文化本源与战略文化特性》等。讨论文化传播与交流的有影响力的文章包括：蔡德麟、郁龙余的《东西方文化交流与二十一世纪》，汤一介的《关于文化问题的几点思考》《和而不同与文明共存》《"文明的冲突"与"文明的共存"》《中国哲学发展的方向与途径——走出"中西古今"之争，融会"中西古今"之学》《略论百年来中国文化上的中西古今之争》等。这些著作和文章分别从当代中西文化交流的全球化时代背景、交流主体、传播媒介，传播的新内容、形式、载体、途径、特点，传播的深度和广度以及中西文化交流的未来展望等进行了深刻与细致的研究。

（二）关于中西文化交流的主要观点

通过对中西文化交流历史的考察与研究，我们可以做出如下的概括：中西文化交流历史是悠久的，其关系复杂、方式多变、内容丰富、影响巨大。中西双方的文化交流的氛围有时是和平友好的，有时又是对抗冲突的。一直以来，对于如何看待中西文化交流，学界存在如下的观点与见解。

1. 东方文化论。其过分夸大西方文化的危机，把"救世"的希望寄托于东方文化，主张用中国文化取代西方文化。如蔡德麟和郁龙余认为，21世纪将是一个东方人的世纪。[①] 21世纪中国经济将持续保持高速增长的势头，随着经济的快速发展，中国文化必然

---

① 蔡德麟、郁龙余：《东西方文化交流与二十一世纪》，《中国社会科学季刊》1993年第4期。

出现一种空前繁荣的壮观景象，东方文化将取代西方文化的中心地位，重返世界的中心。

2. 全盘西化论。其支持者认为最先进的文化非西方文化莫属，中华民族要想发展必须全面接受西方文化。其代表人物胡适在《介绍我自己的思想》中曾说："我们必须承认我们自己百事不如人，不但物质机械上不如人，不但政治制度不如人，并且道德不如人，知识不如人，文学不如人，音乐不如人，艺术不如人，身体不如人。"时至今日仍有少数中国人持有这种观点。"全盘西化"论自产生之时起，就饱受质疑。关于这一论断，著名学者季羡林曾评价道："'全盘西化'和文化交流有联系，'西化'要化，不'化'不行，创新、引进就是化。但'全盘'不行，不能只有经线，没有纬线。'全盘西化'在理论上讲不通，在事实上办不到。"①

3. 文化霸权。部分激进派、新左派学者认为，文化传播与交流实际上是一种文化霸权，极有可能引发文化殖民主义。房宁认为："借助于经济和技术及语言与文化的优势，西方大国控制着文化的输出权，把自身的文化当作普遍的价值标准，通过大众媒介向外灌输，使第三世界母语流失、文化传统被瓦解，实际上是一种文化霸权。"② 张志军认为："第一世界掌握着文化输出的主导权，可以将意识形态当作一种占优势地位的普世价值，通过媒体的远距离作用，强制性地灌输给第三世界。而处于边缘的第三世界只能被动地加以接受。"③

4. 文化趋同论。20世纪40年代以后，西方资产阶级学者将这一原本用于生物学界和数学界的术语引入社会科学领域。美国社会

---

① 蔡德贵：《构筑中西交流的学术桥梁——访著名学者季羡林先生》，《山东社会科学》2006年第11期。
② 房宁：《经济全球化与中国社会主义》，《中国人民大学学报》2001年第4期。
③ 张志军：《中国全面入市与国家电视文化安全》，《现代传播》2002年第5期。

学家索罗金在1949年所写的《俄国与美国》一书中首先提出了这一观点。趋同论认为，随着社会的不断发展、进步，资本主义和社会主义之间的差异越来越不明显，正在走着一条相似的发展道路，这最终将演变出一种既非社又非资的"新制度"。不过这种"新制度"的实质是维护资本主义制度的，是想使社会主义制度"趋同"于资本主义制度，进而"演变"成资本主义。同时，趋同论的专家认为，在文化层面上，在西方消费主义和美国大众文化的影响下，世界文化在未来将是趋向"同质"的。美国学者福山就是趋同论的主要代表之一，他认为这个时代是西方制度和意识形态一统天下的时代，自由、民主作为一种人类的"普世"理念，已经取得主导世界的地位，广为大众接受。福山认为，冷战结束后，意识形态也将进化到终点，西方的民主自由已是人类政治的最佳选择，也是最终形式。

5. 文化冲突论/文明冲突论。美国学者塞缪尔·亨廷顿（Samuel Huntington）于1993年在《外交事务》（*Foreign Affairs*）杂志上发表《文明的冲突？》（The Clash of Civilizations?）一文，引起了学界的广泛争鸣，后来亨廷顿又陆续发表《不是文明，又是什么？》《西方文明：是特有的，不是普遍的》等文章。其专著《文明的冲突与世界秩序的重建》系统地提出了他的"文明冲突理论"，他认为："随着冷战的结束，意识形态不再重要，各国开始发展新的对抗和协调模式。为此，人们需要一个新的框架来理解世界政治。……在未来的岁月里，世界上将不会出现一个单一的普世文化，而是将有许多不同的文化和文明相互并存。那些最大的文明也拥有世界上的主要权力。它们的领导国家或核心国家——美国、欧洲联盟、中国、俄罗斯、日本和印度，将来还有可能有巴西和南非，或许再加上某个伊斯兰国家，将是世界政治舞台的主要活动者。在人类历史上，全球政治首次成了多极的和多文化的。……在这样一个多元化的世界上，任何国家之间的关系都没有中国和美国之间的关系那样至关重要。……因此,未来的世界和平在相当大的程度上依赖于中国和美国的领导人协调两国各自利益的能力,及避免紧张状态和对抗升级为更为激烈冲突的能力,而这些紧张状态和对抗将不可避免地存在。"① 这种观点仍然没有脱离"西方中心论"的视角,其实质在于西方文明和根植于其上的民族和国家仍然是以一种"征服""敌对的"和"非此即彼"的二元哲学来评判其他文明及其发展的。

6. 文化融合论。不同于站在西方中心论上的文化"趋同论"与文明"冲突论",融合论认为,在全球化的进程中,不同的文化之间的冲突与融合是相伴而生的,文化融合的前提是文化的冲突,文化的融合又是文化发展和演进的主流。有学者认为:"关于全球化带来的新的生活和思想方式,以及它们所创造出来的国际性文化新格局,可以概括为两个对立的矛盾过程:一方面是文化的多样性和差异性被同化,并趋于削弱和消失;另一方面是文化的交流、互补、综合,以及新的多样化的出现。"② 耗散结构创始人、比利时科学家普利高津预言:"我们正朝着一种新的综合前进,也许我们最终能把西方的传统与中国的传统结合起来。"③ 我国学者汤一介则通过佛教在中国的发展、吸收、转型这一典型事例,论证了文化融合将成为今后不同文化之间发展的总体趋势,他认为:"在人类以往的历史上并不缺乏由于文化(如宗教)的原因引起国家与国家、民族与民族、地域与地域之间的冲突。但是,我们从历史发展的总体上看,在不同国家、民族和地域之间的文化发展则是以相互吸收与融合为主导。"④ 但文化融合论的学者之间所持的观点也是

---

① 塞缪尔·亨廷顿:《文明的冲突与世界秩序的重建》,新华出版社,1998,第156页。
② 崔婷:《当代中西文化交流特点论析》,《理论学刊》2006年第7期。
③ 普利高津:《从混沌到有序》,曾庆宏、沈晓峰译,上海译文出版社,1987,第237页。
④ 方克立:《走向二十一世纪的中国文化》,山西教育出版社,1999,第542页。

有差异的。有学者认为,文化的融合就是在文明的发展中逐渐趋同,最后建立起一种所谓的能被全世界的人类所能接受的"普世文明";也有学者认为,文化的融合其实就是一种文化吞并另外一种文化;还有学者认为,文化的融合是两种或多种文化的相互吸收与转化,当今文化的发展越来越凸显出多元化、多层面、多纬度的立体化倾向。如张汝伦认为:"从人类文明史看,基督教与犹太教、儒家与佛教,相互之间都有吸收和融合,但并不是趋同,也不是融入。随着人们交流的日益频繁和传播手段的日益先进,不同文化的融合正以前所未有的规模在发展。"①

7. 文化互补论。这是我国学者季羡林提出的,其理论的立论基础是文化交流论,其具体内容可以概括为"三十年河东,三十年河西",即用东方"天人合一"的思想和行动济西方"征服自然"之穷。目前,西方形而上学的分析已经日趋没落,而东方文化由于其讲究寻求综合的思维方式的特点必将取而代之。21世纪是东方文化的时代,这是不以人们的主观意愿为转移的。文化互补论的主要观点为:"从宏观上来看,希腊文化延续发展为西方文化,欧美都属于西方文化范畴。而中国文化、印度文化、阿拉伯伊斯兰文化构成了东方文化。'东方'在这里既是地理概念,又是政治概念,即所谓第三世界。从历史上来看,东方文化和西方文化二者的关系是'三十年河东,三十年河西'。因为文化不是一成不变的,每一种文化都有一个诞生、成长、兴盛、衰微、消逝的过程,东方文化到了衰微和消逝的阶段,代之而起的必是西方文化;等西方文化濒临衰微和消逝的极端时,代之而起的必是东方文化。"②

---

① 张友谊:《全球化视野下的文化冲突与融合》,《西南师范大学学报》(人文社会科学版)2001年第2期。
② 蔡德贵:《构筑中西交流的学术桥梁——访著名学者季羡林先生》,《山东社会科学》2006年第11期。

（三）关于中西文化交流研究的基本判断

目前，国内学界专门论述当代中西文化交流的文章不多。笔者通过在国家图书馆及其学位论文收藏中心的查询，以及在中国期刊全文数据库（1994~2011），中国优秀硕博学位论文全文数据库（1994~2011），人大复印书刊资料全文数据库（1994~2011），人民日报图文数据全文检索系统（1994~2011），中国重要会议论文全文数据库（1994~2011），中国学位论文文摘数据库（1994~2011）等的查找，以"当代中西文化"为主题词共查找出7篇文章，其中与中西文化交流有关的仅有4篇，分别为崔婷的《当代中西文化交流的新内容》《当代中西文化交流特点论析》及其博士论文《全球化背景下的中西文化交流问题研究》，王克婴的《近代与当代中西文化交流与冲突比较研究》。由此可知，专门从意识形态角度对中西文化交流进行研究的论著基本没有。当然，在已查阅的上述资料中，其中会有个别章节和片段涉及意识形态问题，但这些内容都比较零散。由此可以做出如下判断。

1. 尽管几十年来，很多学者从各自的学科角度对中西文化交流的研究做了很多颇有建树的工作，但由于研究的侧重点不同及学科视角的局限，他们的研究多是从中西文化交流的某一个侧面来进行的，缺少对文化各个层面的综合性研究。

2. 目前中西文化交流的研究对于历史的回顾与追溯较多，对当代的中西文化交流关注较少，特别是对于改革开放以后的中西文化交流的新状况进行宏观的整体性研究的论著较少。

3. 目前国内学界专门从意识形态角度研究中西文化交流的论著更少，尚无此研究议题的专著问世，而且相关的研究也很零散。

4. 现有的文献材料中大部分谈论"西学东渐"即西方文化如

何对中国形成影响及国人应如何适应西方文化等，而介绍"东学西传"即如何系统地向西方传播中国文化及西方人如何适应中国文化的文章数量相对较少。许多学者在讨论中西文化交流时，都不自觉地把中国文化和西方文化假想为敌对的双方，又由于西方文化自近代以来所具有的明显优势，学界往往更注重研究西方文化向中国的扩展，而忽略中国文化对西方的影响。这种单向度的思维使得中西文化交流的研究难以深入。

5. 现有关于中西文化交流的论著均以历史材料为据，虽无可厚非，但还是缺少当代中西文化交流的鲜活材料为依据，难免有不足之处。

四　研究方法

文化交流是一个内涵极为丰富、研究视域极为宽广的议题，文化交流中的意识形态更是一个不好把握的议题。从意识形态角度对文化交流进行研究，必须运用多学科、多视角、多层面的思维方式与研究方法。唯物辩证法是马克思主义方法论体系的精髓，是我们分析与认识问题的根本方法和观点，这一方法最显著的特点是要求我们用联系的、发展的观点看问题，在事物相互联系和发展过程中把握事物发展的客观规律性。这一方法是本书从意识形态角度分析中西文化交流的根本方法。在这个大前提下，本书还将运用历史和逻辑相统一的方法、普遍性与特殊性相统一的方法、理论联系实际的方法等。

在研究方法方面，本书的突出之处在于：一是大量使用文献研究法和比较研究法，不仅把中西文化交流做横向比较，而且还对中西文化交流各个历史阶段进行纵向比较，从宏观的角度把握中西文化交流的历史全貌，这种研究方法可以在很大程度上克服历史研究的狭隘性和孤立性，把所研究的问题即中西文化交流问题置于广阔的历史背景之中，从而更好地从宏观角度对问题进行考察。二是运用实证研究方法对当代中西文化交流中的意识形态问题进行尽可能准确的把握，这一点在过去的相关研究中还没出现过。虽然这个方法不一定那么有效，但做这样的尝试还是很有意义的。

五　研究的基本思路

本书虽然把研究的重点放在当代中西文化交流方面，但也要从历史的源头来审视中西文化交流；虽然把意识形态问题作为研究重点，但也要把它置于整个中西文化交流的过程之中，涉及文化交流的各个方面。为此，本书先对历史上的中西文化交流做出粗线条的回顾，重点分析新中国成立以来的中西文化交流，将意识形态问题从中加以突出。为了验证这个思路和设想，本书还专门从当代中国大学生和在华外国留学生两个角度进行实证研究，用社会调查得来的准确数据进行论证。在这些研究的基础上，本书提出了文化的超越和转型两个方面的思考。最后，本书对当前中国的文化安全和意识形态斗争做出了理论判断并提出了应对策略。

六　可能的创新之处与难点所在

（一）可能的创新之处

第一，研究视角的创新。以往对文化交流与传播的研究主要集中于传播学、语言学、心理学范畴，并没有人注意到从意识形态角度对文化交流进行研究的重要性。本书将意识形态作为研究中西文化交流的一个切入点，这是研究视角的创新。

第二，研究方法的创新。以往对文化交流历史的研究都是用史料作论证，没有采用现实材料论证问题的。本书通过对当代中国大学生及在华留学生的调查，用准确的现实材料验证中西文化交流中的意识形态问题，这在方法论上是一个新的尝试。

第三，理论观点的创新。本书一是将中西文化交流从"东学西传""西学东渐"双向的角度加以观察，提出了中西文化交流从来都是双向互动的看法；二是提出了中西文化交流中有意识形态问题，但不全是意识形态问题，而且意识形态问题的出现是有时代背景的；三是对文化的超越和转型提出了自己的判断和思考，并对当代中国的文化转型提出了明确的论断；四是对当代中西文化交流背景下的文化安全和文化交流提出了具体的对策建议，其中大部分建议具有可操作性。

（二）研究的难点

"当代中西文化交流中的意识形态问题"是一个很大的研究议题，也是一个富有挑战性的研究议题。研究这个议题显然不能完全靠勇气和毅力，还需要有相应的能力和条件。最大的难处有两个方面：对中西文化交流以及这种交流中的意识形态问题到底应当如何把握，如何在浩如烟海的中西文化交流史实中概括而又准确地把握脉络，这考验笔者的文字能力；与此同时，笔者原先所学的专业和积累的知识与这个议题并无直接的联系，这也极大地考验笔者的研究能力。当然，笔者在这个议题上做出的探索，也希望能够启发后来者的研究灵感，以在这个议题上产生更多成果。

第一章

相关概念的梳理和界定

在本书的研究中,文化、交流、意识形态是三个核心概念。为叙述方便,以下分别就文化概念、意识形态概念和马克思主义交往观进行分析和论述。

一 文化概念

(一)文化概念的一般定义和基本特征

作为人类社会的现实存在,文化具有同人类自身同样长久的历史,可以说,人类的发展史其实就是人类的文化史。文化的概念是几个世纪以来最富争议、最难达成共识的术语之一。正如 R. Williams 所说的:"文化是英文中最复杂的两三个词之一(Culture is one of the two or three most complicated words in the English language)。"① 罗威勒(A. Lawrence Lowell)也说过:"我被托付一项困难的工作,就是谈文化。但是,在这个世界上,没有别的东西

---

① R. Williams, *Keywords: A Vocabulary of Culture and Society*, London: Fontana Press, 1983, 2nd edition, p. 152.

比文化更难捉摸。我们不能分析它，因为它的成分无穷无尽；我们不能叙述它，因为它没有固定形状。我们想用文字界定它的意义，这正像要把空气抓在手里似的。当我们去寻找文化时，除了不在我们手里以外，它无所不在。"①

文化作为一个内涵丰富、外延宽广的多维立体概念，是由英国人类学家泰勒（Edward Burnett Tylor）首创的，他在《原始文化》一书中首次给文化提出了明确定义："根据人种志学的观点来看，文化或文明是一个复杂的整体，它包括知识、信仰、艺术、伦理、道德、法律、风俗和作为一个社会成员的人通过学习获得的任何其他能力和习惯。"② 这一论断将文化定义为特定生活方式的整体，对文化概念的研究产生了深远的影响。根据 Kroeber 和 Kluckhorn 在《文化：关于概念和定义的检讨》（*Culture: A Critical Review of Concepts and Definitions*）一书中的统计，"从1871年至1951年，关于文化的定义至少有160多种"。③ 当然，现在时间又过去了半个多世纪，关于文化定义的数量可能已经增长两倍或三倍了。

总体来说，所有关于文化的定义无非在于宏观、中观、微观三个层次。宏观层次是从广义上定义文化，其认为文化是指人类创造的一切物质财富和精神财富的总和，即凡是整个人类环境中由人所创造的事物全部都属于文化的范畴，文化既包括物质财富，也包括精神财富。从中观层次上说，文化是指人类精神文化方面的创造及其成果，包括语言、文学、艺术及一切意识形态在内的精神财富，而不包括物质生产以及实物性、实体性成果。微观层次是从文化学

---

① A. L. Kroeber and Clyde Kluckhorn, *Culture: A Critical Review of Concepts and Definitions*, New York: Vintage, 1963, p. 320.
② 成雪梅：《"文化"内涵考辨》，《贵州民族学院学报》（哲学社会科学版）2008年第6期。
③ A. L. Kroeber and Clyde Kluckhorn, *Culture: A Critical Review of Concepts and Definitions*, New York: Vintage, 1963, p. 321.

的角度来定义文化，将文化理解成以艺术、文学、音乐、戏曲等为主的艺术文化，从而直观地把文化锁定在极其狭小的空间内，大大地缩小了文化的范围。

综合各种文化的定义，《中国大百科全书》中关于文化是这样定义的："广义上是指人类在社会历史活动过程中创造的物质财富和精神财富的总和，狭义上是指社会的意识形态以及与之相适应的制度和组织机构。"① 作为一种特有的历史现象，文化在不同的历史发展阶段有不同的形式和内容，并随着社会及物质生产的发展而发展。作为意识形态的文化，是一定社会的政治和经济的反映，同时，后者又给前者巨大影响和作用。在阶级社会中，文化具有阶级性，不同的阶级都利用自己的文化为本阶级的利益服务，统治阶级的文化往往是社会中占统治地位的文化。随着民族的形成和发展，文化开始具有民族性，并且以民族的形式发展起来，表现为民族语言、民族心理素质或民族性格、民族传统及生活方式等。文化的发展还具有历史连续性。《中国大百科全书》这一关于文化的定义不仅全面，最重要的是突出了文化的意识形态特征。

尽管对文化的理解千差万别，但其中所蕴含的关于文化的特点是相似的。概括而言，文化的一般特征主要有以下几个方面。②

1. 文化并非来自先天遗传。文化是源于后天的积累和学习，而非先天禀赋。文化的一切内涵因素，如语言、艺术、伦理、科技知识等都是人们通过后天的学习和积累获得的。

2. 文化具有不间断性/可继承性。文化既是特定社会与时代的产物，又是来自先辈的社会遗产，还有后辈不断的积累与传承。每一代人都继承了源自于先辈传统的文化，同时，又根据自己的经验

---

① 《中国大百科全书·文化卷》，中国大百科全书出版社，2009，第1页。
② 《中国大百科全书·文化卷》，中国大百科全书出版社，2009，第409~410页。

和需要对其进行再创造，并且赋予了其新的文化内涵。

3. 文化具有共享性。文化之所以成为文化，是因为它是全人类共同创造的，同时它也是一种社会性产物，而且必须为一个社会或群体的全体成员共同认可、遵循和实践。

4. 文化具有多样性。多样性是文化的基本属性之一，也是文化的基本存在方式，物质的多样性决定了适应物质形式的文化也必须是多样的。文化的多样性也促进了文化自身的发展，没有多种文化的碰撞也就不会有文化的发展，由文化的多样性促进文化的发展才是正确的和健康的发展方式。

5. 文化具有民族性/阶级性。自从民族产生以来，文化通常都是以民族的形式来体现的。民族文化一般体现为：相同的语言、社会风俗习惯及共同的民族性格。在阶级社会中，各阶级由于具有不同的社会地位及物质条件，由此产生了不同的价值观、理念、生活方式，造成了阶级之间的文化差异。

就本书的研究方向而言，笔者更加关注包含文化交流以及文化之间如何相互作用的定义，如马塞拉（Marsella）的定义："文化就是为了提升个人和社会的生存能力，增强适应能力，以及保持他们的成长和发展，一代一代传承下来，并通过后天习得的共同行为。文化有外在形式（如艺术品和等级制度）和内在形式（如价值观、态度、信仰、感知/感情/感觉方式、思维模式以及认识论等）。"[1] 这一概念不仅涵盖范围比较广泛，而且突出了个人所具有的文化理念对其世界观、价值观的影响，以及它们之间的相互作用。同时，本书也比较认同跨文化传播学奠基人霍尔关于文化的简单定义："文化即交流，交流即文化。"[2] 这一定义突出了文化的传

---

[1] A. J. Marsella, "The Measurement of Emotional Reactions to Work: Methodological and Research Issues," *Work and Stress*, 1994 (8), pp. 166-167.

[2] E. T. Hall, *Beyond Culture Garden City*, NY: Anchor Doubleday, 1977, p. 14.

播学本质即是交流。因为世界上任何一种文化，都不仅包含纵向的历史继承，而且还包含横向的时代关联性。文化的相互影响和吸收不单纯是一个"合一""同化"的过程，还是一个在不同环境中转化为新事物的过程。在这种不断的互动中，通过发挥原有的文化内在精神，本土文化可以更好地吸收外来文化以滋养自身，通过异质文化间的相互碰撞、吸收、互动和融合不断地生成新的文化，从而为本民族文化的发展注入新的生机与活力。

（二）文化的层次及结构

为了更好地运用文化概念的已有成果，有必要对文化的层次和结构研究中的相关成果进行分析。

"分层"原本是地质学的概念，是指地球地质构造不同的层面，社会学家借用这个地质学家分析地质构造时所使用的概念来分析文化的层次，称为"文化分层"。文化分层理论是西方社会学、文化学研究领域的主要理论成果之一，它试图提供一种比较客观的方法来认识、解决人类社会的文化分层问题。对于文化分层，不同的学者有不同的观点。如马克思的经济分层法认为经济基础不仅决定了阶级的分层，而且也构成了不同群体文化上的差异；马克斯·韦伯的市场地位分层法提出了三元分层理论，即以经济标准、社会标准、政治标准来进行社会、文化分层，这些划分都具有重要理论及现实意义。需要特别提出的是当代文化研究专家霍夫斯塔德（Geert Hofstede）的"洋葱理论"，他在学术专著《文化的结局》中为了让人们更好地了解文化，把文化比喻成类似洋葱的多层，最外表的一层称为象征物（Symbols），如语言、服装、建筑物等，一般属于表层文化的范围；第二层是英雄人物性格（Heroes），人们所崇拜的英雄的性格代表了此文化里大多数人的性格，因此，了解了英雄的性格很大程度上也就了解了英雄所在文化的民族性格；第三层是礼仪（Rituals），礼仪是每种文化对待人和自然的独特方式；第四层是最核心层——价值观（values），指人们相信什么是真、善、美的抽象观念，也是文化中最深邃、最难理解的部分。这种文化的分层理论被形象地称为"洋葱理论"。霍氏的理论贡献在于将文化这一非常复杂的概念变成了可以测量的操作性变量，同时把文化的内容解构成一系列共同的基本假定和价值观，以及在这些价值观支配下的行为规范、态度、信仰、体制和制度。简而言之，"洋葱理论"把文化形象地分为三个部分：表层文化——外在直观的肉眼可见的事物；中层文化——文化中的社会规范；核心层文化——价值理念、宗教与哲学等思想中最根深蒂固的东西。同时，这三层之间又有着密切的联系：我们日常生活之中最常见的通常都是表层文化（如衣、食、住、行等），这种表层文化往往是被中层文化所驱动，而中层文化则受到核心层文化的驱动与影响。

本书在探讨文化交流这一议题时，主要采用霍氏的这种文化分层理论，虽然会对表层文化、中层文化有所涉及，但重点还是在于对核心层文化的分析，即从意识形态的层面分析中西文化交流。

（三）关于文化与文明

有学者认为"文明"一词是舶来品。如《世界文明史》[①] 一书中的导言部分就写道："文明一词源自近代欧洲，法国的启蒙学者最早使用这一名词，文明的含义逐渐由指个人行为而具有了社会的意义，文明与野蛮相对应，用来指社会的一种进步的过程，一种进化所达到的状态，一种发展趋向。"其实，文明概念并非舶来品，汉语中早就有了"文明"一词。汉语中"文明"一词出于《易

---

① 马克垚：《世界文明史》，北京大学出版社，2004，第356页。

经》，在《易·乾·文言》中就有："见龙在田，天下文明。""文明"在汉语中的含义主要是指一个民族的精神气象，表现为一种置于某种文化成果之上的风貌，是一个历史现象和范畴，而"文化"则是指一个人为的过程，表现为一种社会的运动，体现了一个民族的内在精神气质。但是，相对西方文明而言，中国文明强调柔顺守正与文治教化，具有人际和谐与天人和谐的价值取向，主张对他者"怀柔"。

在西方，文明一词无论在英语、德语、法语、西班牙语中皆为civilization，其内涵经历了一个漫长的演变过程。在西方，文明一词最初往往与"优雅的礼仪"相提并论，同时也指社会的进程和一种有序的社会状态。但到了19世纪上半叶，文明一词逐渐具有了现代意蕴，所强调的不仅仅是优雅的礼仪与行为，更主要的是一种经过教化、有秩序和有系统知识的社会状态，它与野蛮对立。但是，欧洲人认为，这种文明只存在于欧洲国家，因而带有自我中心主义和种族中心主义色彩，体现了19世纪中叶后欧洲称霸世界的一种意识形态。

在英文中，culture（文化）和civilization（文明）似乎较易区分，而在中文中则常常被混淆。美国学者亨廷顿关于"文明"一词的定义对我们厘清这两个词的内涵很有帮助。亨廷顿把文明定义为"一个文化的整体"。（其原文为：A civilization is a cultural entity.）"一种文明是人们最高层次的文化集合体以及人们所能具有的最广泛的文化同一性，这种广泛同一性仅次于人类同其他物种所赖以区别的那种同一性。"（其原文为：A civilization is thus highest cultural grouping of people and the broadest level of cultural identity people have short of that which distinguishes humans from other species.）由此可见，"文明"是"一个文化整体"，是"人们最高层次的文化集合体"，其内涵应比"文化"广泛，即包括语言、历史、宗教、价值观、科学技术以及人们自身的归属感等。

具体到本书的研究而言，当我们论述"中西文化交流"时，是指两种文明之间的某些文化的交流而不是两种文明整体之间的交流，是通过分析文化交流中的意识形态问题从而提出文化发展和文化交流的对策和建议。

二 意识形态概念

（一）意识形态的一般含义及研究简况

意识形态是社会科学研究中一个重要的学术概念，同时它又广泛应用于社会实践。长期以来，对意识形态的理解充满着争议。Michael Freeden 认为，"在过去的半个世纪中，意识形态概念成为最复杂、最可争辩的政治概念之一"。[1] "意识形态"最早是由法国大革命时期的哲学家特拉西（Count Destutt de Tracy）于 1795 年提出的，同时他也把意识形态这一概念引入西方哲学史中，他写于 1801~1815 年的《意识形态原理》认为意识形态是指"一种全新的观念科学，一种观念学，作为一切科学的基础"。特拉西解释着我们所有的观念如何以身体感觉为基础而摆脱宗教或形而上学的偏见，对思想的起源进行了理性的研究。[2] "观念学"被特拉西看作"考察观念的普遍原则和发生规律的学说"[3]。

自特拉西提出意识形态概念后的半个多世纪人们对其关注、重视度并不高，直到马克思和恩格斯对"德意志意识形态"的批判才让人们对意识形态有了广泛关注。在《德意志意识形态》一

---

[1] Michael Freeden, *Ideologies and Political Theory*, Oxford: Clarendon Press, 1996. p.13.
[2] 大卫·麦克里兰：《意识形态》，孔兆政、蒋龙翔译，吉林人民出版社，1995，第 7 页。
[3] 陈学明：《哈贝马斯"晚期资本主义"述评》，重庆出版社，1996，第 223 页。

书中，马克思指出："……直接从生产和交往中发展起来的社会组织，这种社会组织在一切时代都构成国家的基础以及任何其他的观念的上层建筑的基础。"①"在不同的财产形式上，在社会生存条件上，耸立着由各种不同的，表现独特的情感、幻想、思想方式和人生观构成的整个上层建筑。整个阶级在其物质条件和相应的社会关系的基础上创造和构成这一切。"② 意识形态"不过是以思想的形式表现出来的占统治地位的物质关系"③。在马克思看来，基础是指社会的生产方式，上层建筑在经济基础之上形成，并组成那个社会的意识形态，或法律体系、政治体系和宗教等。马克思是将意识形态作为历史唯物主义原理中的一个基本范畴来阐释的，但马克思从来没有对一般的意识形态概念进行严格的界定，也并没有专门论述一般意识形态理论。列宁则将意识形态的理论探索转向了政治学领域，改变了意识形态概念的内涵，把意识形态当作一个整体的思想体系来研究，并研究其如何与现实的阶级利益相联系，把意识形态变成每个阶级用来武装自己的思想武器，并在现实的阶级斗争中发挥重要的作用。意识形态的党性原则是列宁意识形态理论的基石，也是他对马克思主义意识形态理论的重大发展和延伸。列宁把马克思主义意识形态的阶级性提高到了党性的水平，其指出："哲学上的党派斗争，这种斗争归根到底表现着现代社会中敌对阶级的倾向和思想体系。"④ 随后，卢卡奇进一步发展了马克思主义关于意识形态的概念的内涵，认为历史唯物主义是无产阶级的意识形态，而资产阶级的意识形态则是一种"虚假"的意识形态，卢卡奇将意识形态形容为统治阶级的阶级意识的投影（projection of the class

---

① 《马克思恩格斯文集》第1卷，人民出版社，2009，第583页。
② 《马克思恩格斯文集》第2卷，人民出版社，2009，第498页。
③ 《马克思恩格斯文集》第1卷，人民出版社，2009，第550页。
④ 《列宁选集》第2卷，人民出版社，1995，第240页。

consciousness)。他认为:"意识形态本身是一种非经济的因素,但它又是一定的经济关系在人们观念中的反映。"① 在卢卡奇看来,对资本主义意识形态的批判主要集中在对资产阶级物化意识的批判上。在意识形态领域,正是物化意识影响了无产阶级的阶级意识的觉醒,阻碍了总体性思想的把握。

马克思主义将意识形态作为社会再造工具的看法,启发许多学者对这一问题做进一步的研究,如贝尔(Daniel Bell)和哈贝马斯(Jurgen Habermas)等。哈贝马斯认为:"科学技术既是生产力又是意识形态,深入社会组织,形成一种不能控制自然和控制人的力量,使人们不能得到自由、得到解放。从他开始,科学技术作为意识形态的一种类别,被一些学者所承认。"② 安东尼·葛兰西甚至提出了夺取意识形态文化主导权的主张。

马克思主义承认意识形态首先是特定阶级利益的反映,因而它也是对特定社会政治制度和经济基础的直接反映,它是由多层次的社会意识系统化的观念的上层建筑的一部分。在马克思主义看来,意识形态是有层次性的,主要体现在政治、道德、法律、哲学、艺术、宗教等诸多的社会意识形式中;同时,横向剖析意识形态的内容结构,意识形态可以划分为政治意识形态、经济意识形态和文化意识形态三大部分。

马克思主义关于意识形态的阶级分析的方法以其深厚的唯物史观底蕴和辩证的批判精神,为我们在当代中西文化交流中识别其中的意识形态因素,辨别西方文化中的糟粕和精髓,并从中开展意识形态方面的斗争,提供了认识论和方法论的基础。

在西方学术界,始终有一种淡化意识形态阶级性的思潮在涌

---

① 卢卡奇:《历史与阶级意识》,杜章智译,商务印书馆,1992,第340页。
② 刘建明:《新闻学前沿——新闻学关注的十一个焦点》,清华大学出版社,2005,第107页。

动,人们一般称之为非马克思主义意识形态研究。"一般认为韦伯、杜尔凯姆以及弗洛伊德的思想对后来非马克思主义传统的意识形态理论有很大的影响。"① 如"马克斯·韦伯形成了'价值中立性'学说,力图消融掉马克思和恩格斯所反复强调的意识形态的阶级内涵"。② 韦伯的这种所谓价值中立性是指在社会科学的研究中要完全尊重客观事实,忽略个人的主观情感,终止价值判断。"曼海姆还把意识形态学说的发展史理解为'特殊的意识形态'逐步融入'总体的意识形态概念'的历史,理解为意识形态本身不断地摆脱党派的政治影响,逐步中立化的过程。"③ 西方的非马克思主义学者对意识形态领域的一般观点是使意识形态脱离阶级和党派的利益,淡化意识形态领域的阶级归属。如实证主义社会学家盖格尔主张:"把意识形态作为认识批判的概念,使之理论化、认识论化,完全脱离阶级和党派的利益。"④ 虽然盖格尔批判了曼海姆的意识形态理论,但他们在基本立场上是一致的,那就是淡化意识形态领域的阶级归属。

在国内学术界,人们一般是从哲学角度来界定意识形态这一概念的。如王辑思将意识形态定义为:"意识形态一般是指在一定的社会经济基础上形成的系统的思想观念,代表某一阶级或社会集团(包括国家和国家集团)的利益,反过来指导这一阶级或集团的行动。"⑤ 这一概念体现出了意识形态的系统性、实践性、群体性和阶级性等特征。复旦大学的俞吾金教授在意识形态研究领域颇有建树,他对意识形态的看法是:"在阶级社会中,适合一定的经济基

---

① 鲁克俭:《国外马克思主义研究的热点问题》,中央编译出版社,2006,第150页。
② 俞吾金:《意识形态论》,人民出版社,2009,第177页。
③ 俞吾金:《意识形态论》,人民出版社,2009,第250页。
④ 俞吾金:《意识形态论》,人民出版社,2009,第220页。
⑤ 王辑思:《美国意识形态的新趋势》,中国科学出版社,2000,第206页。

础以及树立在这一基础之上的法律的和政治的上层建筑而形成的代表统治阶级根本利益的情感、表象和观念的总和,其根本特征是自觉地或不自觉地用幻想的联系来取代并掩饰显示的联系。"①

关于意识形态,目前我国学界比较有代表性的观点如下:①意识形态是表示一个人对各种政治价值观以及政府和政治权力作用的思想或信仰结构;②意识形态是关于人类、社会及与之相关的宇宙知识和道德信仰的各种复杂形态;③意识形态是一个信仰体系,它为既存或构想中的社会解释并辩护为人喜好的政治秩序,并为实现其秩序提供策略;④意识形态是在阶级社会中,适合一定的经济基础以及树立在这一基础之上的法律和政治的上层建筑而形成起来的,代表统治阶级根本利益的情感、表象和观念的总和,其根本的特征是自觉或不自觉地用幻想来取代或掩蔽现实的联系。从这些解释中可以看出,意识形态的内涵有两个基本点:一是一种思想体系或信仰体系;二是特定阶级、社会集团对现存或构想中的社会制度进行解释、辩护或对某种社会制度进行批判、改造的理论体系。②

(二)意识形态的文化性与文化的意识形态性

在上文的叙述中不难发现,文化与意识形态是紧密相关而又有明显区别的两个概念。弄清二者的关系,不仅仅是一个理论问题,更是一个现实问题。坚持马克思主义的观点和方法,科学地认识这两者之间的相互联系则是正确对待和处理中西方文化交流问题的前提。

一方面是意识形态的文化性。这是指意识形态的本质属性是文化性,它作为文化社会意识的一部分,是对社会存在的一种现

---

① 俞吾金:《意识形态论》,人民出版社,2009,第129页。
② 黄新华:《当代意识形态研究:一个文献综述》,《社会观察》2004年第1期。

实反映，并且意识形态是以文化这一社会有机系统中的重要组成部分而存在的。从意识形态的内涵本质上来看，它具有文化的性质。马克思曾这样论述意识形态的文化性，这样"才能够既理解统治阶级的意识形态组成部分，也理解这种一定社会形态的自由的精神生产。他没有能够超出泛泛的毫无内容的空谈。而且，这种关系本身也完全不像他原先设想的那样简单。例如，资本主义生产就同某些精神生产部门如艺术和诗歌相敌对"。[①] 由此可见，马克思认为精神生产包括两部分：统治阶级的意识形态生产以及非统治阶级的自由的精神生产，这两种精神生产构成了意识形态的文化基础和文化背景，并且同时作用于意识形态，对其产生重大影响，从这个层面上来说，意识形态与文化创造和精神生产不可分割，其本质上就具有文化的性质。而且，从概念外的层面来看，意识形态是文化的一部分，它的本质就是文化。就其概念层面来讲，文化是一个比意识形态具有更大包容性的概念，其涵盖范围远远大于意识形态的所指，而意识形态实质是人类文化发展的特定历史阶段内的一种特殊的观念形式。因此，意识形态是文化的一个有机组成部分。

另一方面是文化的意识形态性。这是指在阶级社会中，某种意识形态对当时人类社会的具体反映是通过各种文化信息、文化类型、文化模式和各种文化交流来体现的，文化有意识形态的内核，而意识形态则是文化各种形式和内容的表达。文化中的意识形态制约、规范着文化表现形式即物质文化生产的目的与方法、制度文化的制定与实施、人文精神发展的趋势与途径等内容。一定意识形态支配下的人类文化行为，特别是民族文化，一定标志着特定集团、国家的价值取向，并且是后者的灵魂。

---

① 《马克思恩格斯全集》第33卷，人民出版社，2004，第346页。

关于意识形态与文化的辩证关系，学术界一直存在着三种观点：一是把文化同意识形态等同起来，把意识形态的功能和作用无限扩大，意识形态只能当作文化的唯一职能，比较典型的是法兰克福学派的观点。二是主张文化去意识形态化，以文化的科学性排斥其意识形态性。三是以意识形态性否定文化的科学性倾向。

本书认为，意识形态与文化是既相互交融联系，又有其内在的区别的。一方面，意识形态需要借助于文化的内在张力与渗透力把其观念性的理论传达给社会成员，使其认同这种观念，并内化为其价值观，从而上升为社会的主导文化，以此来实现意识形态对社会核心价值取向的整合力和凝聚力；同时，由于文化是统治阶级意识形态在现实生活中的折射与反映，所以不可能不与当时、当地的政治、经济发生联系，其生成、发展与终极目的必然带有浓厚的意识形态色彩，带有强烈的政治性和意向性。因此，文化与意识形态二者既有区别又有内在的联系。相对于文化而言，在内容层面，意识形态更强调"观念"的东西；在性质层面，意识形更强调政治性、阶级性的一面；在方式层面，意识形态的传播则必须靠文化交流这个载体来实现，反过来意识形态观念也会指导和加强文化交流。

文化的意识形态性和意识形态的文化性决定了在当今全球化的时代背景下，在中华传统文化受到质疑、我国主流意识形态受到冲击的新形势下，意识形态在中西文化交流中的不能替代和不可忽视的重要作用。

三　马克思主义交往观

在本书的研究中，文化交流是一个关键词。从一般日常生活来看，交流并不复杂和深奥；从学术研究层面看文化交流，则需要运用马克思主义的基本观点和方法,因而有必要了解马克思主义关于交往的思想。

马克思主义交往观是高层次的社会理论,它非常重视国家之间、民族之间的交流与合作,认为它是社会进步的重要杠杆之一。因此,作为历史唯物主义的重要组成部分,马克思主义交往观在本质上是科学的社会发展的理论。

从学术史的层面来分析,马克思的交往观直接受到黑格尔和费尔巴哈的影响。他们关于"人的本质及其异化"的问题及其回答,深刻地影响了马克思,促成了他对交往理论的不断思考。马克思的交往理论始于《1844年经济学哲学手稿》,在《德意志意识形态》中不断完善,最终形成系统的交往理论。此后,在马克思的所有研究中,从世界交往角度,运用其特有的交往观来考察各个民族、国家的发展道路,一直是他坚持的基本方法,无论是早期的《共产党宣言》、中期的《资本论》,还是他晚年提出的跨越"卡夫丁峡谷"的东方社会发展理论,无一例外。

在探讨"人的本质及其异化"问题时,马克思提出,人同自身的关系,只有通过他同他人的关系……才成为对他说来是对象性的、现实的关系,[①] 因而,"人的本质并不是单个人所固有的抽象物,在其现实性上,它是一切社会关系的总和"。[②] 在马克思看来,其实所谓的"交往"已经静态地隐含在了他所说的"人同其他人的关系"或"社会关系"之中了,交往活动是一切社会关系实践化和动态化的体现,而社会关系的实践化和动态化也只有通过交往才能得到体现。

马克思的社会关系动态化、实践化的思想在其《德意志意识

[①] 马克思:《1844年经济学哲学手稿》,人民出版社,1983,第111页。
[②] 马克思:《1844年经济学哲学手稿》,人民出版社,1983,第52~53页。

形态》中得以进一步延伸与发展，从而确立了其历史唯物主义交往观，即"各个人——他们的力量就是生产力——是分散的和彼此对立的，而另一方面，这些力量只有在这些个人的交往和相互联系中才是真正的力量"。① 广而言之，"不仅一个民族与其他民族的关系，而且这个民族本身的整个内部结构也取决于自己的生产以及自己内部和外部的交往的发展程度。"② 在马克思看来，一个自然人本身，仅仅依靠自己，是无法克服其天然的空间狭隘性的，为此，必须发展社会交往才能解决这一问题。交往存在于社会生产的各个过程与环节之中，这其中不论是生产性环节还是非生产性环节都与交往密不可分，它涵盖了生产、消费、流通、分配等各个领域并将这些环节紧密地联系在一起，资源的最佳最优配置只有而且必须通过交往才能实现。由此马克思得出如下结论："各个相互影响的活动范围在这个发展进程中越是扩大，各民族的原始封闭状态由于日益完善的生产方式、交往以及因交往而自然形成的不同民族之间的分工消灭得越是彻底，历史也就越是成为世界历史。"③ 由此可见，交往能力是主体本质力量的最重要的体现，是历史辩证法的内在根源和社会发展得以可能的内在机制；只有通过交往，才能消除主体的天然狭隘性，而社会发展面临并急需解决的根本问题则是如何发展交往，从而实现对社会资源的最佳最优配置。

从马克思的交往理论中可以看到，我国的现代化事业离不开国际交往/交流。一个国家只有通过世界性的交流，才能扩大自己的发展空间，即通过交往获得世界上的信息、资本、资源等。特别是在全球化的背景下，各种社会资源都被纳入世界市场中按照市场经济的原则进行配置，这其中包括人才、文化、资本、信息、商品、

---

① 《马克思恩格斯选集》第1卷，人民出版社，1995，第128页。
② 《马克思恩格斯选集》第1卷，人民出版社，1995，第68页。
③ 《马克思恩格斯选集》第1卷，人民出版社，1995，第88页。

制度等多项因素。其直接后果就综合性地表现为市场空间的进一步拓展和对社会发展空间的争夺更加激烈。具体到文化交流，不仅表现为市场资源的争夺，更突出地表现为意识形态的斗争。我们只有面向现代化，在世界上积极开展文化交流，才能真正把中国置于世界文明大道之上，在吸取世界文明成果的基础上壮大社会主义实力，展现社会主义魅力。

第二章

中西文化交流的历史回顾与当代启示

在分析当代中西文化交流之前，梳理历史上的中西文化交流史实可以给予我们重要的启示，有利于我们对当代中西文化的交流进行深层次的思考。本书关于当代中西文化交流中的"当代"划分，以新中国成立为界。

一 历史上中西文化交流的过程和特点

（一）从两相辉煌走向冲突与融合

西方文化与中华文化作为世界文化体系中最大的两个分支，有着不同的生态背景和历史渊源，一同为人类文明进步做出了突出的贡献。一般认为，西方文化特别是近代西方文化是一种外向型的海洋文化，具有很强的扩张性和进攻性；中华传统文化则是一种守成型的农耕大陆文化，以安土重迁为特点。中西文化交流两千多年的悠久历史一直伴随着冲突与融合、引进与输出。在新中国成立之前，中西文化交流的总体态势是从两相辉煌走向冲突与融合。

公元前5世纪至公元5世纪的古代社会，中西文化两相辉煌灿烂。那时，中国正处于文化繁盛时期，春秋战国时期的百家争鸣是集中表现。中华文化是在黄土高原上首先孕育和发展起来的，然后扩展至华北平原，再延伸至长江以南。虽然当时中华民族一直受到来自北方"蛮族"的军事侵扰，但这些"异族文化"并不足以同先进的中华文化抗衡，所以即使在"异族"取得国家政权之后，中华文化依然得到发扬光大。与此同时，西方的古希腊、古罗马文明也得到了长足发展。古希腊人所居住的 Balkan Peninsula（巴尔干半岛及其附近岛屿）、古罗马人所居住的 Apennine Peninsula（亚平宁半岛及其附近大陆）都濒临地中海，海洋在他们的独特文明的形成过程中都起过不可忽视的巨大作用（但这种作用随着文明的发展趋于减弱）。古希腊发达的奴隶制经济在客观上为其文化发展提供了物质条件，直至形成文化上光辉灿烂的雅典伯里克利时代（Age of Pericles）。当时古希腊人已经拥有极其发达的政治生活，他们已经开始进行直接民主制的城邦治理。他们的价值观和伦理学的精髓表现为崇尚知识和理性，理智和哲学的沉思被强调为最高的德性。

  中古时期，即公元5世纪至16世纪，光明的东方与黑暗的中世纪西方并存。这一时期，中国秦汉至明清的文化灿烂辉煌，光照四方。先秦时期，中国文化已经光辉灿烂，随着秦始皇统一中国，中国成为大一统中央集权的国家，"百代都行秦政治"，奠定了中华文化发展的基础。更重要的是，随后汉朝对这种大一统局面的巩固，确立了古代中华文化的基本格局。秦汉之后一千多年，虽有改革和创新，但并没有真正意义上的变革，也没有产生真正意义上的文化革命。时至今日，中华文化的思想主体仍离不开儒学定于一尊而又兼容释、道文化的影响。而彼时的西方却处于其历史上最黑暗的时期，起初的基督教精神是反古希腊罗马文明精神的，它与古希腊罗马的文明处处都是相对立的，基督教的唯一的神是上帝，上帝是一切秩序和价值的来源，上帝是无所不能的。基督教轻知识，蔑视世俗的快乐，反对古代的一切德行如勇敢、荣誉和公正等，强调对上帝的热爱和信任。基督教的精神扭转了西方古代文明的状态，从自我肯定转向了自我否定，从寻求生命中的快乐转向了弃绝生活中的快乐，从重视人的自身力量、自我潜能的实现转到了仅仅把尘世的生命作为追求永生的手段。古希腊罗马文化和基督教文化价值上的差别和矛盾深刻地影响了西方文化的面貌，而西方文化也从相对立的两个源泉中汲取了活力，从而得以不断发展壮大。

公元 16 世纪至 19 世纪，西方文化在资本主义生产方式的推动下迅速发展并向世界扩张，中华文化在与西方文化的交流中不断碰撞，出现了相互冲突、融合的局面。在中国，政治上的封闭保守导致了科学技术的落后，文化发展缓慢。著名学者严复是近代研究中西文化的代表人物，他反思中国文化的本质，比较中西文化的异同，指出中西文化最大的差异是发展观的不同："东方文化好古，西方文化崇今"，并认为这是中西文化的重大区别。此外，严复还看到了中西自由观的不同，中国人崇尚集体，忽视人的个性自由，而西方人则强调自由，认为自由高于一切。严复在认真比较中学与西学特点的基础上，提出必须全面学习西方，以西学代替中学。这种中西文化观在当时很有影响，也比前人更为深刻。五四运动前后，中国掀起了一场声势浩大的东西文化问题论战，论战的内容非常广泛，涉及东西文化的关系和对待东西文化的态度。而这个阶段的近代西方，先后经历了文艺复兴、启蒙运动、资产阶级革命、工业革命、人文主义、理性主义、马克思主义以及科技的兴起等一系列重要的历史运动，这些重要的历史运动及其隐含的文化力量，对东方文化产生了十分重要的影响。

综上所述，中西两种文化是在不同的民族和地域中逐渐发展起来的，但两者的发展并不是完全互不相干的平行线，而是相互交流，有碰撞，有冲突，更有融合。在文化发展的过程中，不可避免地会出现不同文化之间的交流。由于各民族的利益和观念不同，必然在文化交流过程中产生文化冲突，其基本的表现是争夺文化的生存空间，即为本民族文化争夺赖以生存的自然资源和物质成果。文化冲突是由利益冲突造成的，斗争到极点会诉诸武力解决，历史上的美国独立战争和我国的鸦片战争就是典型例子。当然，文化交流的过程并不完全体现为文化冲突，另一种表现则是文化融合。在一定时期内，各民族存在一定程度的共同利益和观念，能够和平相处。战争是解决文化冲突的最后手段，但不是唯一的手段，当然也不是最好的手段。只有和平才符合全人类的整体利益，也是人类文化进步的要求。外来的佛教在中国的发展历程就是最好的事例：一方面，它促使佛教革新，产生了影响深远的作为中国佛教的禅宗；另一方面，它促成了儒学的革新，催生了作为新儒学的宋明理学。

（二）中西文化交流的历史过程

中西文化交流的历史可以回溯到两千多年以前的秦汉时期。在很长的一个历史时期里，这种交流基本上处于各自平行、独立发展的状态。随着新航路的开辟和西方工业革命的推行，中西方开始有意识、有目的、有组织地进行大规模的文化交流活动。按照历史阶段梳理这个过程，可以为今天的文化交流提供有益的启示。

1. 中西文化的第一次交汇：公元 16 世纪以前的中西文化交流

明代之前的古代中西方文化交流是不自觉的、偶发的，或因战争、或因通商、或因宗教传播，并没有形成规模，也没有固定的形式和途径。这一阶段，中西文化交流的主要成果有汉代的张骞出使西域、我国四大发明的西传、《马可·波罗游记》的诞生及明代郑和下西洋等几个标志性事件。

最早的中西文化交流史可以回溯到汉代，公元前 139 年张骞受汉武帝派遣出使西域，史称"凿空"。《史记·大宛列传》曾有记载："然张骞凿空，其后使往者皆称博望侯。"① 张骞出使西域是中国大规模向外派遣政治使节的发端，这一壮举开辟了影响深远的"绿洲之路"，开始了中西文化交流的新纪元，中华文化开始源源不断地传向中亚和欧洲。同时，国人开始关注西方，了解了其他西域国家地广人稀、国家众多、物产丰富、民风殊异。在这个开拓时期，中国的丝绸、冶铸和水利等技术远播中亚、日本和欧洲等地区，汉字传入朝鲜，儒学经典也传入日本。

虽然在魏晋南北朝时期中国处于分裂的战乱时代，但中西文化交流仍在多方面、多层次、不间断地进行着。这一时期中西贸易昌盛导致西域货币"金银之钱"在中国境内的一些地方流通，在生产技术的交流中，中国的养蚕术传入波斯和东罗马。

隋唐时期中国古代文明在各个方面都得到高度发展，中西文化交流也进入一个迅猛高涨的时期。我国的造纸术、纺织技术、诗歌、汉字、印刷术、指南针、火药和炼丹术等传入朝鲜、日本、印度、阿拉伯和欧洲等地，为西方进入资本主义阶段提供了物质和技术基础。瓷器也在这个时期成为我国重要的出口产品，经由南海而西航发展起"海上丝绸之路"。这一时期传入我国的主要有：印度熬糖法、天文、医学、音乐、舞蹈及基督教的别支——景教等。这一时期一项极为重要的中西文化交流是佛教的传入。佛教源于印度，其哲学是一种宗教唯心主义，但其思辨之繁复与巧密远超中国传统儒学及魏晋时期流行的玄学，因此，佛教的传入对包括儒家文化在内的中华传统文化起到了重大的促进和启迪作用。然而，在对待佛教的问题上，中国人再次发挥了传统智慧。对于佛教，中国人并非简单地照搬，而是把中国传统哲学中的儒家思想、道家思想、

---

① 王介南：《中外文化交流史》，书海出版社，2004，第66页。

易学思想融入佛教,使其本土化而具有浓厚的中华文化的特色。同时,中国文化不仅吸收、消化了印度传入的佛教教义,而且又对其进行了再吸收、创作,并向其他文化系统输出,形成了一种"输入→吸收→转型→输出"的文化交流新模式,从而显示出中华文化系统的强大生命力。

宋代我国的制瓷业已经非常成熟,成为中华文化的另一个象征,中外海上贸易这时已经成为名副其实的"陶瓷之路",陶瓷最远到达埃及的福斯塔特和东非的基瓦尔。宋元时期,我国四大发明传入西方,"它对于西方从黑暗走向复兴与繁荣,从封闭走向开放,从地中海走向大西洋都产生了深远的影响,被称为'东学西传'"。[①] 可以说,"欧洲从封建社会过渡到资本主义社会的划时代变革和我国四大发明的西传是分不开的"。[②] "四大发明的西传,都是在欧洲文艺复兴运动之前,没有中国四大发明的西传,就没有文艺复兴运动,而没有文艺复兴运动,就没有欧洲的近代化。"[③] 由此可见,以四大发明为代表的中国先进文化的西传,不仅催生了西方资产阶级,也催生了西方的现代化进程。

元代是中西文化交流史上的又一座高峰。在此期间,西欧的传教士、外交使节和商人相继来华,作为中西文化交流的桥梁与纽带,他们把有关中国的各种信息带回欧洲,使欧洲各国对中国更加了解。来自意大利的马可·波罗撰写的《马可·波罗游记》使欧洲人在第一次了解中国的同时也把目光投向了古老的中华文明。马可·波罗在中国生活了十七年,游历了中国的许多地方,他的《马可·波罗游记》主要记载了忽必烈的事迹以及元代的宫殿、都城、政治以及西南、江南行程中经历的各地方的见闻。"可以说,

---

① 徐善伟:《东学西渐与西方文化的复兴》,上海人民出版社,2002,第5页。
② 朱谦之:《中国哲学对欧洲的影响》,河北人民出版社,1999,第2页。
③ 王介南:《中外文化交流史》,书海出版社,2004,第225页。

这部书是一部震撼欧洲中世纪的奇书,它开阔了欧洲人的视野,也激起了他们探索神奇东方的欲望,对于十五六世纪欧洲航海事业的发展具有巨大鼓舞和启示作用。"①

明代前期最重要的中西交流事件当属"郑和下西洋"。郑和率领船队七下"西洋",直抵东非海岸,成为中外贸易往来及文化交流史上的盛事。从1405年到1433年的28年间,明成祖朱棣派遣郑和连续七次,统率二百多艘巨舰,上万名官兵,历经东南亚、南亚、西亚和东非的30多个国家和地区,最远曾到达非洲东部的红海、麦加,与所到的国家和地区建立了和平友好的关系,向东南亚各国输出了当时先进的中华文明,加强了东西方间的交流,向世界展示了中国当时的强盛国力。这是中国古代历史上最后一件世界性的盛举。郑和下西洋把有史以来的以中华文化输出为主流的中西文化交流推向了顶峰。

2. 中西文化的第二次交汇:公元16世纪至公元18世纪的中西文化交流

在学界,东西方的学者一直以来都十分关注16~18世纪的中西文化交流史,因为这是中西文化第一次正面的大规模接触,是人类"文明史中最迷人的文化相遇"。② 这一时期的中西文化交流不同以往,传统的中华文化失去了一直以来的优势地位,这是中国人第一次面对水平与实力与自身相当的欧洲文化,正如冯友兰所评价的:"中国民族,自出世以来,轰轰烈烈,从未遇见敌手。现在他忽逢劲敌,很无把握。所以急于把自己既往的成绩,及他的敌人的既往的成绩,比较一下。"③ 这一时期的中西文化对比所造成的强烈心理落差,西方文化对当时中国社会、文化造成的影响和震撼,

---

① 王介南:《中外文化交流史》,书海出版社,2004,第247~248页。
② 徐宗泽:《明清间耶稣会士译著提要》,中华书局,1989,第265页。
③ 冯友兰:《三松堂学术文集》,北京大学出版社,1984,第44页。

远远超过以往。这一时期的中西文化交流是在和平方式下进行的平等的、双向的交流，双方的实力相当、心态理性、方法恰当。

明朝中叶至清末中西方文化交流的主要特点是"东学西传"和"西学东渐"。在这一历史时期，西方文化与中华文化进行了实质性的接触，并且对中华文化产生了较大的影响。以利玛窦为代表的西方传教士和以徐光启为代表的中国知识分子，对西方文化在中国的传播和中华文化在西方的传播及中西文化的汇融做了有益的尝试，并取得了一定的成果。

中西文化的第二次大交汇开端于明朝万历年间，即16世纪末期，止于清初1775年的"中国礼仪之争"[①]。这一时期的中西文化交流主要通过传教士、商人、游客、军政人士和中国留学生等。有学者将这段历史称为中西文化交流史中的"传教士"时代。这一时期，大批天主教传教士来到中国"传教""布道"，同时，中国传统儒学也涌入欧洲，深刻地启发和影响了欧洲的启蒙运动。第一批进入中国内地传教的耶稣会士包括来自意大利的罗明坚、利玛窦等。利玛窦在中国布道、传教前后长达28年，为西学在中国的传播做出了巨大的贡献。他凭借对中国传统文化和中国社会状况的了解，制定了"天主教儒学化"和"科学传教"的方针，在其传教的实践中创立了著名的"和儒""补儒""益儒"和"超儒"的手法。利玛窦这种平等交流、努力融入当地主流文化、努力迎合中国传统文化的态度，后人称为"利玛窦规矩"或"利玛窦政策"，他所奉行的这种政策对今天的中西文化交流仍然具有深远的启示和借

---

① 中国礼仪之争，指17~18世纪西方天主教传教士就中国传统礼仪是否违背天主教教义的争议。狭义而言，这是指康熙与传教士就儒教崇拜引发的争论，教皇克雷芒十一世当时认为中国儒教的帝皇及祖先崇拜违反天主教教义，支持多明我会，打压耶稣会，结果引发清朝廷反制，严厉限制传教士活动。直到1939年，罗马教廷才撤销禁止中国教徒祭祖的禁令。

鉴意义。西方传教士在传教过程中，为达到其传教目的，一直运用"学术传教"的方针，在传播其天主教教义的同时一并把西方的科技文化、哲学、文学和艺术也介绍到中国。1582~1773年，耶稣会士把很多西方书籍介绍到中国。据保守估计，数量达一万册之多，内容包括欧洲的古典哲学、逻辑学、美术、音乐以及自然科学等，而后者又是主要部分，包括天文学、力学、地理学、数学、物理、机械工程学、生物学、建筑学等。徐光启就把"泰西"[①] 作为人类社会的理想，他在著作中多次谈到西方传教士所带来的先进科学技术"多所未闻"，从学习和钻研中，感到一种"得所未有"的"心悦意满"。"苟利于中国，远近何论焉。"（《徐光启集·辩学章疏》）虽然西方传教士把西方文化引进中国的主要目的是通过传教来引导中国信徒放弃传统的中华文化和价值观，皈依基督教，但他们的这一做法带来了意想不到的后果，他们带来了范围远比宗教广泛的欧洲文明，促进了中国科技文化的发展和国人思想意识的变化，客观上促进了中西科学文化的交流。同时，欧洲传教士带来的西学直接或者间接地启发了中国的许多进步人士，促使他们重新审视中国传统文化，思索中国未来的走向。

文化交流从来都应该是双向的，当时中国的明清王朝与西方拥有相当的经济实力，从而使那时的中西文化的平等、双向交流成为现实。在此阶段中，中华文化对西方也产生了重大的影响。郑和率领船队七下"西洋"之后，随着荷兰、西班牙和英国等殖民势力相继来华，中国的瓷器、丝绸、茶叶和各种工艺品等大量输出到欧洲。明清之际的科技著作《本草纲目》《天工开物》等被译成多种文字流传海外。伴随着自明朝中期开始的"西学东渐"，传教士也在进行着"东学西传"的实践，他们向西方宣传、介绍中国的传

---

① 旧泛指西方各国，一般指欧美国家。

统文化，如利玛窦首次将中国的"四书"翻译成拉丁文介绍给欧洲人，并通过著作、书信等多种方式向欧洲人介绍中国的情况。此后，许多传教士如汤若望、南怀仁、艾儒略等，用中文、西方各种语言写下多部汉学著作，由此直接导致了西方一门新的学科——汉学的诞生。同时，在18世纪的欧洲，形成了一股"中国热"。欧洲的启蒙运动者如伏尔泰、孟德斯鸠、狄德罗等，初步接触了儒家的学说。孔子的伦理道德主张、重视教育的思想，以及儒家传统的自然观、大一统仁君统治等观点，都对欧洲学界产生了巨大吸引力。"无论对其解释是否正确，都为法国启蒙思想家提供了反专制、反教权的思想武器，这是耶稣教会传教士始料不及的。"① 18世纪欧洲产生的这种"中国热"，不仅表现在学界对于中华文化的关注和评论，而且表现在社会生活中的中国风尚。如中国瓷器、家具在欧洲的流行，中国园林建筑在欧洲的普及，在法国甚至产生了一种受中国风尚影响而产生的建筑风格——洛可可风格（Rococo）。

总的来看，耶稣会士出于传教的目的而把西方文化大量介绍到中国的行为，"在我国学术界上，其影响不限于局部，而为整体者也"。② 近代西方的几乎所有学科，由于传教士的撰述，几乎都被介绍到中国，他们的努力虽然以传教为出发点，但是结出的是科学和文化的果实。而同时，"东学西传"则引发了西方的启蒙运动，使西方步出中世纪的黑暗，走向了进一步的辉煌。

3. 中西文化的第三次交汇：公元19世纪至公元20世纪初的中西文化交流

1840年鸦片战争以后，随着西方列强对中国的入侵，中西文化交流进入一个新阶段。这一时期，西方列强改变了先前的交流方

---

① 王介男：《中外文化交流史》，书海出版社，2004，第345页。
② 柯毅霖：《晚明基督论》，王志成等译，四川人民出版社，1999，第26页。

式，西方文化霸权伴随暴力战争的形式落户中国，这是西方政治、经济、军事侵略不可分割的组成部分，它是伴随着中国从一个独立自主的主权国家沦为半殖民地半封建国家而来的。同时，它又和中国的有识之士为了争取民族生存和维护国家独立，向西方寻求救国真理以促进中国现代化所做的努力密不可分。二者相互交织，形成中国与外来文化交往中前所未有的现象。

这一时期，西方文化"强行"输入中国的途径主要是出版报刊、开办学校等。通过这些途径，西方将其政治制度、法律、史学及自然科学等传入中国。对于这些传入中国的西学，中国的有识之士为了救国不得不采取"拿来"的策略，这种无奈之举从另一个侧面体现了中西文化的交融。同时，清政府还派遣外交使团到西方游历，并向国内介绍西方见闻。

在这个阶段，以洋务运动、戊戌变法、辛亥革命以及新文化运动等重大事件为标志，中西文化交流呈现出与以往不同的全新的特点。

洋务运动时期的中西文化交流。19世纪40年代，以林则徐、魏源为代表的中国先进知识分子率先向西方学习，为探索民族救亡之道，他们提出了"师夷长技以制夷"的口号，启发了晚清的洋务运动。洋务派主张学习和借鉴西方的自然科学和社会科学的最主要目的是维护封建政体。洋务运动前后持续了三十多年，在此期间，西方的物质文明、自然科学技术、现代军事技术和生产技术被大量引入中国，大量的相关西方书籍被翻译。但是，由于洋务运动的倡导者一直被"中学为体，西学为用"理念所制约，而且这一时期所引进的大多是西方的物质文明，所以洋务派对西方文明的认识还停留在"器物"的层面，没有进一步地深化发展。

戊戌变法和辛亥革命时期的中西文化交流。洋务运动使中国当时的社会生产力有了进一步发展，但是中国在中日甲午战争中的惨败，说明要从真正意义上挽救中华民族不能仅仅依靠学习、引进西方先进的物质文化，还必须从我国根本的社会制度上进行变革。以康有为、梁启超为代表的维新变法派，着眼于对政体的改革，他们主张民权、平等、自由及君主立宪制。同时，维新派主张对中国的教育制度进行改革，他们创办了许多新式高等学府（如京师大学堂等），使之成为当时传播西学知识的重要场所。近代的出版物也成为传播西学的重要阵地，西方的哲学、文学、法学、政治学、经济学、伦理学等人文社会科学的知识如潮水般涌入中国。但是，维新变法最终由于封建势力的阻挠而以失败告终。维新变法失败以后，先进的中国人还吸收西方文化构建了民主革命的理论，以孙中山为代表的资产阶级革命派认为要想挽救中国就必须推翻封建帝制，建立民主国家，于是发动了辛亥革命，推翻了清政府，建立了中华民国，极大地促进了当时资本主义经济在中国的发展。虽然维新变法和辛亥革命最终都失败了，所引入的西方文化、制度也并没有被当时的中国社会所真正吸纳，但这标志着中国先进人士对西方文化的认知已经跨越表层，由"器物"层面深入"制度"层面，西方的政治思想和制度开始真正为国人所接受。

新文化运动时期的中西文化交流。戊戌变法、辛亥革命的失败使得中国先进知识分子开始对近代中国引进西方文化进行全面深刻的反思。他们认为，要真正使中国实现现代化，不能仅仅引进西方先进的科技、教育、民主政体，要想取得真正的进步，挽救中华民族，必须依靠民众对改革的参与，依靠民主、科学思想。因此，先进的知识分子如李大钊、陈独秀、胡适等发起了新文化运动，他们举起民主与科学的大旗，向封建文化展开了猛烈的攻击，对专制和愚昧公开宣战，倡导改造国民性，通过唤起民众"伦理的觉悟"来建设一个真正的"共和"政府。这标志着国人对西方现代文明的理解已经深入核心层面，即进入了思想文化、意识形态领域的深层结构之中。

与此同时，马克思主义在中国的传播使中西文化交流达到了新的高度和出现了质的飞跃。新文化运动之后，中国的先进分子认识到，要想摆脱民族危机而走上富强的道路，既不能单纯依赖我国的传统文化，也不能单纯依靠西方文化，彼时的中华民族已陷入双重文化危机的困境。随后，俄国十月革命给中国送来了马克思列宁主义。马克思列宁主义在中国的广泛传播使中国的工人阶级开始作为一支独立的政治力量登上历史舞台，这成为近代中国历史上有决定意义的重大历史事件。马克思主义在近代中国的传播，其本质上也是一种中西文化交流。李大钊是中国接受、传播马克思主义的先驱之一，他曾经在《新青年》杂志上发表了一系列系统介绍马克思主义的文章，启发了当时的许多进步人士。后来以此为起点而成立的中国共产党，在斗争中逐步实现马克思主义中国化，使中西文化交流结出了丰硕果实。

（三）中西文化交流的特点与现代启示

1. 公元 16 世纪前中西文化交流的特点和启示

对于这一阶段中西文化交流的特点，学术界从不同角度进行了研究，提出了一系列不同的观点。本书认为可以从以下几个方面进行分析。

从主导思想上看，这一阶段的中西文化交流中，中国一直奉行着"我族中心主义"，思想上受"华夷之辩"的影响，把自己视为"天朝"和世界中心，无论西域、西洋还是南洋，都被称为"番邦""蛮夷"。所谓"夷"，中国古籍中早有记载。《老子》曰："视之不见为之夷。"《说文》中注："夷，平也。"在这一阶段，自我优越感强的"夷夏观念"是处理中西文化关系的基本准则。所以，这时的中西文化交流的一个明显特点就是，中国对外交流的主要目的是弘扬国威，并不是文化交流。

从内容上看，这一时期的中西文化交流缺乏丰富性，一是为了打通交通贸易路径，具有探险的性质，如汉代的张骞出使西域、"丝绸之路"的开辟等；二是这一阶段中国向西方传播的主要内容的还是物质层面的文明，至于制度和精神层面的文明则较少涉及。

从方向上看，这一阶段的中西文化交流很明显是从中国的"强势文化"向西方"弱势文化"的流动。这一特点符合文化传播学所阐释的文化流动的一般趋势，即强势文化必定向弱势文化流动，这种文化的流动很大程度上是自发形成的，其根本动力来源于先进文化所天然具有的扩张力和感召力。这一时期，中国是对外文化传播的主体，西方充当客体的角色，中国大量向西域、南洋、阿拉伯国家及欧洲输出物质文化，辅以制度文化和精神文化。当然，中国也从其他国家吸收了很多文化因素，但毫无疑问，这种文化输入是处于次要地位的。

从文化交流的方式看，这一阶段的中西文化交流基本上是在平等的地位上以和平的方式进行的，即主要由使节、商人、宗教信徒来充当交流的媒介。以儒家思想为正统指导思想的中华文化崇尚教化，尚文不尚武。因而中国在历史上一贯是一个追求和平的国家，一直对周边国家持友善的态度。中华文化向外的传播，从来没有采用过强制的暴力手段；相反，大多是以和平的方式在日常生活中潜移默化地实施影响的，即使是在制度层面、精神层面的文化传播，其传播方式也大多是潜移默化的"融入"，而非伴随着暴力和高压政策的"同化"。

总之，就文化和文化传播的影响而言，16世纪前的中西文化交流史的主线就是中华文化西传，中华文化为中世纪的欧洲人点亮了一盏明灯，让黑暗的欧洲看到了外面的世界，也反观了狭隘的自身。所以，有西方学者称："公元1800年前，中国给予欧洲的比它从欧洲得到的要多得多。"[1] 这一阶段中西文化交流给我们的启示可以从两个方面看：第一，国家强盛、统一、经济发达是对外文化交流的前提，因为文化总是从"强势文化"向"弱势文化"流动的，其根本动力来源于先进文化所天然具有的扩张力和感召力。第二，一个国家和民族的文化发展程度是同其开放程度成正比的，一个国家的迅速发展往往伴随着文化的开放，因为文化上越开放，就越能够吸收其他民族的优秀文化特质以促进自身发展。公元16世纪之前这一阶段，中国不仅大规模地输出文化，同时也大规模地输入文化，从而使中国的文化系统处于一种"坐集千古之智""人耕我获"的佳境。中华文化根据本民族的文化特色对外来文化进行吸收、消化、重组，收到了"以石攻玉"的效果。

2. 公元16世纪至公元18世纪中西文化交流的特点和启示

对于这一时期中西文化交流的特点，学界亦有诸多认识。本书认为，应当从以下几个方面来看。

从背景上看，中西文化的第二次大交汇开端于明朝万历年间，即16世纪末，止于清初1775年的"中国礼仪之争"。这是新航路开辟后，中西两大文化体系第一次正面的历史交锋。这一时期，西方经过了宗教改革、文艺复兴运动，成功实现了文化转型；而中国由于推行文化专制政策，禁海锁国，资本主义萌芽在国内发展缓慢，文化发展止步不前。

从内容上看，这一时期中国的传统儒学传入欧洲对欧洲启蒙运动的产生和发展带来了深远的影响。同时，欧洲的传教士大批进入

---

[1] 转引自翦伯赞《论明代海外贸易的发展》，载《中国史论集》第1辑，文风书局，1946，第166页。

中国，虽然主观上他们是以传教为目的的，但客观上他们也把西方的自然科学、文化艺术引入了中国。

从文化交流的方向看，这一时期的中西文化交流是在和平方式下进行的平等的、双向的交流，双方的实力相当、心态理性、方法恰当。"西学东渐"和"东学西传"在内容上几乎相等，中华文化在此阶段尚可与西方文化分庭抗礼。

从文化交流的方式上看，当时的文化交流基本是通过和平的方式进行的。当时的时代背景基本是和平的，中西双方的实力大致相当，中华文化虽貌似强大，但已难掩颓势；而16世纪末17世纪初，西方文化虽然发展迅猛，但其现代性因素还没有充分彰显出来。这一时期的中西文化交流的媒介主要是传教士、商人、游客、军政人士和中国留学生等。

这一阶段中西文化交流给我们的启示至少有两点是比较明显的。第一，思想观念上的"夜郎自大"会阻碍国家与民族的发展。清初的统治阶级故步自封，一直抱有"但肯受害，不肯受益"的自我封闭心理，认为天朝"无所不有""从不贵奇"，盲目抗拒外来文化，使清朝时期的中国只能在与外界隔绝的环境中生存，从而客观上阻碍了中华民族的进一步发展。

第二，文化之间的交流要想获得良好的效果，必须走"大众化"的路径。明清之际的中西文化交流的范围狭窄，社会影响有限，就是因为只走"精英文化"的路线，当时中国封建社会等级森严，只有少数上层人士能够接触到西方科学技术。同时，在"西学东渐"的过程中，作为中西文化交流的媒介——传教士，其本身就具有很大的局限性。由于他们的最终目的是传教，因此传播科技、文化、政治、哲学等并不是其主要的目标，而只是手段和副产品，这些都造成了文化传播受众范围相对狭小的现象。

3. 公元 19 世纪至 20 世纪初中西文化交流的特点和启示

1840年鸦片战争之后，中华民族面临亡国灭种的民族危机，中国一部分先进知识分子开始积极学习、吸收西方先进的科技和文化，以洋务运动、戊戌变法、辛亥革命、新文化运动为代表，在吸收西方文化的过程中，不断探索、深化，从表层文化——物质文化，到中层文化——制度文化，再到核心层文化——观念文化，掀起了一个又一个中西文化交流的高潮。在这个阶段，中西文化交流具有了新的特点。

从背景上看，鸦片战争之后，晚清帝国已经处于内忧外患的境地，失去了吐故纳新的主动性、自觉性和涵容性。西方列强进一步加强了对我国经济、政治的侵略，国内的民族矛盾日益激化。

从内容上看，这一时期的中西文化交流无论在规模上，还是深度、层次上都大大超越了前一时期。一般认为，文化分为表层的器物文化、中层的制度文化和核心层的观念文化。"制度文化亦可称为'功能性'文化，包括科学理论、政治制度、经济制度、文化教育制度及法律法规等。功能性文化是文化中最权威的因素，它决定着文化的性质和整体面貌，其特性既不如表层文化那么活跃，也不似内层文化那样保守。"[①] 观念文化则是一个民族长期历史积淀的凝结，体现了一个民族的集体潜意识，是一个民族的精神内核的体现，孕育着其精神灵魂，同时，它具有相对的稳定性和历时性。中国近代的大规模中西文化交流及西学东渐，逐步更新了国人的观念，对中国近代社会产生了极其深远的影响，使国人认识到只引进西方的技术而不相应地引进西方的文化观念和社会体制，是不可能挽救中华民族的。它直接导致了中国科学思想和科学精神的形成以

[①] 孙泽学：《社会主义初级阶段文化建设研究》，华中师范大学博士论文，2002年4月，第128页。

及近代自然科学、社会科学的建立。中华民族对西方文明的吸收也从物质层面上升到了制度和思想层面。

从文化交流的方向看,此时主要是"西学东渐"状态,中国变为客体,西方列强变为主体。近代的这场"西学东渐"运动就是西方异质文化对传统中华文化的入侵与征服。毫无疑问,在这场文化交流中,西方文化处于攻势,而中国传统文化处于被动的守势,攻守双方之间呈现出极度的不平衡。

从文化交流的方式上看,这一时期西方列强改变了先前的和平的交流方式,通过暴力战争的形式将西方文化"强行"输入中国,具体办法是出版图书、创办报刊与学校等。这一时期双方的关系是不平等的,虽然也有文化融合的一面,但主要还是一方对另一方的强行"灌输",冲突与对抗是这一时期中西文化交流的主题。美国著名汉学家费正清曾指出的:"中国近代以来的历史,从根本上来说,是一场最广义的文化冲突","是扩张的、进行国际贸易和战争的西方同坚持农业经济和官僚政治的中国文明之间的对抗"。①

此时的中西文化交流也其鲜明的特点。第一,必须充分肯定中国近代先进知识分子的"文化自觉"意识,同时认识到他们思想中存在的偏颇倾向。从洋务派、维新派、立宪派到中国人民最终接受马克思主义,其中蕴含着中国先进知识分子对近代中国社会的全面深刻的反思。但是,无论对待西方文化还是中国文化,他们都持一种比较极端的态度,若非全盘否定,即是全盘接受,这种心态无疑不够理性,这是应当引以为戒的。第二,一个国家要想在对外交流中占据优势地位,理性的自我定位是不可或缺的。中国在清末中西文化交流中的颓势,其根源其实可以回溯到隋唐之时,那时中国

---

① 费正清:《剑桥中国晚清史》(上卷),中国社会科学出版社,1985,第53页。

在国际上特别是亚洲地区已经有了无可撼动的权威影响力，可以说已进入"亚洲之中国"的境地，但其仅拘泥于"中国之中国"的狭隘境界。如果国人能在"亚洲之中国"的阶段即能有与自身经济、政治影响力相匹配的理性大国心态，发展与其他政治体系的平等共存的心态，也能发展对其他文化体系的尊重与认识，则中国在清末面对当时多国多元文化的世界时，就不会因为心理上的缺乏准备而惊慌失措乃至一败涂地。因此，在当今的中西文化交流中，中国要对自身在国际关系中的地位进行理性定位，牢固树立起"世界之中国"的大国心态。

二　中西文化交流史的当代启示

通过回顾、审视和反思中西文化交流的历史，对于正确了解和把握当下的中西文化交流现状进而有效推进我国在新的历史时期的文化建设，具有极为重要的启示意义。

（一）从开放的角度看待中西文化交流

回顾历史，我们不难发现，中西文化一经交流，二者之间的接触和碰撞就从未停止过。在全球化的大背景下，我们不断参与其中，并发挥越来越大的作用。对外开放一开始是在物质文明领域，后来逐步扩展到精神文明领域。历史的经验已经无数次证明：一个国家的发展往往是伴随着对外开放的，文化越开放，就越能够吸收其他民族的优秀特质，从而促进自身的快速发展；如果总是持有封闭自我、妄自尊大的心态，就极可能落后于其他文化，甚至成为其他文化的攻击对象。在全球化的今天，这一趋势越来越明显，这就要求我们努力处理好全球性文化与本土性文化的关系问题。

（二）从创新的角度看待中西文化交流

从中西文化交流两千多年的历史来考量当代中国文化的发展，可以看到某种似曾相识的现象。正如意大利历史学家克罗奇在《历史学的理论和实践》中所说的："每一种真正的历史都是现代史。"回顾中西文化交流的历史，我们可以看到今天的文化交流又在某种程度上重复了以往的过程。在过去两千多年的中西文化交流中，中国先后从西方文化的物质层面、制度层面和文化层面获得了新的内容，我们今天又在重复这个过程。有学者指出："20世纪80年代先是西方技术的引进，进行器物层次的变革；而后是经济、政治体制改革，进行制度层次的变革；再后就是文化热，进行文化价值层次的变革。"① 我国改革开放的历史似乎是中西文化交流史的一个缩影，但这仅仅是指形式上近似。事实上，无论是文化交流的具体内容，还是我们自身的创新性，都不是历史所能比拟的。为了使中西文化交流在健康的轨道上前行，进行自我的文化创新是完全必要的，创新将最终改变中西文化交流的内容和性质。

---

① 郭建宁：《当代中国的文化选择》，北京大学出版社，1999，第196页。

第三章

当代中西文化交流的现状及意识形态问题

分析和研究中西文化交流的历史,必须区分新中国成立前后两种状态,这也是本书的特点之所在。因为只有在新中国成立之后,中西文化交流中才会有鲜明的意识形态色彩,而且这种文化交流中的意识形态内容是有意为之,形式更是多种多样。更为重要的是,这种意识形态层面的交锋还是双向的。其中值得思考的是,又有许多人有意无意地否认这一点,这才是当代中西文化交流的突出特点。

一 改革开放之前的中西文化交流

从新中国成立到开始进行改革开放这段时间,我国的对外文化交流经历了一个曲折的发展过程。这一过程大体可分为两个阶段,每一阶段都有其不同的特点。

(一)从新中国成立到"文化大革命"之前(1949~1966)

新中国成立后,国家面临的最迫切的任务是恢复战乱时期遭到破坏的国民经济。这一阶段是新中国对外文化交流的初创时期。这一时期党和国家领导人十分注重文化交流活动，政府也制定了相关的方针政策，对对外文化交流工作实行有效管理。其实，早在1945年毛泽东发表的《论联合政府》中就已经提出了我们对外来文化的态度："对于外国文化，排外主义的方针是错误的，应当尽量吸收进步的外国文化，以为发展中国新文化的借镜。"[①] 新中国成立后，毛泽东在《论十大关系》中又写道："我们的方针是，一切民族、一切国家的长处都要学，政治、经济、科学、技术、文学、艺术的一切真正好的东西都要学。但是，必须有分析有批判地学，不能盲目地学，不能一切照抄，机械搬用。"[②] 他的这一论断为新中国的对外文化交流工作提供了方针——积极汲取人类文明的一切先进成果，同时防止盲目搬抄。

新中国成立之初，西方资本主义国家对我国采取敌对的封锁政策。在当时承认了新中国的只有苏联等社会主义国家和亚非拉等一些新兴民族主义国家。因此，当时我国对外文化交流的主要对象是这些同我国建交的社会主义国家。1950年，我国同苏联签订了第一个友好合作条约——《中苏友好同盟条约》，条约中明确提出发展中苏双边文化关系。1951年，我国与波兰在华沙签订《中波文化合作协定》，这是我国与外国第一次签订文化合作协定。随后，我国的对外文化交流活动如火如荼地开展起来。有专家统计："早在20世纪50年代，中国就与所有的社会主义国家都签订了政府间的文化合作协定，从建国到1966年，我国与其他国家签订的政府间文化合作协定达30多个，据统计，平均每年有100余起、近2000人次的文化交流项目。在此期间，我国派出的表演艺术团组和艺术家个人达168起，10133人次；同时期，接待外国艺术团组

---

① 《毛泽东选集》第3卷，人民出版社，1991，第1083页。
② 《毛泽东文集》第7卷，人民出版社，1999，第41页。

225起，21524人次。另据不完全统计，建国头15年，中国同世界各国相互交换的图书达2亿多册，影片1万多部，相互举办的文化性展览达1000多起。"① 尽管这一时期国家没有明确提出对外文化交流的国策，但是中外文化交流事业蓬勃发展，产业规模已初具雏形。

1953～1957年的第一个五年计划时期，社会主义改造基本完成，我国进入了有计划的社会主义经济建设时期，同时，中外文化交流工作也进入了一个新时期。其间，中外文化交流事业成为新中国外交工作的一个重要组成部分。周恩来总理曾在第一届全国人民代表大会第三次会议（1956年）上对当时的外交工作有如下的表述："各国人民在文化上的交流，正如在经济上的合作一样，也是促使各国之间的和平、友谊和合作得到巩固的一个重要的条件。……作为增加各国人民之间的相互了解和促进国际合作的一个方法，文化交流已经取得了初步的成就，但是还有更多的工作需要做。就中国来说，我们不会在这方面吝惜我们的力量。"② 这段话突出反映了新中国对对外交流工作的重视及外交工作在当时的巨大作用，这一时期的对外文化交流工作的积极有效的开展，对推进我国社会主义建设起到了积极的推动作用。

1958～1966年的社会主义全面建设时期是我国对外文化交流事业稳步发展的时期。党和国家领导人非常重视当时的对外交流工作，不仅对文化交流工作有过很多重要而具体的批示和建议，同时，政府也制定了有关对外文化交流的方针政策，建立和完善了相关的管理机构，集中统一管理我国的对外文化交流活动。对外文化交流工作在这一阶段得以进一步发展。

---

① 范中汇：《新中国对外文化交流50年》，《新文化史料》1999年第6期。
② 《建国以来重要文献选编》第8册，中央文献出版社，1994，第394页。

（二）"文化大革命"十年间的中外文化交流

1966年开始的"文化大革命"，严重地干扰和破坏了当时新中国的对外文化交流工作，中国又一次陷入了封闭的状态。林彪、江青反革命集团完全否定新中国成立以来我国对外文化交流工作所取得的成绩，对外国文化一概加以排斥和拒绝。当然，这一时期的中外文化交流并没有被完全阻断。其间，中国仍与一些国家的艺术团体保持联络，开展互访活动。随着1971年中国在联合国的合法席位被恢复，更多国家与我国建立了外交关系。同时，外交部、中国人民对外友好协会在开展对外文化交流工作方面做了很多工作，中外文化交流工作得以延续下来。

二 改革开放以来的中西文化交流

中共十一届三中全会的召开，标志着改革开放新时期的开始，我国的对外文化交流事业也进入了一个新阶段。这一时期的中西文化交流大体在器物文化、制度文化和精神文化三个层面逐次展开。

（一）改革开放以来中西文化交流的三个阶段

1. 1978～1992年的中西文化交流

这一阶段主要是对西方表层的器物文化即物质文化的大力吸收。改革开放之初，经历了十年"文化大革命"封闭期的中国，已经深刻地认识到自己在科技方面的落后，于是，开始大量引进西方的先进科学技术，尤其是成套的设备等。之后，为了国家经济建设及进一步扩大国际经济交流的需要，我国创办了许多合资企业，这些多是在物质文化层面的学习与借鉴。

与此同时，文化交流的深度和广度也开始延伸。1978～1991年，中国政府与有关外国政府签订了91个政府间的文化合作协定，文化交流执行计划超过250个。改革开放的最初十年，"仅文化部办理的文化交流项目就达7500起，60000余人次，其中派出政府文化代表团80余起，访问了亚、非、拉、欧、北美、大洋洲的大多数国家；接待来自世界各国的政府文化代表团258起。派出各类艺术表演团组达620起，21500余人次；接待外国来华的艺术团组382起，10000多人次。中国优秀的杂技、歌舞、京剧、地方戏曲和交响乐在许多国家和地区演出时每每引起轰动，出现了'杂技热''京剧热''地方戏曲热'。中国艺术团的演出盛况常常成为当地新闻媒介的报道中心和人们谈论的话题"。①

值得注意的是，这一时期也是中国与西方国家进入关系正常化的阶段。中国和美国于1979年正式建立了外交关系，1983年与欧盟（欧洲共同体）国家全面建交，并建立起定期的政治磋商制度。此外，我国同加拿大、新西兰、澳大利亚等西方先进国家也一直保持着良好的国家关系。这些都为文化交流提供了很好的条件。

2. 1992～2001年的中西文化交流

这个阶段指从邓小平发表南方谈话开始到2001年中国加入世界贸易组织为止，这是中国与西方国家的国际关系在正常化的基础上逐步加深相互了解的阶段。这一时期，双方意识形态观念有所淡化，中西国际关系进一步深化。随着中国经济的进一步发展，原有的计划经济体制越来越不适应当时生产力发展的需求，国人才意识到仅仅在物质方面借鉴西方是远远不够的，物质文明的高度发达需

---

① 文化部、对外文化联络局：《中国对外文化交流概览（1949～1991）》，光明日报出版社，1993，第203页。

要相应的管理体制相配合。因此，进入 90 年代后，中国加强了经济和政治体制的改革，开始建设社会主义市场经济体制，中西文化交流也因而转移到了制度文化的层面。

3. 21 世纪以来的中西文化交流

2001 年入世后，中国以前所未有的主动和开放的姿态走上了国际历史舞台，中西文化交流也进入了一个新阶段。在当今的中国，随着对外开放程度的加深，全球信息传播更加便捷，中西文化交流中的精神文化内容日益凸显。随着中国经济实力的迅速壮大，文化交流中的意识形态冲突又有加剧的趋势。

（二）改革开放以来中西文化交流的新内容和新特点

1. 当代中西文化交流的新内容

在全球化的大背景下，随着我国对外开放进一步深化，中西文化交流呈现出了与以往不同的新内容，涉及经济、政治、教育、习俗、日常生活习惯、文学、语言、法律和道德观念等各个层面。随着我国改革开放不断深入和中西交流的日益频繁，对外文化交流已经渗入我们每个人的日常生活中，甚至可以说，当今的中西文化交流在一定程度上甚至变成了国人的一种生活方式。

①物质文化

吸引和利用外资一直是我国对外开放基本国策的重要组成部分。改革开放以来，我国大量吸引外国资本，许多西方跨国公司纷纷到中国投资，其数量与规模均大幅攀升。随着跨国公司的涌入，当代中西文化交流被注入了新的内容，这些跨国公司及其生产的产品对人们物质生活、思想意识和价值观都有一定的影响和渗透。此外，跨国公司也带来了新的价值观。"价值观是企业经营的目的、宗旨，是企业的灵魂。这就使企业格外注重文化建设，把母国文化嫁接到东道国，其政治思想、民主观念、科技文化、经营理念都深深植根于母国文化的土壤中。"① 与此同时，中国的各类商品（主要是日用品）也大量出口到西方国家，对这些国家人民的日常生活也产生了很大影响。这点在本书第五章的实证分析中也有所体现，当被问及"如果你只能用一个名词来形容中国的话，你的选择是什么"时，高达30.91%的在华留学生选择了"中国制造"，由此可见，中国商品对西方民众的巨大影响力。

这一时期的文化艺术活动方面的中西交流也呈现出新的景观。一方面，中国积极主动地与西方各国进行文化艺术交流与合作。2003年12月6日，李长春在全国宣传思想工作会议上指出："要支持和鼓励我国文化产品的出口，形成一批对外交流的文化品牌，逐步改变文化产品进出口严重逆差的局面。"② 据文化部的不完全统计，我国已经与多个国家签订了政府间的文化合作协定和近千个年度文化交流执行计划，与上千个文化组织保持着密切合作的关系。多边和区域文化合作进展明显，成功地举办了许多大型文化交流活动，如"中国文化美国行""柏林亚太周""感知中国"和"中法文化年"等。截至2012年，我国还成功地在全球108个国家和地区开办了400所孔子学院（Confucius Institute）和535个孔子课堂，极大地扩大了中国的国际影响力。③ 同时，具有民族文化特色和自主知识产权的知名文化品牌也不断增加，大型功夫舞台剧《少林功夫》、杂技芭蕾《天鹅湖》、原生态歌舞《云南印象》以及《内蒙古无伴奏合唱》《历代民族服饰》等著名节目纷纷打入国际市场，有效地扩大了中国文化的国际影响力和提升了我国的国家形象。

另一方面，中西文化交流中的大众文化迅速崛起。大众文化这

---

① 韦云龙：《跨国公司文化传播的三大特点》，《求是》2000年第12期。
② 《十六大以来重要文献选编》，中央文献出版社，2005，第542页。
③ 2012年《国家汉办/孔子学院总部年度报告》，国家汉办官网，http://www.hanban.edu.cn。

一概念最早出现在美国哲学家奥尔特加的《大众的反抗》一书中，主要是指一地区、一社团、一个国家中新近涌现的，被大众所信奉、接受的文化。在国内学界很多学者看来，所谓大众文化是指"一种以市民大众为主要消费对象，以娱乐为主要功能，以文化的产业化、标准化为特征，以现代大众传媒为传递手段，以市场为导向的新型文化"。① 本书认为，大众文化是与官方主流文化和学界精英文化相对应的一种市民文化，具有商品性、流行性、通俗性和娱乐性等特点。随着西方文化的强劲影响及传播媒介的发展，欧美的大众文化艺术产品大量出口，包括美国大片、欧美音乐、美国篮球职业联赛、世界杯足球赛等。

　　日常生活方式层面的文化交流更是无比丰富。首先是语言层面的文化交流。这方面的中西日常生活文化交流主要表现为一个互动的过程，即西方外来词汇的引进和汉语及中国文化的输出。随着我国与世界的接触越来越频繁，国内持续二十年有余的"英语热"始终不曾降温，2011年上半年报名参加全国大学英语四级和六级考试的考生就达909万。英语已经渗透到我们日常生活的各个方面，国内英语语言学界甚至把这种语言的异化——"汉语（语法）欧化"现象作为一种独立的学术现象进行研究。汉语中引进了许多英文外来词汇，英文缩写在我们的报纸、书刊中随处可见，广为国人特别是年轻一代所接受，如 GDP、NBA、MTV、KTV 等。当代汉语——中国文化输出的表现有：一是"汉语热"的出现。据国家"汉办"不完全统计，全球现在学习汉语的人数已超过4000万人，② 欧美国家学习汉语的人数以每年40%的速度递增（而英

---

① 孙泽学：《社会主义初级阶段文化建设研究》，华中师范大学出版社，2004，第230～231页。
② 许琳：《在第十届国际汉语教学研讨会上的发言》，《第十届国际汉语教学研讨会论文选》，2010年8月18日。

语、日语、西班牙语的年增长率仅为2%~4%)。二是汉语影响力和传播力的增大。① 在影响世界的国际组织、国际公司、国际媒体中,拥有中文网页的比例越来越高,美国国务院、最权威的财经报纸《华尔街日报》(*Wall Street*)、英国的《财经时报》(*Financial Times*)和美国《国家地理》(*National Geographic*)等报纸杂志均开设了中文网站。美国《财富》杂志所评出的世界五百强企业,超过2/3在中国设有分支机构,其中绝大部分都开设了中文网站。三是中国政府为把汉语推向世界做了不懈的努力,取得了卓有成效的业绩。全球108个国家和地区的400所孔子学院和535个孔子课堂的建立就是最好的例证。

其次是饮食文化的交流。中华饮食文化博大精深,源远流长,在世界上一直享有极高的声誉。中国人的饮食,食物怎么吃,什么时候吃,和谁吃,怎么去吃,不仅渗透着国人认识事物、理解事物的思维方式,还凝聚着国人对待人生的态度和思考。中国公认的四大菜系虽各有特点,自成体系,但也有共通之处:用料复杂考究,制作方法复杂,口味多种多样。有人把中华饮食文化的精髓概括成:精、美、情、礼。在国人看来,"吃"这一行为已经远远超越了吃饭本身而具有更深刻的社会含义;而西方人的饮食文化更看重的是科学和营养,在一定程度上忽略了口味,这一饮食观念是和整个西方的实用主义哲学体系相一致的。中西饮食文化现象存在的这种巨大差异,实际上体现了中西两种文化所蕴含的不同哲学理念。这些年,洋快餐在中国风行,如麦当劳、肯德基、赛百味、必胜客等。这些洋快餐企业不仅出售西方食品,还代表着一种美国式的生活方式,通过其经营模式和所传达的企业文化与快餐文化对中国产生巨大的影响,这些影响不仅仅是在经济上对中国餐饮业形成冲

---

① 何申权:《4000个英语新词来自中文》,《环球时报》2005年4月18日。

击,更主要的是对国人的消费理念和生活方式产生重大影响。以肯德基为代表的洋快餐文化强调效率、便捷、大众化、同质化,不注重深厚的文化积淀和内在价值,在这种洋快餐文化的影响下,经济和文化的联系更加紧密。有学者曾指出:"麦当劳所代表的快餐文化影响着我国的文化生产,造成了文化快餐的大批量快速生产,即出于最迅速最有效地生产出符合大众文化市场需求的文学消费品的需要,将文学生产从选题到发行分割成多个环节,实行工业流水线式的作业。"[1] 在洋快餐大举进入中国的同时,中餐馆也在欧美各国大量开业,据报道,仅美国就有中餐馆5万多家。同时,商店和超市里也大量供应中国食品,对中国风味食品市场的资金投入逐年增加,出版中国菜谱并由媒体进行宣传,吃中国菜成为一种时尚,中国饮食文化在当代西方有着越来越高的认可度。

　　再次是旅游业的中西文化交流。旅游是一种特殊的跨文化交流方式,也是一种能够传递目的地文化的有效方式,是对异质文化的体验和感受,是不同文化背景的人们之间的交往,也是不同地域间文化沟通往来的重要途径。同时,旅游这种交往形式也为不同国家和地区之间的交往提供了一种和平交流的方式。相对于其他的交流方式,旅游有其自身的优点:其一,它是人与人之间的直接交流,而非通过其他实体进行的间接交流;其二,旅游反映社会和文化生活之间的渗透,涵盖极其广泛;其三,旅游过程中人与人之间的交流是和平的,同时也是最好的。[2] 这些特点当中,交流是其中最重要的特点。美国著名的旅游学教授罗伯特·W.金托提出旅游的动机无外乎以下四种:身体方面、文化方面、人际(社会交往)方面、地位和声望方面。[3] 而这其中除了身体的

---

[1] 宋晖、赖大仁:《文学生产的麦当劳化和网络化》,《文艺评论》2000年第5期。
[2] 卢洋:《旅游对中西方文化交流的影响》,《黑龙江对外经贸》2005年第8期。
[3] 李天元:《旅游学概论》,南开大学出版社,2000,第7~8页。

动机以外其他三种均明显带有交流的目的。改革开放以来，我国的旅游业持续发展，旅游业的快速成熟从一个角度见证了中西物质文化交流的迅速发展。从1978年到2010年，我国国际旅游外汇收入增长173倍，年均增速17.5%。据国家旅游局统计，2013年，出境旅游人数9800万人次，同比增长18%，出境游花费1200亿美元，同比增长20%。①

最后是文化产品的交流。联合国教科文组织在《1994~2003年文化商品和文化服务的国际流动》中重新定义了文化产业、文化产品、文化商品和文化服务等概念。其中，文化产品（cultural products）是指"文化产业活动所提供的商品"，一般是指传播思想、符号和生活方式的消费品，可以分为文化商品和文化服务两大类。文化商品主要包括核心文化商品（文物、图书、报刊、印刷制品、音响媒体、视觉艺术、视听媒体七类）及相关文化商品两大类。冷战结束后，伴随着全球文化产业的急剧发展，文化产品在世界贸易中的比重也在不断增加，文化扩张和经济渗透与经济利益也紧密结合在一起。因为人们在消费文化产品的同时，必然会受到其中价值观、生活方式、思维方式的影响。

改革开放前，我国每年引进书刊资料仅7万余种，1500多万册。1978年后，随着经济体制改革的逐步深入，特别是我国签署世界版权公约（1992年）后，我国的图书进口一直保持着良好平稳的增长态势。"据《中国新闻出版统计资料汇编》显示，仅1998~2007年十年间，进口图书就从357551种次增至771582种次。同时进口图书的品种结构也出现了新的变化，特别是2000

---

① 中国旅游研究院编《2013年旅游经济分析与2014年发展预测》，北京，社会科学文献出版社，2014。

年以后,哲学、社会科学类与文化、教育类的增长比重超过文学、艺术类。此外,国外期刊与报纸的进口也已达相当规模,2007年统计数据显示,我国在该年进口期刊种类达4万余种,报纸达1千余种。"① 广大群众通过阅读这些引进的原版国外书籍、期刊,可以更加全面地了解和认识西方文化的各个侧面,拓宽文化视野。

近年来,我国文化产业取得了较快的发展,文化产业的国际化进程也在逐步加快,扩大了中华文化在世界上的影响力。但总体看来,中国文化产品贸易仍然处于起步阶段,这主要是由于出口比例较小。虽然中国文化产品的出口绝对数额在逐年增加,但2002~2007年,其占全部商品出口额的比重却呈逐年下降态势,最高份额均在1%以下,所占比重非常低。

②制度文化

第一,经济制度的交流。如果从现代中国各项制度变化发展的历史来看,当代中西文化交流在制度上的表现是从学习西方"先进管理经验"开始的。早在改革开放之初邓小平就提出:"资本主义已经有了几百年历史,各国人民在资本主义制度下所发展的科学和技术,所积累的各种有益的知识和经验,都是我们必须继承和学习的。"② 更进一步讲,我们不但需要在经济与科学技术方面积极向西方先进国家学习,更需要在管理制度上向西方国家学习,并在此基础上根据本国国情不断地进行创新发展。我国对西方经济制度的借鉴主要表现在引入"市场经济"的理念与建立现代企业制度上。随着改革开放的进一步深入发展,中国接受了"市场经济"的理念并付诸实践,使这个长期以来被认为是资本主义所独有的经

---

① 胡逢祥:《开放时代的中外文化交流与国民意识》,《探索与争鸣》2010年第12期。
② 《邓小平文选》第2卷,人民出版社,1994,第167~168页。

济形式转变为一种中立的、没有意识形态色彩的资源配置方式,从而引起了一系列思想观念的变革。

第二,政治制度的交流。经济体制改革带动了政治体制改革,这使中国改革步伐迈出了更具有重要性的一步。近来有学者提出:"在经济领域,'姓资姓社'的问题大体已解决,但在政治方面,'姓资姓社'的疑虑仍然是借鉴人类政治文明成果的障碍。"[1] 他们认为,相对于学习西方技术层面的有益成果,借鉴和吸收制度层面的有益成果其实更为重要。因为"现代文明社会的市场机制与它所要求的民主法治精神是融为一体的。如果是借鉴利用市场机制,而忽视借鉴吸收它所要求的民主法治精神,那么,市场机制在'移植'的土地上就不可能健康地生长发育"[2]。虽然这些认识的科学性还有待进一步探讨,但这无疑表明中西文化交流中关于制度文化交流的认识已经走向深入。

③精神文化

精神层面的文化交流是指观念文化、意识形态领域等核心层面的文化交流。精神层面的文化交流除了通过实物和行为等间接方式以外,主要通过各种思潮和宗教等直接形态的方式。出于研究的需要,本书仅论述西方社会思潮对我国社会的影响。

社会思潮,顾名思义,是指社会思想的"潮流",是适应某一阶级利益和要求的某种思想趋势或思想潮流,因此它具有较为复杂的社会意识形态性。由于社会思潮是"反映特定环境中人们的某种利益或要求并对社会生活有广泛影响的思想趋势或倾向"[3],因此社会思潮是社会上层建筑的一个组成部分,一直是作为一种社会意识形态而存在的。"社会思潮具有时代性与时期性、民族性与地

---

[1] 沈宝祥:《略谈借鉴人类政治文明成果》,《学习时报》2003年3月17日。
[2] 章传家:《如何真正融入人类社会政治文明的共同大道?》,《学习时报》2003年6月26日。
[3] 《哲学大辞典·马克思主义哲学卷》,上海辞书出版社,1995,第81页。

域性、群众性与复杂性、国际性与跨文化性等特点。"① 在当代，以自由主义、保守主义、西欧民主主义思潮、存在主义、实用主义、后现代主义和消费主义等为代表的各种思潮涌入我国，通过学术交流、课堂教学和民间流传等方式对国人的行为观念，甚至国家的政策选择都产生了很大的影响。关于当代西方各种思潮对我国的影响，一般认为："当前对我国影响较大的思潮，主要是民主社会主义、新自由主义、历史虚无主义和普世价值。"② 本书认为，由于发展传播的快速性、同步性和大众化的特点，后现代主义思潮和消费主义思潮对中国当代社会和民众产生的影响将更加深刻。

第一，消费主义思潮。"消费"一词的出现可以追溯到 14 世纪，它首先出现在英语中，在很长一段时间里，它是一个贬义词，带有"用尽""耗尽"的意思，超过了恰到好处或恰如其分地占有和使用的范围。现在，消费是指使用物质资料以满足人们物质和文化生活的需要，是社会再生产过程中的一个环节，是人们生存和恢复劳动力过程中必不可少的条件。同时，消费也是经济生活中的一个重要环节，是生产发展的动力。马克思在《政治经济学批判》导言中曾经说过："没有消费，也就没有生产，因为如果没有消费，生产就没有目的。"③ 消费观念的内涵是指人们在消费问题上所持的基本观点和态度，它对人们的消费行为有重要的影响。人们的消费观念的形成、变化及发展不仅要受到人们思想变化的影响，同时也要受到社会制度、经济状况、文化发展等因素的制约。由于消费观念会对人们的消费行为产生重要影响，因而人们消费观念的

---

① 陈丽：《西方思潮对当代大学生的影响研究》，成都理工大学硕士学位论文，2011 年 6 月，第 9 页。
② 靳辉明：《关于当前影响我国的四种社会思潮的剖析和思考》，《重庆邮电大学学报》（社会科学版）2009 年第 2 期。
③ 《马克思恩格斯文集》第 8 卷，人民出版社，2009，第 15 页。

变化是通过其消费行为表现出来的。随着改革开放的实行和社会主义市场经济的初步建立，我国的经济飞速发展，物质资料更加丰富，人们的生活水平明显提高，再加上西方文化的涌入，人们的思想发生了重大变化，同时人们的消费观念也发生了重大变化。

当今西方资本主义文化所推崇、认可的价值体系（价值观）是消费主义的文化意识形态。英国学者卢瑞（Celia Lury）认为："消费文化是20世纪后半叶出现在欧美社会的物质文化的一种特殊形式。"[①] 在当代西方消费主义思潮的影响下，人们的消费节奏加快，消费结构发生了变化，更加追逐新潮和时尚，大众媒体也在误导消费者进行激情消费和过度消费。消费主义的基本主张是人们消费的目的不是为了满足现实生活的需求，而是个人欲望的最大满足，即人们消费的是商品背后被赋予的象征和符号意义而不是商品所真正具有的实际使用价值，消费主义所倡导的不是传统西方新教教徒所认同的"节俭"理念而是消费理念。消费主义理论认为："劳动与积累不是目的，只是消费的手段，享乐才是根本。"[②]

随着改革开放的进一步深化，消费主义思潮也逐渐为部分国人接受，并且渗透到了我们社会生活的各个领域，其影响的深度与广度都是空前的。在西方消费主义思潮的影响下，国人的消费观念发生了巨大的变化，如从勤俭节约转向了享受生活、享乐主义；量入为出转向提前消费、负债消费；从追求面子转向自我满足；从求同从众转向追求个性和潮流；从追求中庸之道转向追求个人主义，等等。同时，这种消费主义意识形态也成为享乐主义滋生的温床，因为在所谓的"消费社会"，所有的一切都是为了"享乐"。虽然消

---

① 陈昕：《救赎与消费——当代中国日常生活中的消费主义》，江苏人民出版社，2003，第75页。
② 杨魁、董雅丽：《消费文化——从现代到后现代》，中国社会科学出版社，2003，第175页。

费主义在某种程度上对社会经济的发展有一定的促进作用，但是它所带来的负面影响也是不容忽视的。大体来说，消费主义和享乐主义的负面影响表现在，一是失衡的超前消费和负债消费；二是虚荣的、形式主义的炫耀性消费增多，人们开始购买本身并不需要的奢侈品；三是人们奋斗精神的缺失，开始贪图享受；四是消费需求与价值的背离。特别是不少年轻人开始盲目追求提前消费，居安思危、未雨绸缪等我国传统的、民族化的消费方式正逐渐被消费主义所倡导的提前消费、透支消费等方式所取代。

第二，后现代主义思潮。"后现代主义"起源于战后的后工业社会，是西方现代资本主义社会的一种文化现象，主要是针对后工业社会及其带来的高科技、商业化大潮对人的价值实现的冲击，造成了人的物化现象。后现代主义思潮主要特征有解构、非中心化、否定、破坏、反叛、冷漠等，主要倾向是"非人性化"和"反主流文化"，其具体表现方式：在内容上，它主要以仇恨、暴力和无政府主义为主；在表现形式上是以大众化、商品化为主，主要是小说、戏剧、诗歌、绘画、电影等各种文艺作品。[①] 后现代主义发端于20世纪五六十年代欧美的文学理论和批评领域，80年代随着我国改革开放的不断深化而进入中国。如果从杰姆逊的演讲集《后现代主义与文化研究》算起，西方后现代主义理论在中国的传播已经有十多年的历史了（作品的传播则更早）。

总的来看，改革开放以来，西方思潮中的人本主义、"信息社会"理论、生态文化理论、社会民主主义理论、人权理论等思想对我国产生了广泛的影响。当然，思潮当中不乏先进合理的因素，其对我们树立知识经济的观念、可持续发展的观念、民主法制观念、人权观念、效率观念等新观念产生了积极影响，成为我国现代

---

① 杨宁：《后现代主义文化思潮对当代大学生的影响》，《青年研究》1995年第5期。

化过程中的重要思想资源。但是，我们也必须看到这些当代西方思潮所带来的负面影响，尤其是其中的消极因素如拜金主义、享乐主义、极端个人主义等，这些西方思潮中的腐朽消极成分通过大众传媒和文化工业产品，在消遣和娱乐的幌子下大规模地传播和渗透，向人们宣传资本主义的意识形态、生活方式和价值理念，给国人尤其是青少年带来了严重的负面影响。

2. 当代中西文化交流的方式、载体和途径

①当代中西文化交流的方式

同历史上特别是近代史时期的中西文化交流的方式不同，当代中西文化交流是在和平的形式下以和平的方式、积极主动的态度、开放理性的心态进行的，其主线是全球化背景下中国的改革开放和现代化建设。随着近年来我国经济实力的进一步增强，国际政治话语权影响力的进一步提升，在面对中西文化交流及其中不可避免的冲突时，我们更应该以独立自主的方式和理性的心态来应对。一方面，应当坚持解放思想、实事求是的方针，积极引进和吸收西方资本主义文化中有益的成分，从而进一步完善我国的社会主义市场经济体制；另一方面，又要有所扬弃，坚持走中国特色社会主义道路。正如王克婴所讲的："当代中西文化交流是在和平的、逐步的、我们主动开放的方式下进行的，西方文化的进入也是渐进的、经过筛选和比较温和的。"① 因此，中华文化能够始终对西方外来文化保持一种平和的良好心态，以渐进温和的方式理性地认知和评价各自的文化。

②当代中西文化交流的载体和途径

第一，互联网成为文化交流的重要渠道。

现在网络文化已经成为一支对大众生活各个领域起整合作用的重要力量。互联网冲破了地域障碍，加快了各国之间的文化交流，

---

① 王克婴：《近代与当代中西文化交流与冲突比较研究》，《历史教学》2002年第4期。

加深了相互之间的了解。1998年联合国教科文组织正式将网络定义为"第四媒体"（其他三种主流媒体是报纸、广播和电视），随着网络媒体与传统媒体的不断整合，其影响力正在日益扩大，渗透力正在逐渐加强。

文化传播手段是文化交流的重要工具。随着科技的发展，文化传播手段越来越先进，越来越现代化，原有的国际传播体系主要靠短波广播和卫星电视，其中以美国的美国之音（VOA）和美国有线电视新闻网（CNN）为主要代表。但无论是广播还是卫星电视系统都需要雄厚的资金和强大的技术手段来作为保障与支持，从形式上看，文化传播的手段/工具还是无法摆脱民族国家的主体意识。而互联网能够在真正意义上将整个世界连接起来，互联网构建起了跨地域的全球性网络，"其直接后果是传统的民族国家的地理和文化界限日益模糊，传统的时间、空间和地域的概念也面临深刻的危机，用自然分界（如地理位置的间隔和海洋、山脉等）来划分民族、国家和社会变得越来越困难，而'象征性分界'（如网络传输空间和语言文化）的作用越来越显著了"。① 总的来说，互联网文化具有下列一些特征：一是全球化、大众化、即时性和扩散性。从理论上讲，世界上的任何一个人，只要拥有一台能与外界网络连接的电脑，便可以与全球的网民进行信息交流，任何人都能在网络上发表自己的信息、观点，从而成为网络文化的创造者，任何新的网络文化都可以在短时间内为全球网民所了解。二是创新性。无论何时，网络文化都把对"新"的追求放在首位，其他要求都可以退而求其次。总之，互联网以其跨地域传播、交互传递、多媒体传播、信息丰富、交流宽松等特点吸引了众多的"网民"，而"网民"们对互联网的依赖也日益加深。

---

① 史安斌：《全球网络传播、"第三文化"和意识形态问题》，《新闻界》2003年第5期。

中国互联网目前是全球第一大网,无论是网民人数还是覆盖区域均居全球首位。根据中国互联网络信息中心(CNNIN)发布的统计报告①,截至 2011 年 12 月底,中国网民人数达 5.13 亿,互联网普及率达 38.3%。网站总数为 230 个,网民平均上网时长为 18.7 小时/周,较 2010 年同期增加 0.4 小时。中国网民占全球网民总数的 26.2%,位列第一,到 2012 年中国网民的总数突破 6 亿。截至 2013 年 12 月,中国网民规模达 6.18 亿,互联网普及率为 45.8%,较 2012 年提升 3.7 个百分点。②互联网已经成为国人了解世界和与外界沟通的最便捷迅速的渠道。在互联网基础设施方面,随着 2011 年全球 IPv4 地址数量分配完毕,我国互联网向 IPv6 的转变走上轨道。2011 年 12 月底,我国拥有 IPv6 地址数量 9389 块/32③,同比增加 22.4%。

如今,以互联网为代表的新媒体在意识形态传播中发挥着越来越重要的作用。一直以来,全球网络舆论的主导权被以美国为首的发达资本主义国家所掌控。数据显示,"互联网上 97% 的信息是出自西方发达国家的英文信息,其中美国的网上信息量占 75% 以上"。④除此之外,"目前,控制国际互联网的 13 台域名根服务器全部被美国所把持"。⑤由此可见,西方国家一直牢牢掌握国际互联网平台的技术优势,并企图凭借这种优势把互联网作为进行意识形态渗透的重要工具。

---

① 中国互联网络信息中心:《第 29 次中国互联网络发展状况统计报告》,http://www.cnnic.cn/reaearch/bgxz/tjbg/201201/t20120116_23668.html。
② 中国互联网络信息中心:《第 33 次中国互联网络发展状况统计报告》http://www.cnnci.cn/nlwfzyi/nlwxzbg/201403_46240.htm。
③ IPv6 地址分配表中的/32 是 IPv6 的地址表示方式,对应的地址数量是 2(128-32)=296 个,同样,/48 对应的地址数量是 2(128-48)=280 个。
④ 刘明君、郑来春、陈少岚等:《多元文化冲突与主流意识形态建构》,中国社会科学出版社,2008,第 187 页。
⑤ 匡长福:《西方对华文化渗透的新路径》,《马克思主义文摘》2011 年第 8 期。

第二，非政府组织在中西文化交流中发挥重要作用。

non-governmental organization，目前其国际通用的缩写模式为NGO，联合国将其命名为"非政府组织"。不过，NGO一词正式使用则是在联合国成立之初，在1950年联合国经济及社会理事会第288（X）号决议中规定："任何国际组织，凡不是经由政府间协议而建立的，都被认为是为此种安排而成立的非政府组织。"

在当今全球化浪潮的推动下，NGO发展速度惊人。据保守估计，全世界各类NGO数目高达几百万个，其中国际型NGO的数量超过35万个，仅美国一国就拥有多达160万个NGO。在国际上，NGO现在已经成为继主权国家和政府间国际组织之后崛起的又一重要的国际行为主体；在各国国内，NGO则被看作"第三部门"而独立于各国的政府和企业之外。

在国际上，NGO的发展存在着严重的不均衡状态。发达国家与不发达国家的NGO在数量上、在联合国内部事务的参与程度上都有巨大差异。来自第三世界的发展中国家的代表数量很少，由于数量上的悬殊，他们的呼声和意愿很少被采纳。这是由于在西方发达国家中，NGO有着悠久的历史、娴熟的运作模式、成熟的组织体系，西方政府非常善于利用NGO，特别是在一些国际敏感问题上，西方政府往往利用NGO为政府造势、助势；或利用其补充、代替政府去完成政府不便出面或难以完成的使命。在当今世界政治舞台上，许多西方国家自称是小政府，而这些小政府背后往往存在许多有能力的NGO；相较于西方发达国家的成熟的NGO，发展中国家的NGO规模小、力量薄弱、缺乏人才和管理经验，政府对其的支持也很有限，因此，发展中国家的NGO的国际政治影响力非常有限。

国际型NGO的发展不仅存在严重的不对称问题，而且很多NGO都具有较强的政治功能，带有极强的意识形态色彩，同时代表了某些特定集团的政治利益,西方政府常把这些 NGO 作为其对外推行意识形态、干预别国内政和向外扩张的有力武器。还有许多 NGO 由于与政府有着紧密联系及深厚的政治渊源,直接沦为其政府推行对外政策的代言人,这些组织以办学、技术培训、科技合作、讲学等名义,进行西方价值观、人权观的思想渗透,支持反对派人士和持不同政见者。美国很多致力于推行"海外民主计划"的 NGO 是由政府直接操控、管理的,如"美国国际发展署"(USAID)、"美国国务院民主、人权暨劳工局"(Bureau of Democracy, Human Rights, and Labor) 等,这些机构为那些由美国定义的所谓"民主国家"提供大量的资金支持。"同时,美国广大的 NGO 在其对外推进民主的进程中也扮演了不可替代的重要角色,主要包括国家民主基金会、国际事务国家民主研究所、国际私人事业中心、美国国际劳工团结中心、国际选举体制基金、自由之家、欧亚基金会、卡特中心等。"① 如国家民主基金会(National Endowment for Democracy, 又译为"国家民主捐赠基金会"),一直以来都同美国国务院和中央情报局关系密切。美国的绝大部分 NGO 都受国务院所属的国际开发署的工作指导,为美国政府的对外政策服务。"通过布道、讲经和协助对象国的基层群众组建宗教团体,发展信徒,宣扬美国的政治和价值观;出资邀请访问学者到美国学习、实习和考察,以便将对象国的知识精英培养成崇美、亲美分子;做地方官员、学者和民间精英的工作,以使他们成为美国利益的代言人;支持甚至帮助对象国的异议人士建立非政府组织,然后通过这些非政府组织开展针对对象国政府的民主运动,达到改造乃至推翻对象国政府的目的。"② 一些国际 NGO 在国际事务中一直扮演特殊的政治角色,如

---

① 刘小燕、王洁:《政府对外传播中的"NGO"力量及其利用——基于西方国家借 NGO 对发展中国家渗透的考察》,《新闻大学》2009 年第 3 期。
② 李晓莹:《我国面对外国非政府组织的策略研究》,《科技向导》2011 年第 26 期。

推动苏东剧变，颠覆乌克兰、伊朗和委内瑞拉等国家的政权并在"颜色革命"中扮演急先锋。随着"颜色革命"的偃旗息鼓和中国作为世界上最大的社会主义国家的崛起，西方发达国家开始把斗争的主要矛头对准了中国，自20世纪80年代以来国际NGO开始大量进入中国，并且发展迅猛，这一现象值得我们重视。

虽然自改革开放之初就有国际NGO在我国开展慈善赈灾、扶贫、教育等行动，但这些活动都是零星的、不系统的。20世纪80年代之后，国际NGO开始大量进入中国。在这一时期，以邓小平南方谈话、北京世界妇女大会召开以及中国加入世贸组织为契机，国际NGO在中国获得了较快发展，除了传统的慈善领域，这一时期进入中国的国际NGO更集中于环境与动物保护、妇女儿童、艾滋病防治、农民工等领域。不难看出，在改革开放后，国际NGO是踩着中国改革发展的每个节点而不断渗入的。国际NGO在中国的活动使国人感受到了它们的积极力量，如在2008年的四川汶川地震中，活跃在一线的国际NGO高达100多个，包括"无国界医生组织""美国心连心国际组织"和香港"乐施会"等在国际上享有盛名的NGO。这些组织在四川多个地方辗转救援，不仅为灾区人民提供物质上的帮助，还对他们进行灾后的心理干预，这些由志愿者组成的民间组织，既补充了政府的功能，也弥补了政府兼顾不足的缺陷。

但是，任何事物都有两面性，国际NGO也不例外。除了建设性之外，有些国际NGO还具有意识形态性和极强的利益性，它们在中国的种种活动往往目的性极强，甚至是某些政治集团、利益团体的代言人。如一些西方NGO频繁资助"藏独""东突"及"民运"组织等各种反华势力，对我国的内政加以干涉，在有关西藏和人权等问题上，它们往往抛弃客观立场，无视事实甚至扭曲真相，表现出了深深的偏见，其作为西方意识形态机器的运作工具的身份暴露无遗。又如，自我标榜为价值中立、总部位于美国纽约的NGO——人权观察，通过每年所谓的《全球年度报告》对包括中国在内的90多个国家和地区的人权状况妄加评论和指责。人权观察一贯站在主观片面的立场上，罔顾民意，闭门造车，对包括中国在内的世界人权加以刻意指责，完全违背了NGO应遵从的客观、中立、严肃、科学的组织原则。在《全球年度报告（2012）》中，人权观察全面否定中国的人权状况，无端批评中国的司法制度、宗教制度、民族自治制度等政策，通过含糊的"估计""可能""很可能"等词语来指责中国的人权，毫无真实性、客观性和技术性可言。此外，一些国际NGO受经济利益驱使，往往借人权、民主、自由为名在中国牟利，违背了NGO的运作原则。如1985年成立于法国巴黎的"记者无国界"组织，尽管其创建者罗伯特·梅纳德一直强调它是一个"民间的""非营利的""非政府的"和"不带政治偏见"的组织，但实际情况是，该组织一直接受美国等西方国家有关机构的资助，其中包括美国的国家民主基金会和自由古巴中心等。在2008年北京奥运会期间，该组织借助破坏奥运圣火传递行动大肆敛财，其设计的"黑色手铐五环"T恤在短短半个月内就为"记者无国界"组织赚了近100万欧元，而且该组织还靠在国际媒体上诋毁中国而获得高昂的"出镜费"。该组织如此亢奋地大搞破坏奥运会的活动，其受经济利益驱动、借北京奥运会"敛财"的目的尽人皆知。

在当今世界政治中，国际NGO已经走到了前台，成为国际社会的一个重要组成部分。但是，对于国际NGO的复杂性和多样性，我们要提高警惕，采取"疏通""引导"的策略，不能完全禁止，也不能放任自流，应最大限度地发挥其正面影响力而尽量削弱其负面影响力，还要站在全球的高度，运用和借鉴西方先进的管理模式，提高中国NGO的国际发言权，学会与国际NGO建设性相处，必要时可以启动一些民间反制力量与之抗衡。

第三,大众文化制品日益担负起中西文化交流的重要职能。

西方大众文化制品主要是指以当代新媒介为传播载体,用来满足普通大众精神文化需要的文化商品,这种商品还可以作为文化资本运作而带来利润,包括影视、音乐、书刊、电子游戏软件等可复制的文化产品。这种商品是文化生产过程与商品生产过程相结合的产物,具有大众文化与商品的二重性:作为大众文化,它总是以普通民众喜闻乐见的形式、生活化平面化的内容、新奇刺激的视听效果等特性来满足人们在紧张生活之余的文化娱乐和审美需要,因而具有广泛的接受性;作为商品,它总是按照现代市场经济规律进行生产与市场销售,以便最大量地占有市场,获取最大的经济利润,因而具有广泛的传播性。有专家评价,西方大众文化制品是"资本主义社会工业化和都市化生活对人性进行现代重塑的文化反映,是丧失理想追求和历史深度之后的现代都市大众的精神状态的外化表现,是现代都市人在他们还来不及适应、令他们头晕目眩的都市生活中维系精神健全的诺亚方舟,是资本主义生产方式的产物"。①

在所有西方发达资本主义国家中,美国是大众文化制品销售最早、最发达的国家。早在20世纪三四十年代,美国好莱坞生产的影片就已经行销到世界各地。进入20世纪90年代后,美国依靠其雄厚的经济实力、丰富的文化人力资源、高科技的文化创新技术、出色的文化创意理念及高超的文化资本运营方式,在与其他国家文化制品的竞争中占据绝对优势。向世界各国推销文化制品以获取文化上的霸权地位和经济上的巨额利润,一直是美国全球战略的一个

---

① 黄楠森、龚书铎、陈先达:《有中国特色社会主义文化研究》,山东人民出版社,1999,第503页。

重要方面。以电影业为例,中国一直是美国好莱坞电影出口的重要国家之一。根据国家广电总局的统计,2007~2011年,进口影片的票房都远远超过国产影片,其中,2011年,我国进口影片票房为60.84亿元,而国产影片票房一直明显低于进口影片,进口电影占据了全年票房冠亚军的位置。近年来,进口影片的票房成绩仍然呈现出越来越强的势头。特别是进口3D电影的迅猛发展,不得不使国人警醒,自2009年以来上映的国产3D电影在质量上和票房上皆不可与进口大片同日而语。2010年和2011年,仅好莱坞两部进口3D电影——《阿凡达》和《变形金刚3》的票房就达24亿元人民币。这些影片在大量赚取中国普通民众口袋里的人民币的同时,也向中国民众大量灌输了美国的资本主义文化精神和价值观念。这种中西文化交流在无声无息中开展,使当代中西文化交流呈现全新的特点,值得重视和研究。

三 当代中西文化交流中的意识形态问题分析

(一)意识形态问题的一般判断

对于中西文化交流中的意识形态问题,历来有不同的意见。依据本书前面的分析,这种隐含在文化交流过程中的意识形态问题是客观存在的。由于我国和西方迥然不同的政治制度以及不同的经济发展道路,长期以来中西方的价值观和意识形态差别较大。自改革开放以来,在文化交流的层面,我国尽量淡化意识形态,大力吸收、引进和学习西方的先进器物文化、制度文化,但是由于历史和现实的种种原因,在当前的交流中,深层的文化对话尤其是意识形态方面的对话几乎是缺失的。由于我国与西方发达国家的意识形态和价值观存在根本性不同,在目前中西文化交流中最难以逾越的深层障碍就是意识形态方面的矛盾和挑战。两种社会制度之间的冲突与斗争既是不可避免的，又将是长期存在的。这种斗争将集中体现在中西文化交流之中。

在理论上，以美国为首的西方发达国家始终不遗余力地宣扬西方资本主义的社会制度、意识形态的优越性，为资本主义意识形态输出及扩张寻找理论依据和借口；在实践上，"和平演变"与"反共主义"一直是其对华政策的主线，是其"促进中国自由化"的手段。因此，只要我国坚持社会主义道路，那么我国在西方国家的眼中就必然是"异端"，这一点是不会有丝毫改变的。只是，在当今全球化的背景下，西方国家更加积极主动地寻求新的方式来达到它们的政治目的，手段更加隐蔽，途径更加广泛。比如，它们借助全球化带来的各种便利条件，利用资金或者物资援助项目及对外文化交流项目，宣传西方的价值观和意识形态，进行文化和意识形态的渗透；或者凭借互联网这个联通全球的信息传播体系进行文化扩张和渗透，输出西方的政治主张等。可以说，西方国家对我国的意识形态传播与渗透从未停止，只是手段更加隐蔽与多样化。

（二）意识形态渗透特点分析

1. 意识形态渗透的隐蔽性和高技术性

新中国成立以来，西方主要资本主义国家在意识形态领域一直对我国采用直接进攻的手法。特别是在20世纪80年代，社会主义与资本主义两大阵营激烈对抗的政治格局悄然发生着变化：几个社会主义国家在经济发展缓慢的情况下，自觉地走上了改革之路，希望通过这种内源性的改革，逐步摆脱国家困境，走上民族复兴之路；与此同时，以美国为首的主要西方资本主义国家经过二战后的调整和发展，又进入了一个经济飞速增长的黄金时期，为了将正在进行改革开放的社会主义国家纳入资本主义体系，以获取更多的经济利益，西方主要发达资本主义国家对我国表现出强烈的敌意和攻击性，对我国的政治意识形态和根本政治制度进行毫不掩饰的正面进攻。以美国为首的西方国家，在这一时期采用了大肆宣扬其政治意识形态的进攻策略，编写攻击社会主义和共产主义、宣扬西方民主制度及意识形态优越性的相关书籍，如布热津斯基的《大失败：二十世纪共产主义的兴亡》、海克的《致命的幻想》及美国前总统尼克松的《1999：不战而胜》等，并将其翻译介绍到我国。这些作品大肆宣扬资本主义民主的"优越"，认为只有走资本主义道路才是全人类唯一的出路。在1989年春夏之交的政治风波以后，中国政府顶住了西方国家的政治颠覆和意识形态的正面进攻，在社会各种矛盾以激烈的方式获得释放之后，赢得了坚持社会主义道路和改革开放的主动权，经济体制改革、政治体制改革进一步深化，以主动的姿态融入了世界经济一体化的大格局之中。美国等主要西方国家则调整了其"进攻""遏制"的政策，转而采用以"接触"为主的对华政策，出现了由意识形态的直接进攻向文化的扩展和渗透转变的战略性调整，它们摒弃了正面进攻、冲突的方式，而是通过各种经济活动，利用大众文化制品娱乐化、视觉化、生活化的特点，以高度隐蔽的方式从多个不同的生活层面潜移默化地把西方的价值观传递、渗透给我国民众，从而实现西方意识形态在我国的广泛传播。

  当代西方意识形态的传播还具有高技术性的特点，特别是微博业的发展更是西方文化传播高技术性的一个典型体现。微博是一种基于用户关系的信息分享、传播以及获取平台，用户可以通过各种客户端组建个人社区，以140字左右的文字更新信息并实现即时分享。世界上最早也最著名的微博是美国的"推特"（Twitter），其诞生于2006年3月。最初人们对微博普遍持怀疑和观望的态度，但微博业随后的发展可以用"井喷式"来形容。2012年7月19

日，中国互联网络信息中心（CNNIC）在京发布《第30次中国互联网络发展状况统计报告》称，截至2012年6月底，中国微博用户达2.74亿，较2011年年底增长9.5%，网络使用率为50.9%，比2011年年底增加2.2个百分点。[①] 这一方面源于微博人人参与内容建设与分享的便利性，另一方面也体现出广大用户参与社会事务的热情。许多社会事件通过微博迅速传播，微博对各类社会群体有不同的功用：普通人通过微博获取信息，与他人交流；政府通过微博进行政务公开；企业通过微博宣传其产品，进行服务监督等。微博已经成为我国网上舆论的主体力量。

微博不仅为普通大众提供了一个信息交流互动的网络平台，同时，它也迅速成为了多元文化激烈交锋的网络阵地。因此，以美国为首的西方发达国家早就把微博变成了一种对我国实施意识形态渗透、推行其主流意识形态的强有力武器。经历了三十多年的改革开放，我国的国际经济地位、政治影响力均有大幅度提升，在国际上的重要性也日益显现。对于西方政要而言，中国人，特别是普通中国民众的所思、所想、所欲不再与他们毫无关联，而是直接关系到他们的政纲、诉求和切身的实际利益。而要直观、迅速、准确地把握这些情况，最好、最便捷、最经济、最有效的方法，莫过于利用中国人的平台，用中国人的语言和交流习惯，和中国普通民众进行交流，中文微博显然是目前最理想的平台。

新浪微博市场管理中心公关部提供的资料显示，迄今为止，在其网站上开通微博并经过认证的外国政要有300多人，分别来自美国、英国、日本、澳大利亚等国家及联合国、国际货币基金组织等国际组织。[②] 开通中文微博的西方政要主要有以下几类。

---

① 第29次中国互联网络发展状况统计报告。
② 《多名外国政要扎堆开中文微博》，《北京青年报》2012年5月16日。

第一，对中国文化有兴趣、与中国联系紧密的西方政要。大多数开通中文微博的西方政要都与中国有着各种各样的渊源或联系，他们中有学习过中文的、有世代与中国保持往来的或一直与中国有商贸往来的。他们的微博多偏重于文化、私人、经贸等，很少直接涉及敏感的政治话题。目前美国前总统的弟弟尼尔·布什的新浪微博是西方政要中人气最高的微博之一，他的中文微博目前有13万名"粉丝"。澳大利亚前总理陆克文的新浪微博开通后，凭借其深厚的中文功底，一直坚持"原创"的原则，大体上都是讲些与日常生活有关的事情，与意识形态的联系并不明显。

第二，有明确政治诉求的西方政要，其主要目的是为了竞选。随着全球化的深化发展，海外华人、移民数量陡增，这些海外"新"华人一改传统海外华人对政治漠不关心的习惯，他们关心时政，善于表达自己的意见，积极主动地"融入当地主流社会"，也更注重在多元文化的氛围里表现出本民族的特色和传统。他们中的大部分人虽然长期在海外生活、居住，但仍然习惯于使用中文网络平台。一些精明的西方政要正是看到了这一点，积极地开通中文微博，因为中文微博里既有他们想了解的信息，又有他们想交流的对象。毫无疑问，西方大部分政客开通中文微博都是有其明确的政治目的的，为拉拢选民以获得竞选的胜利是他们开通中文微博的主要目的。在当前少数族裔及新移民投票率普遍不高、老选民的投票倾向日益稳定的背景下，争夺少数族裔选民的支持就成为各政党竞选人胜负的关键，因此，才会出现西方政要在中文微博"激战"、争夺华人选民的现象。如最早在中国开通微博的是美国首位华裔市长黄锦波，他于2009年8月在新浪微博注册，截至2014年3月粉丝37498人，微博19799篇。而在2012年5月的伦敦市长选举中，中文微博成为几位候选人展开激烈竞争的没有硝烟的第二"战场"，三位候选人都开通了中文微博，不但为自己拉选票，还与竞争对手进行论战。中文网络社交平台成为他们传播政见、争取选民支持的重要渠道之一。

第三，一些较具有影响力的西方国际机构为了扩大影响也开通中文微博。一些国际政要虽然没有进驻中国微博，但是他们也很重视借助这个平台与中国网友进行互动。2011年9月13日晚，在联合国第六十六届会议开幕之际，联合国秘书长潘基文通过脸谱（Facebook）、推特（Twitter）及新浪微博与全球网友进行互动，这是首次由不同国家、多家社交网络平台同时直播的网络访谈活动，据粗略估算，此次活动共覆盖11亿用户。在一个小时的访谈互动中，潘基文回答了多国网友的提问，其中有三个问题来自我国的微博平台。又如国际奥委会主席雅克·罗格，2011年9月也在新浪微博的奥林匹克官方微博上与网友进行在线互动，回答网友的问题，这次访谈涉及的议题非常广泛，从南京2014年青奥会到2011年9月21～23日在北京召开的世界群体大会。罗格说，国际奥委会正通过全球众多的社交媒体不断扩大影响，利用社交媒体和其他在线交流工具扩大在青年受众中的影响，传播奥林匹克精神，并尽可能让最多的受众一起分享奥运会的魅力。2011年英国首相卡梅伦首次访问中国，当他11月10日在北京活动时，最先播报消息的不是传统的通讯社、电台、电视台，而是"英国驻华使馆"的微博。

西方政要和机构积极占领中文网络社交平台的现象，反映了我国近年来迅速崛起及国际影响力进一步增强的势头。竞争，无论发生于国家之间还是个人之间，其根源都是对"财富蛋糕"和"话语权"的争夺，拥有近3亿用户的中文微博就是华人发声和舆论以及西方政要了解我国的重要平台，谁抢先占领这个平台，谁就会拥有影响力和话语权的优势。

2. 意识形态传播对象的大众化和低龄化

20世纪80年代我国进入经济转型期后，持续升温的西方理论文化在中国传播逐渐式微，其影响主要局限于理论界及政界，取而代之的是西方大众文化制品在我国的风行，其影响逐渐向普通民众转移，而且传播对象的年龄层次呈现出低龄化倾向，原因主要有以下几个方面。第一，当今西方的大众文化制品由于其纯粹理论色彩的淡化更加能满足国人休闲、娱乐的需要，更能满足当今年轻人接触、了解西方文化的需求；第二，在我国改革开放的大环境下成长起来的青少年从幼年时期就能够便捷地接触西方文化，他们既是现在网络文化的"主力军"，更是能够使用英文进行阅读和交流的主要群体，在国际和国内互联网上活跃的用户绝大多数是年轻人；第三，青少年普遍具有强烈的探索性、创新性，勇于尝试各种新鲜事物，对承载西方意识形态的各种时尚、流行事物非常敏感，易于被大众传媒影响，具有极强的可塑性。因此，西方的主流意识形态把我国青少年当作其影响的主要对象，使传播对象呈现出低龄化的趋势。

3. 西方意识形态的影响具有深入性、广阔性和双重性

当代西方意识形态的传播是全方位、多维度、立体化、大纵深的，包括政治、文学、哲学、法律等形式，贯穿于西方各国外交活动的始终，涉及外交活动的各个领域。正如王克婴所说的："当代中西文化交流的范围和社会参与程度大大扩展。随着中国改革开放的不断深入和中西交流的日益频繁，中国自上而下各个领域、各个阶层、各个地域都参与和感受了中西文化的交流冲突，无论是在物质文化层面，还是在制度抑或精神文化层面都是如此。甚至可以说，这种文化的交流在一定程度上变成一种工作或生活方式，或者是一道景观。"[①] 这其中，意识形态必将伴随着文化交流深入影响普通民众生活的各个方面，融入他们的日常生活之中。可以说，无

---

① 王克婴：《近代与当代中西文化交流与冲突比较研究》，《历史教学》2002年第4期。

论是在物质上还是文化生活上,中国民众都已经完全融入中西文化交流的洪流之中。

从深度上讲,在当代中西文化交流中,国人对西方物质层面的内容已经完全接纳,制度层面是部分接纳,但只有在精神文化的核心层面也就是意识形态和价值观层面,冲突比较激烈。由于改革开放前长期受"左"的思想影响,意识形态问题在我国一直是一个敏感的问题。随着我国经济、社会的进一步发展,国内学界对这一问题探讨的进一步深化,当代中西文化交流的内容正跨越物质层面,立足制度层面,着力向核心的精神层面进一步拓展,对西方民主思想和政治文明理论进行深入思考和探讨也在逐步加深。

西方意识形态对我国文化的影响毫无疑问地具有双重性这一特点。毋庸置疑,西方大众文化制品中确实存在不少精品,如其中有对人的价值和生命的珍重,有对爱国主义、责任、互助和"美国式"奋斗精神等的表现和讴歌,对我国民众的身心发展无疑是有着积极意义的。但是,我们同时也应看到,作为文化产品,其中总是包含着特定的文化意识形态。纵观美国的大众文化制品,总是在不同程度上反映着美国社会的主流价值观念及社会生活状态,而这些与我国目前的主流价值观念的差异还是十分明显的。如美国的大众文化制品中总是直接或间接地将美国文化看作世界上最先进的文化,将美国文化的自由主义价值观、政治经济制度当作应当在全世界推行的"普世"文化,至于宣扬奢侈消费、色情暴力、享乐主义的场景则更是司空见惯。这些都在某种程度上冲击了我国的主流意识形态,使我国青少年对中华文化的认同感和归属感进一步弱化,从而对思想正在成长、价值观尚未稳定的青少年造成极大的负面影响。

第四章

实证研究一：西方文化对当代中国大学生价值观的影响

分析和思考中西文化交流中的意识形态问题，之所以在定性分析上总有争论，就是因为缺乏事实上的说服力。不过，在这个问题上进行定量分析，难度太大，甚至无从下手。为了推进这方面的研究，本书试图以当代中西方文化交流的主要载体（群体）——大学生为研究对象，对中国国内大学生和外国来华留学生的文化交流状况进行量化研究，并据此提出有效的应对策略。

之所以选择在校大学生作为研究对象，是由于大学生是社会中最活跃、对社会生活变化最敏感的群体。当代大学生全部是改革开放以后成长起来的新一代，他们的成长过程恰好是东西方经济、科技和文化交流最为密切的时代，因此他们也就成为在思想上感受东西方文化冲突影响最大的一批年轻人，他们是当今中西文化融汇与冲突的接受者、传递者和体现者。大学生是青年中的"精英"群体，他们受教育程度高，但是他们又具有不稳定、易偏激的性格特点。当代中国人生活观念的变化极大地影响着转型时期的当代大学生的价值观，同时，大学生的价值观也是社会生活观念变革中的先声和晴雨表。由此，我们似乎可以说选择大学生作为研究对象具有极强的现实意义，可以借由对大学生的研究进而反映出西方文化对我国社会的整体影响情况。

为了让受试对象具有一定的广泛性，笔者选取了坐落在天津的10所高校（其中包括1所河北省高校——河北工业大学），其中涵盖重点高校（211院校）、普通高校、三本独立学院、高职院校等，基本包括了所有类型的高校。同时，笔者又从1200多名学生中随机选取了10名学生作为访谈对象，以获取更为直接的信息。这些学生所涉及的学科除外语类外，还有理、工、农、医、管理等各大门类，学生的学历涉及高职学生、本科生和研究生。这些学生虽然都在天津接受大学教育，但来自我国不同地域，能在一定程度上反映出当今西方文化对中国大学生价值观的影响。由于调查取样受到人数及区域的限制，因而调查结果的效度及普遍性可能会受到一定程度的影响，但调查所反映出的当今西方文化对中国大学生价值观影响的趋势与现实状况大致相符。同时，大学生代表着中国文化的未来和希望，是一个民族中的精粹部分，他们也担当着在未来把中国文化传播出去的重大历史使命，选取天津大学生作为受试对象是具有一定理论和实践意义的。

本书的实证研究分为两部分，一是西方文化对中国大学生价值观的影响，二是在华留学生对中国文化的认知和体验。

一 调查的基本情况

（一）调查对象及统计方法

1. 调查对象及方法

本调研以西方文化对中国大学生价值观的影响为主题拟定问卷，涉及52项指标，对天津市10所高等院校多学院、多专业共1226名同学进行问卷调查，回收有效问卷1226份，问卷回收有效率100%。

2. 统计方法

在检查本次调查问卷是否填写完整后，完整问卷采用双人方式录入EpiData3.1，比对无差异后整理入分析数据库，采用SPSS21.0统计软件对调研数据进行统计分析。符合正态分布的计量资料以均数±方差（±S）表示，组间差异假设检验选择独立样本T检验，多组差异检验采用方差分析（Anova）；非正态计量资料以中位数±四分位间距（M±QR）表示，定性资料采用频数、百分比表示，组间差异比较采用卡方检验，指标间相关性分析采用Spearman秩相关分析。

（二）统计结果

1. 问卷信效度分析

①信度分析

在对调查问卷分析前进行信度分析，以检验量表观测的可信度，即稳定性、一致性、再现性。本研究采用α信度系数（Cronbach's Alpha）进行评价，分析显示本量表α系数0.625（见表4-1）。

表4-1 项总计统计量

指　　标	项已删除的刻度均值	项已删除的刻度方差	校正的项总计相关性	项已删除的α信度系数
a5 你喜欢看国外的影片吗	102.04085	143.918	0.131	0.621
a6 在你喜欢的影片中什么占大部分	102.03595	141.325	0.156	0.620
a7 你认为外国影片最吸引你的地方是什么	101.77859	147.255	-0.044	0.635
a8 你对好莱坞电影和美剧带热国内市场的态度	102.20425	140.675	0.225	0.615
a9 在你喜欢的流行音乐中什么占大多数	100.36438	139.816	0.171	0.619
a10 在中外饮食文化偏好方向你偏好什么	102.58905	145.176	0.069	0.625

续表

指　标	项已删除的刻度均值	项已删除的刻度方差	校正的项总计相关性	项已删除的α信度系数
a11 你认为外来饮食文化进入中国会产生什么影响	102.08333	145.048	0.144	0.622
a12 你每月在西式餐厅或洋快餐上的消费是多少	102.70588	148.296	-0.079	0.633
a13 你选择西式快餐或洋快餐最先考虑什么因素	101.39297	139.933	0.097	0.629
a14 你庆祝过哪些西方节日 1 新年	103.73775	146.805	0.024	0.626
a14 你庆祝过哪些西方节日 2 圣诞节	103.45180	147.680	-0.045	0.628
a14 你庆祝过哪些西方节日 3 复活节	104.09232	147.196	0.023	0.625
a14 你庆祝过哪些西方节日 4 感恩节	103.84150	146.145	0.092	0.624
a14 你庆祝过哪些西方节日 5 愚人节	103.78922	146.474	0.059	0.625
a14 你庆祝过哪些西方节日 6 母亲节	103.55310	145.381	0.150	0.622
a14 你庆祝过哪些西方节日 7 父亲节	103.63235	145.111	0.169	0.621
a14 你庆祝过哪些西方节日 8 情人节	103.78595	147.172	-0.001	0.627
a14 你庆祝过哪些西方节日 9 万圣节	104.06781	146.905	0.045	0.625
a15 你庆祝这些西方节日的理由	101.78758	139.517	0.171	0.619
a16 你对这些西方节日的看法	101.41095	142.190	0.256	0.615
a17 你认为这些西方节日对你有什么影响	102.03105	143.518	0.154	0.620
a18 同质同价商品选国内还是进口	102.37582	145.971	0.056	0.625
a19 你曾经购买过西方名牌奢侈品吗	102.36928	146.997	0.017	0.626
a20 你希望自己就职于哪一类型的单位	101.58578	139.536	0.121	0.625
a21 你希望在什么样的市场环境下发展自己的事业	101.91585	143.382	0.141	0.621
a22 对你而言世界上最有用的语言是什么	102.59559	145.788	0.069	0.625
a23 如果拿英语(或其他语言)与汉语相比你认为哪种语言最美	102.21569	145.765	0.151	0.622
a24 你学习英语的主要目的是什么	101.48039	141.677	0.129	0.622
a25 你是否有过出国留学或移民的想法	102.68301	147.041	0.004	0.627
a26 上题选 A 的同学想出国的原因是什么	102.94771	143.355	0.063	0.628
a27 如果你有留学或移民的机会你首先选哪个国家(地区)	101.50000	134.379	0.254	0.610
a28 你认为哪国(地区)的生活方式更吸引你	101.53431	141.088	0.152	0.620
a29 哪个国家(地区)是世界上最自由的国家(地区)	102.08905	138.842	0.266	0.611

续表

指　　标	项已删除的刻度均值	项已删除的刻度方差	校正的项总计相关性	项已删除的α信度系数
a30 哪个国家(地区)是世界上最民主的国家(地区)	101.94771	139.068	0.252	0.612
a31 你了解比较多的西方思想流派1 人本主义	103.87500	147.261	-0.010	0.627
a31 你了解比较多的西方思想流派2 行为主义	104.03595	147.487	-0.025	0.627
a31 你了解比较多的西方思想流派3 西方生态主义	104.02778	147.353	-0.009	0.626
a31 你了解比较多的西方思想流派4 西方民主理论	103.83824	147.768	-0.052	0.628
a31 你了解比较多的西方思想流派5 马克思主义	103.51552	146.374	0.068	0.624
a31 你了解比较多的西方思想流派6 其他	104.03268	146.046	0.154	0.623
a321 西方思潮流派人物你比较了解的是1 民族乐派	103.91503	147.363	-0.015	0.627
a322 西方思潮流派人物你比较了解的是2 欧美现实主义	103.75735	147.430	-0.024	0.627
a323 西方思潮流派人物你比较了解的是3 马克思主义	103.55719	146.504	0.053	0.625
a324 西方思潮流派人物你比较了解的是4 印象派	103.86111	146.556	0.056	0.625
a325 西方思潮流派人物你比较了解的是5 其他	104.04739	145.816	0.184	0.622
a33 关于享乐主义的观点你同意哪个	101.53922	141.776	0.180	0.618
a34 西方的个人主义是一种思想上的侵蚀吗	102.02288	142.853	0.243	0.617
a35 你认为大学应该强调集体生活吗	102.57108	142.942	0.164	0.620
a36 你是否觉得社团规则多束缚生活	101.36928	138.985	0.239	0.613
a37 在社会生活中是个人重要还是集体重要	101.55637	143.122	0.209	0.618
a38 当个人利益和国家集体利益发生矛盾如何做	102.36928	142.676	0.167	0.619
a39 竞争是现代人的一种生活方式吗	102.16585	142.624	0.170	0.619
a40 你认为自己的竞争意识如何	101.76144	141.259	0.239	0.615
a41 面对将来的社会竞争你怎么做	102.38725	140.316	0.235	0.614

续表

指　　标	项已删除的刻度均值	项已删除的刻度方差	校正的项总计相关性	项已删除的α信度系数
a42 西方当代思潮正面影响 1 开放创新、科学技术	103.50654	147.133	0.001	0.627
a42 西方当代思潮正面影响 2 管理知识、经济知识	103.75899	146.165	0.083	0.624
a42 西方当代思潮正面影响 3 人权民主等	103.51225	146.845	0.027	0.626
a42 西方当代思潮正面影响 4 审美及个人修养	103.77696	145.784	0.117	0.623
a42 西方当代思潮正面影响 5 关注国家命运	103.83088	146.751	0.037	0.625
a42 西方当代思潮正面影响 6 其他	104.10294	146.027	0.241	0.622
a43 你对国外文化的了解在哪些方面 1 音乐、电影	103.35131	147.657	-0.044	0.627
a43 你对国外文化的了解在哪些方面 2 书籍	103.72467	146.545	0.040	0.625
a43 你对国外文化的了解在哪些方面 3 流行资讯	103.88562	146.267	0.086	0.624
a43 你对国外文化的了解在哪些方面 4 生活方式、习俗	103.71324	146.121	0.085	0.624
a43 你对国外文化的了解在哪些方面 5 国外历史	103.90196	146.250	0.090	0.624
a43 你对国外文化的了解在哪些方面 6 其他	104.09395	146.005	0.226	0.622
a44 西方文化传播渠道 1 互联网	103.34886	147.001	0.025	0.626
a44 西方文化传播渠道 2 杂志、电影、电视、广播	103.37255	145.886	0.133	0.623
a44 西方文化传播渠道 3 进口产品	103.76552	145.470	0.143	0.622
a44 西方文化传播渠道 4 旅游	103.85784	146.096	0.098	0.624
a44 西方文化传播渠道 5 其他	104.09150	146.010	0.218	0.622
a45 哪种传播渠道影响最大	102.94199	145.371	0.062	0.625
a46 西方当代思潮对大学生的负面影响 1 个人主义盛行	103.66503	147.368	-0.019	0.627

续表

指　标	项已删除的刻度均值	项已删除的刻度方差	校正的项总计相关性	项已删除的α信度系数
a46 西方当代思潮对大学生的负面影响2 享乐主义成风	103.65359	146.220	0.076	0.624
a46 西方当代思潮对大学生的负面影响3 性解放	103.70588	146.453	0.056	0.625
a46 西方当代思潮对大学生的负面影响4 拜金主义	103.61520	145.709	0.119	0.623
a46 西方当代思潮对大学生的负面影响5 追求个人功利	103.75980	145.849	0.109	0.623
a46 西方当代思潮对大学生的负面影响6 道德沦丧	103.88562	146.178	0.094	0.624
a46 西方当代思潮对大学生的负面影响7 其他	104.06536	146.104	0.171	0.623
a47 当代大学生受西方思想影响的最主要原因	101.92647	139.995	0.133	0.623
a48 大学生应该如何应对西方社会思潮的负面影响	101.71569	139.152	0.215	0.615
a49 你认为当代大学生应如何对待西方思潮的东渐	101.28595	142.397	0.231	0.616
a50 中西文化影响大小	102.73448	143.858	0.139	0.621
a51 你对西方文化的态度	102.46895	141.894	0.150	0.620
a52 你认为中国文化有很多方面赶不上西方文化吗	102.33415	144.288	0.211	0.619

②效度分析

效度分析是要衡量调查问卷的准确性，本研究采用探索性因子分析进行效度分析，以确定各变量的内在结构关系。经 KMO 和 Bartlett 的检验，本例 KMO 抽样适度测定统计值（Kaiser-Meyer-Olkin Measure of Sampling Adequacy）为 $0.743>0.5$；巴特尼特（Bartlett）法球形统计量（Bartlett's Test of Sphericity）有 $P=0.000$，提示各变量将存在显著的相关性，这综合说明本调查问卷结果效度较好（见表 4-2）。

表 4-2　因子分析（T-1）

	卡方统计值	0.743
巴氏球形检定	近似卡方	15398.742
	自由度	3570.000
	显著性水平	0.000

说明：分组 = 样本组，年度 = T-1。

"公因子方差"表示初始变量的共同度，"提取"一列表示变量共同度的取值，共同度取值区间为 [0，1]，本例有 15 个因素共同度大于 0.6，47 个因素共同度在 0.5 至 0.6 之间，这说明通过公因子对原始变量信息的提取、解释效果尚可（见表 4-3、表 4-4、图 4-1）。

表 4-3　公因子方差

指标	初始	提取
a5 你喜欢看国外的影片吗	1.000	0.600
a6 在你喜欢的影片中什么占大部分	1.000	0.635
a7 你认为外国影片最吸引你的地方是什么	1.000	0.566
a8 你对好莱坞电影和美剧带热国内市场的态度	1.000	0.471
a9 在你喜欢的流行音乐中什么占大多数	1.000	0.507
a10 在中外饮食文化偏好方向你偏好什么	1.000	0.552
a11 你认为外来饮食文化进入中国会产生什么影响	1.000	0.570
a12 你每月在西式餐厅或洋快餐上的消费是多少	1.000	0.563
a13 你选择西式快餐或洋快餐最先考虑什么因素	1.000	0.476
a14 你庆祝过哪些西方节日 1 新年	1.000	0.547
a14 你庆祝过哪些西方节日 2 圣诞节	1.000	0.533
a14 你庆祝过哪些西方节日 3 复活节	1.000	0.506
a14 你庆祝过哪些西方节日 4 感恩节	1.000	0.522
a14 你庆祝过哪些西方节日 5 愚人节	1.000	0.505
a14 你庆祝过哪些西方节日 6 母亲节	1.000	0.767
a14 你庆祝过哪些西方节日 7 父亲节	1.000	0.758
a14 你庆祝过哪些西方节日 8 情人节	1.000	0.520
a14 你庆祝过哪些西方节日 9 万圣节	1.000	0.527
a15 你庆祝这些西方节日的理由	1.000	0.539

续表

指　　标	初始	提取
a16 你对这些西方节日的看法	1.000	0.540
a17 你认为这些西方节日对你有什么影响	1.000	0.572
a18 同质同价商品选国内还是进口	1.000	0.487
a19 你曾经购买过西方名牌奢侈品吗	1.000	0.573
a20 你希望自己就职于哪一类型的单位	1.000	0.562
a21 你希望在什么样的市场环境下发展自己的事业	1.000	0.572
a22 对你而言世界上最有用的语言是什么	1.000	0.567
a23 如果拿英语(或其他语言)与汉语相比你认为哪种语言最美	1.000	0.531
a24 你学习英语的主要目的是什么	1.000	0.521
a25 你是否有过出国留学或移民的想法	1.000	0.652
a26 上题选 A 的同学想出国的原因是什么	1.000	0.591
a27 如果你有留学或移民的机会你首先选哪个国家(地区)	1.000	0.607
a28 你认为哪国(地区)的生活方式更吸引你	1.000	0.548
a29 哪个国家(地区)是世界上最自由的国家(地区)	1.000	0.617
a30 哪个国家(地区)是世界上最民主的国家(地区)	1.000	0.657
a31 你了解比较多的西方思想流派 1 人本主义	1.000	0.618
a31 你了解比较多的西方思想流派 2 行为主义	1.000	0.689
a31 你了解比较多的西方思想流派 3 西方生态主义	1.000	0.549
a31 你了解比较多的西方思想流派 4 西方民主理论	1.000	0.490
a31 你了解比较多的西方思想流派 5 马克思主义	1.000	0.714
a31 你了解比较多的西方思想流派 6 其他	1.000	0.632
a32 西方思潮流派人物你比较了解的是 1 民族乐派	1.000	0.483
a32 西方思潮流派人物你比较了解的是 2 欧美现实主义	1.000	0.558
a32 西方思潮流派人物你比较了解的是 3 马克思主义	1.000	0.624
a32 西方思潮流派人物你比较了解的是 4 印象派	1.000	0.518
a32 西方思潮流派人物你比较了解的是 5 其他	1.000	0.464
a33 关于享乐主义的观点你同意哪个	1.000	0.522
a34 西方的个人主义是一种思想上的侵蚀吗	1.000	0.503
a35 你认为大学应该强调集体生活吗	1.000	0.495
a36 你是否觉得社团规则多束缚生活	1.000	0.470
a37 在社会生活中是个人重要还是集体重要	1.000	0.438
a38 当个人利益和国家集体利益发生矛盾如何做	1.000	0.616
a39 竞争是现代人的一种生活方式吗	1.000	0.472
a40 你认为自己的竞争意识如何	1.000	0.577
a41 面对将来的社会竞争你怎么做	1.000	0.535
a42 西方当代思潮正面影响 1 创新开放、科学技术	1.000	0.523

续表

指　　标	初始	提取
a42 西方当代思潮正面影响 2 管理知识、经济知识	1.000	0.541
a42 西方当代思潮正面影响 3 人权民主等	1.000	0.528
a42 西方当代思潮正面影响 4 审美及个人修养	1.000	0.489
a42 西方当代思潮正面影响 5 关注国家命运	1.000	0.526
a42 西方当代思潮正面影响 6 其他	1.000	0.535
a43 你对国外文化的了解在哪些方面 1 音乐、电影	1.000	0.619
a43 你对国外文化的了解在哪些方面 2 书籍	1.000	0.485
a43 你对国外文化的了解在哪些方面 3 流行资讯	1.000	0.464
a43 你对国外文化的了解在哪些方面 4 生活方式、习俗	1.000	0.520
a43 你对国外文化的了解在哪些方面 5 国外历史	1.000	0.518
a43 你对国外文化的了解在哪些方面 6 其他	1.000	0.577
a44 西方文化传播渠道 1 互联网	1.000	0.530
a44 西方文化传播渠道 2 杂志、电影、电视、广播	1.000	0.523
a44 西方文化传播渠道 3 进口产品	1.000	0.552
a44 西方文化传播渠道 4 旅游	1.000	0.568
a44 西方文化传播渠道 5 其他	1.000	0.537
a45 哪种传播渠道影响最大	1.000	0.469
a46 西方当代思潮对大学生的负面影响 1 个人主义盛行	1.000	0.453
a46 西方当代思潮对大学生的负面影响 2 享乐主义成风	1.000	0.420
a46 西方当代思潮对大学生的负面影响 3 性解放	1.000	0.426
a46 西方当代思潮对大学生的负面影响 4 拜金主义	1.000	0.472
a46 西方当代思潮对大学生的负面影响 5 追求个人功利	1.000	0.497
a46 西方当代思潮对大学生的负面影响 6 道德沦丧	1.000	0.566
a46 西方当代思潮对大学生的负面影响 7 其他	1.000	0.496
a47 当代大学生受西方思想影响的最主要原因	1.000	0.583
a48 大学生应该如何应对西方社会思潮的负面影响	1.000	0.495
a49 你认为当代大学生应如何对待西方思潮的东渐	1.000	0.488
a50 中西文化影响大小	1.000	0.573
a51 你对西方文化的态度	1.000	0.397
a52 你认为中国文化有很多方面赶不上西方文化吗	1.000	0.537

说明：提取方法为主成分分析。

经分析后得出，前28项公因子的累计贡献率为54.276%，即总体多于54.276%的信息可以由前28项公因子解释。

表 4-4 解释的总方差

成分	初始特征值			提取平方和载入		
	合计	方差的百分比	累计百分比	合计	方差的百分比	累计百分比
1	5.262	6.190	6.190	5.262	6.190	6.190
2	3.681	4.331	10.521	3.681	4.331	10.521
3	3.176	3.737	14.258	3.176	3.737	14.258
4	2.290	2.694	16.952	2.290	2.694	16.952
5	2.013	2.369	19.321	2.013	2.369	19.321
6	1.868	2.197	21.518	1.868	2.197	21.518
7	1.626	1.913	23.431	1.626	1.913	23.431
8	1.592	1.873	25.305	1.592	1.873	25.305
9	1.562	1.838	27.142	1.562	1.838	27.142
10	1.523	1.792	28.934	1.523	1.792	28.934
11	1.496	1.760	30.694	1.496	1.760	30.694
12	1.416	1.665	32.359	1.416	1.665	32.359
13	1.405	1.653	34.012	1.405	1.653	34.012
14	1.343	1.580	35.592	1.343	1.580	35.592
15	1.271	1.495	37.087	1.271	1.495	37.087
16	1.240	1.459	38.546	1.240	1.459	38.546
17	1.214	1.428	39.974	1.214	1.428	39.974
18	1.196	1.407	41.382	1.196	1.407	41.382
19	1.182	1.391	42.772	1.182	1.391	42.772
20	1.157	1.361	44.134	1.157	1.361	44.134
21	1.138	1.339	45.472	1.138	1.339	45.472
22	1.129	1.328	46.801	1.129	1.328	46.801
23	1.095	1.288	48.088	1.095	1.288	48.088
24	1.085	1.277	49.365	1.085	1.277	49.365
25	1.071	1.261	50.625	1.071	1.261	50.625
26	1.049	1.235	51.860	1.049	1.235	51.860
27	1.028	1.210	53.070	1.028	1.210	53.070
28	1.025	1.206	54.276	1.025	1.206	54.276
29	0.996	1.172	55.448			
30	0.979	1.152	56.600			
31	0.975	1.147	57.747			
32	0.946	1.113	58.860			
33	0.943	1.109	59.969			
34	0.926	1.090	61.059			
35	0.917	1.078	62.137			
36	0.907	1.067	63.204			
37	0.891	1.048	64.252			
38	0.885	1.041	65.292			

续表

成分	初始特征值			提取平方和载入		
	合计	方差的百分比	累计百分比	合计	方差的百分比	累计百分比
39	0.876	1.031	66.323			
40	0.866	1.019	67.342			
41	0.863	1.016	68.358			
42	0.847	0.997	69.355			
43	0.815	0.959	70.314			
44	0.810	0.953	71.267			
45	0.797	0.938	72.205			
46	0.795	0.935	73.140			
47	0.779	0.916	74.055			
48	0.771	0.907	74.962			
49	0.762	0.897	75.859			
50	0.755	0.888	76.747			
51	0.737	0.867	77.614			
52	0.723	0.851	78.465			
53	0.717	0.844	79.309			
54	0.715	0.841	80.151			
55	0.706	0.831	80.981			
56	0.679	0.799	81.781			
57	0.675	0.795	82.575			
58	0.673	0.792	83.367			
59	0.658	0.774	84.141			
60	0.652	0.767	84.908			
61	0.643	0.757	85.665			
62	0.637	0.750	86.415			
63	0.628	0.738	87.153			
64	0.623	0.733	87.886			
65	0.614	0.722	88.608			
66	0.598	0.703	89.312			
67	0.590	0.694	90.006			
68	0.566	0.666	90.672			
69	0.555	0.653	91.325			
70	0.554	0.652	91.977			
71	0.548	0.644	92.621			
72	0.543	0.638	93.260			
73	0.534	0.628	93.888			
74	0.532	0.625	94.513			

续表

成分	初始特征值			提取平方和载入		
	合计	方差的百分比	累计百分比	合计	方差的百分比	累计百分比
75	0.512	0.602	95.115			
76	0.499	0.587	95.702			
77	0.493	0.580	96.281			
78	0.483	0.569	96.850			
79	0.457	0.538	97.388			
80	0.447	0.526	97.914			
81	0.416	0.490	98.404			
82	0.404	0.475	98.879			
83	0.395	0.465	99.344			
84	0.317	0.373	99.717			
85	0.240	0.283	100.000			

说明：提取方法为主成分分析。

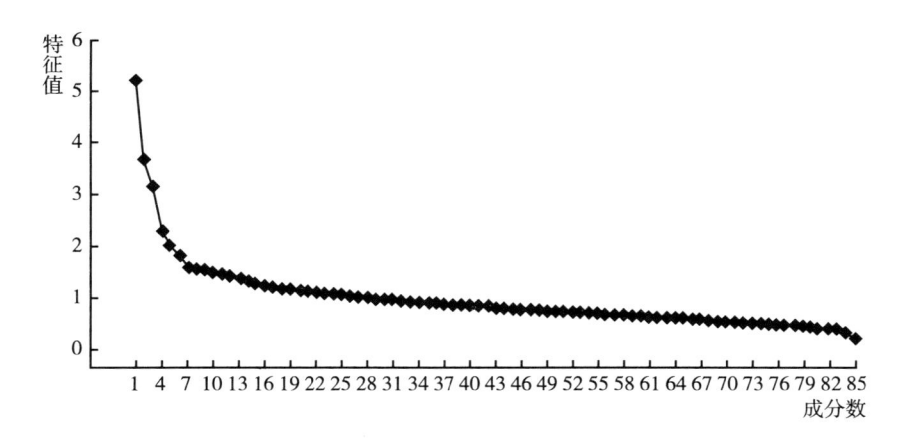

图 4-1　碎石图

2. 调查样本基本情况

本次问卷调查共涉及 10 所学校 1226 名同学，其中较多的为天津外国语大学滨海外事学院、天津工业大学、天津大学、天津现代职业技术学院，这 4 所学校样本数占总样本数的 57.17%（见表 4-5、图 4-2、图 4-3）。

表 4-5 样本学校来源

序号	学校代码	计数（N）	构成比（%）	累计构成比（%）
1	天津外国语大学滨海外事学院	231	18.84	18.84
2	天津工业大学	193	15.74	34.58
3	天津大学	141	11.50	46.08
4	天津现代职业技术学院	136	11.09	57.17
5	天津商业大学	120	9.79	66.96
6	天津外国语大学	119	9.71	76.67
7	河北工业大学	98	7.99	84.66
8	天津电子信息职业技术学院	76	6.20	90.86
9	天津医科大学	75	6.12	96.98
10	天津师范大学	37	3.02	100.00

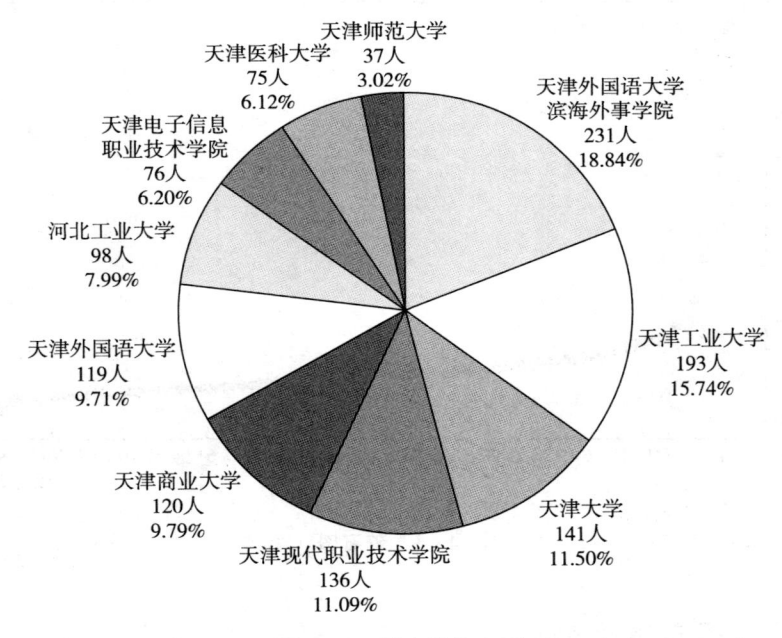

图 4-2 样本学校来源

调查样本主要来自普通本科院校（共4所），占调查样本总数的43.23%，其余三种类别院校样本数量基本持平（见表4-6）。

调查样本以女性较多，共718人，占58.56%（见表4-7）。

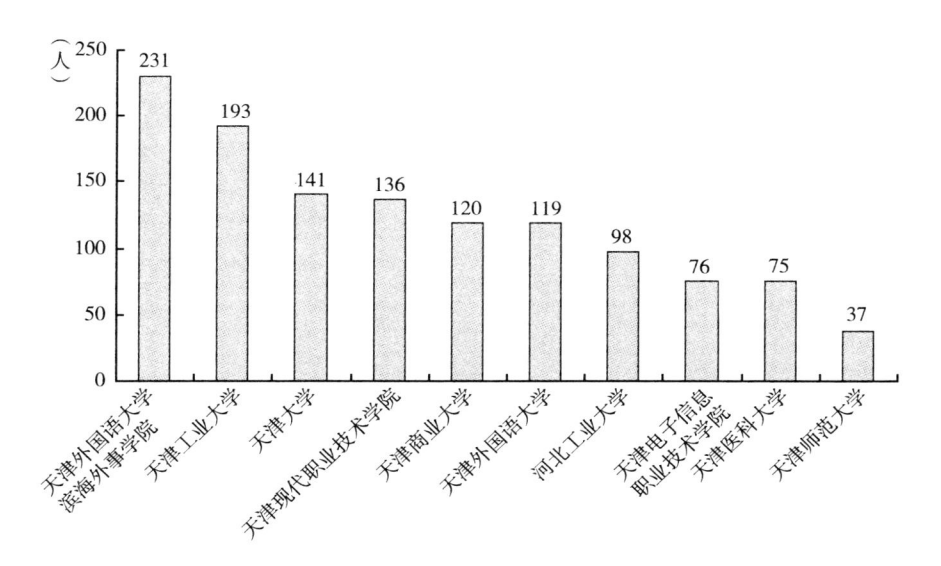

图4-3 样本学校来源

柱状图数据（从左至右）：
- 天津外国语大学滨海外事学院：231
- 天津工业大学：193
- 天津大学：141
- 天津现代职业技术学院：136
- 天津商业大学：120
- 天津外国语大学：119
- 河北工业大学：98
- 天津电子信息职业技术学院：76
- 天津医科大学：75
- 天津师范大学：37

表4-6 学校分类

序号	学校分类	计数(N)	构成比(%)	累计构成比(%)
1	普通本科（4所）	530	43.23	43.23
2	211院校（3所）	253	20.64	63.87
3	三本院校（1所）	231	18.84	82.71
4	高职院校（2所）	212	17.29	100.00

表4-7 性别分布

序号	a1性别	计数(N)	构成比(%)	累计构成比(%)
1	女	718	58.56	58.56
2	男	508	41.44	100.00

调查样本以低年资学生为主，集中在18～20岁，共610人，占49.76%（见表4-8）。

学校、性别、年龄三者分布见图4-4。

表 4-8　年龄分布

序号	a2 年龄	计数(N)	构成比(%)	累计构成比(%)
1	18~20 岁	610	49.76	49.76
2	20~22 岁	420	34.26	84.02
3	22 岁以上	171	13.95	97.97
4	18 岁以下	25	2.04	100.00

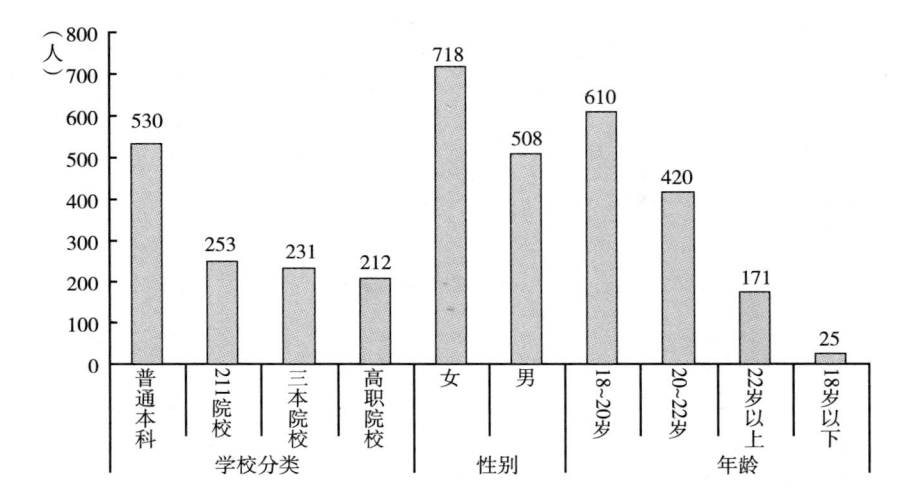

图 4-4　调查样本学校、性别、年龄分布

调查样本生长环境共 4 类，鉴于调研院校均为全国招生，其中内陆地区人数最多，所学专业涉及"文、工、理、法、医"5 大类及其他专业，其中文科、工科、理科人数最多（见表 4-9、表 4-10、图 4-5、图 4-6）。

表 4-9　样本成长环境

序号	a3 成长环境	计数(N)	构成比(%)	累计构成比(%)
1	内陆地区	866	70.64	70.64
2	沿海开放地区	316	25.77	96.41
3	其他	36	2.94	99.35
4	港澳台地区	8	0.65	100.00

第四章 | 实证研究一：西方文化对当代中国大学生价值观的影响

表 4-10 样本学习专业

序号	a4 所学专业	计数（N）	构成比（%）	累计构成比（%）
1	文科	356	29.04	29.04
2	工科	331	27.00	56.04
3	理科	279	22.76	78.79
4	法学	171	13.95	92.74
5	医学	72	5.87	98.61
6	其他	17	1.39	100.00

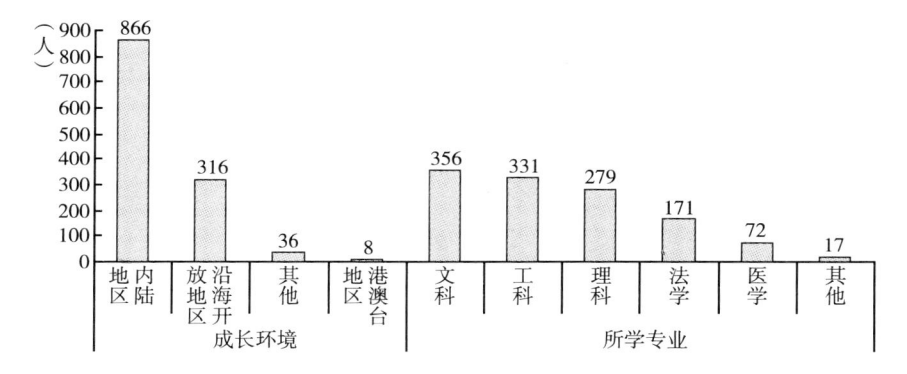

图 4-5 样本成长环境及所学专业

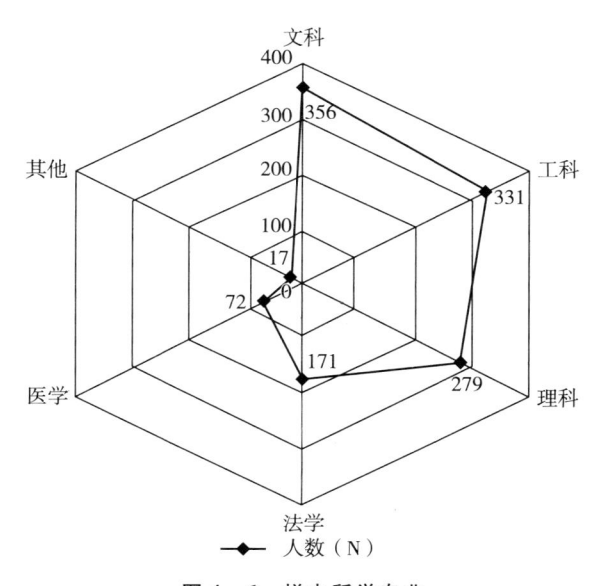

图 4-6 样本所学专业

(三)西方文化对中国大学生价值观影响的三维度分析

1. 外层文化(消费模式)

①娱乐

第一,电影与音乐。

在调查样本对 a5 "你喜欢看国外的影片吗"的回答中,排前两位的为"比较喜欢"546 人,占 44.54%;"一般"308 人,占 25.12%(详见表 4-11、图 4-7)。

表 4-11 喜欢看国外的影片吗

序号	a5 你喜欢看国外的影片吗	计数(N)	构成比(%)	累计构成比(%)
1	比较喜欢	546	44.54	44.54
2	一般	308	25.12	69.66
3	非常喜欢	307	25.04	94.70
4	不是很喜欢	53	4.32	99.02
5	非常不喜欢	12	0.98	100.00

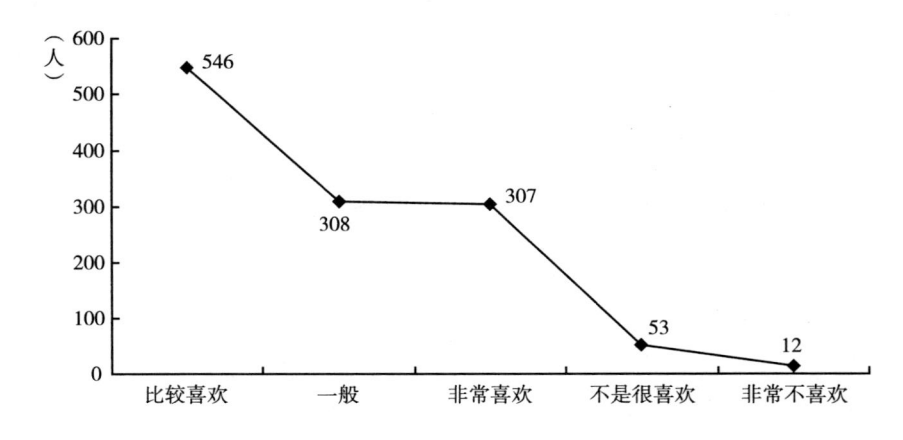

图 4-7 是否喜欢看国外的影片

在调查样本 a6 "你喜欢的影片中什么占大部分",排前两位的为"美国电影"589 人,占 48.04%;"国产电影"365 人,占 29.77%(详见表 4-12、图 4-8)。

表 4-12 在你喜欢的影片中什么占大部分

序号	a6 在你喜欢的影片中什么占大部分	计数(N)	构成比(%)	累计构成比(%)
1	美国电影	589	48.04	48.04
2	国产电影	365	29.77	77.81
3	欧洲电影	114	9.30	87.11
4	日韩电影	102	8.32	95.43
5	其他	56	4.57	100.00

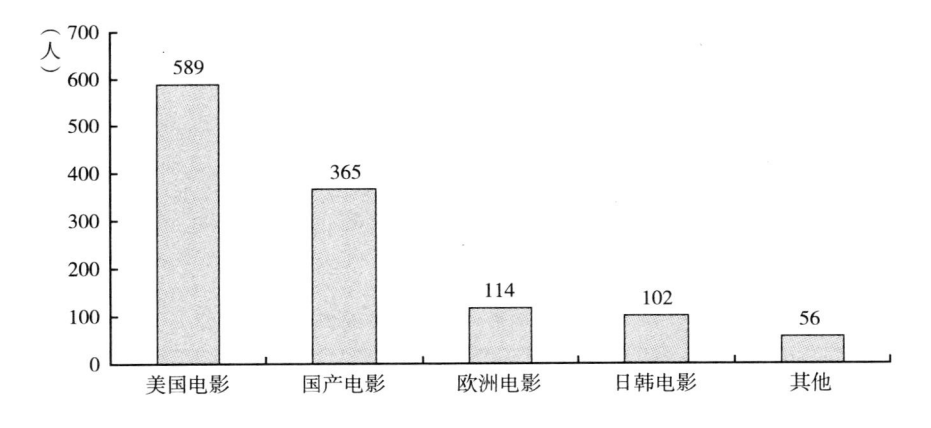

图 4-8 喜欢的电影类别

调查样本 a7"你认为外国影片最吸引人的地方是什么",排前两位的为"高科技的制作技术,如音效、特技等"396 人,占 32.30%;"故事情节"345 人,占 28.14%(详见表 4-13、图 4-9)。

表 4-13 你认为外国影片最吸引你的地方是什么

序号	a7 你认为外国影片最吸引你的地方是什么	计数(N)	构成比(%)	累计构成比(%)
1	高科技的制作技术,如音效、特技等	396	32.30	32.30
2	故事情节	345	28.14	60.44
3	影片背后的深层文化内涵	327	26.67	87.11
4	其他	97	7.91	95.02
5	演员的演技	61	4.98	100.00

图 4-9　外国电影最吸引人的地方

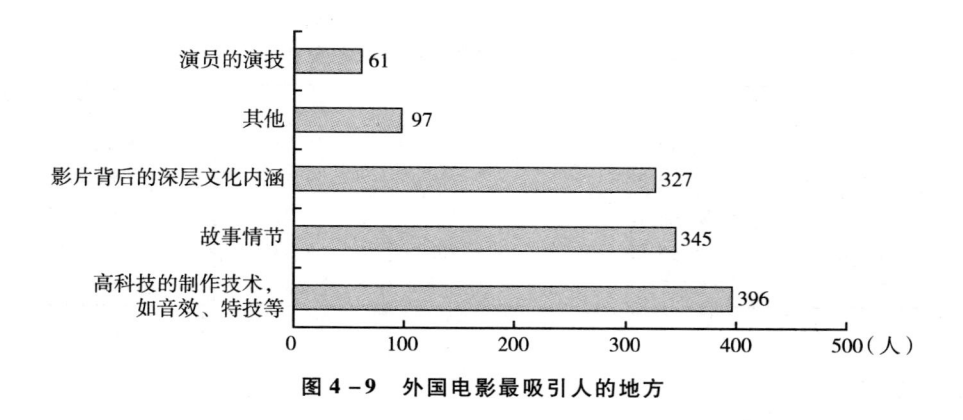

调查样本 a8 "你对好莱坞电影和美剧带热国内市场的态度",排前两位的为"非常好,这促进了经济的发展"583 人,占 47.55%;"无所谓"291 人,占 23.74%(详见表 4-14、图 4-10)。

表 4-14　对好莱坞电影和美剧带热国内市场的态度

序号	a8 你对好莱坞电影和美剧带热国内市场的态度	计数(N)	构成比(%)	累计构成比(%)
1	非常好,这促进了经济的发展	583	47.55	47.55
2	无所谓	291	23.74	71.29
3	不好,这样会阻碍民族经济的发展	237	19.33	90.62
4	其他	115	9.38	100.00

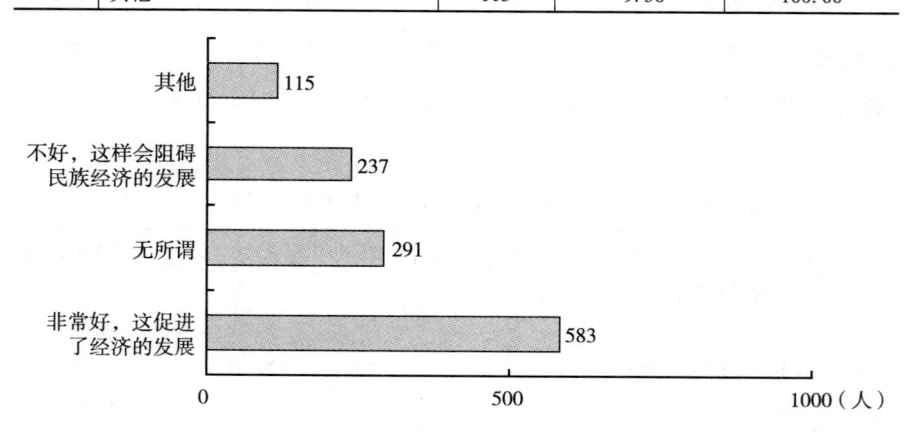

图 4-10　对好莱坞电影和美剧带热国内市场的态度

调查样本 a9"在你喜欢的流行音乐中什么占大多数",排前两位的为"无所谓,好听就行"461 人,占 37.60%;"中国大陆流行音乐"366 人,占 29.85%(详见表 4-15、图 4-11)。

表 4-15 你喜欢的流行音乐中什么占大多数

序号	a9 在你喜欢的流行音乐中什么占大多数	人数(N)	构成比(%)	累计构成比(%)
1	无所谓,好听就行	461	37.60	37.60
2	中国大陆流行音乐	366	29.85	67.45
3	港台流行音乐	123	10.03	77.48
4	欧洲流行音乐	100	8.16	85.64
5	北美流行音乐	100	8.16	93.80
6	其他	76	6.20	100.00

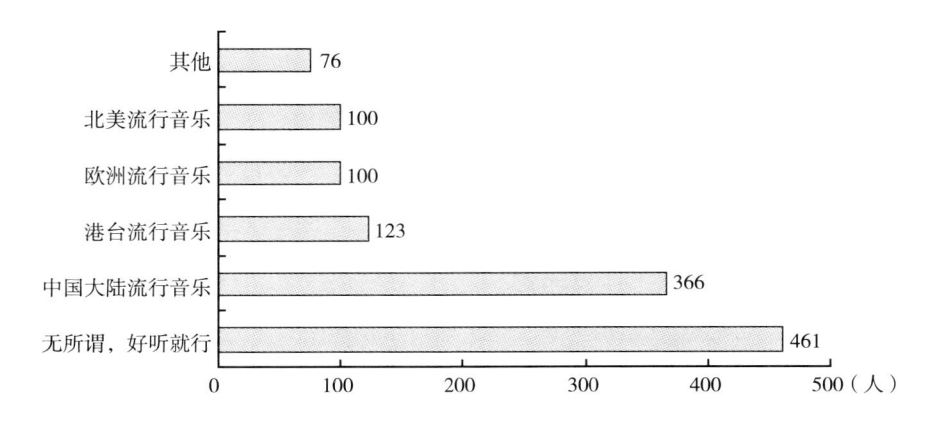

图 4-11 喜欢的流行音乐

第二,节日。

调查样本 a14"你庆祝过哪些西方节日",排前两位的为"圣诞节"864 人,占 70.47%;"母亲节"741 人,占 60.44%(详见表 4-16、图 4-12)。

表 4-16　庆祝过哪些西方节日

序号	a14 你庆祝过哪些西方节日	计数(N)	构成比(%)
1	圣诞节	864	70.47
2	母亲节	741	60.44
3	父亲节	643	52.45
4	新　年	506	41.27
5	情人节	454	37.03
6	愚人节	450	36.70
7	感恩节	388	31.65
8	万圣节	101	8.24
9	复活节	79	6.44

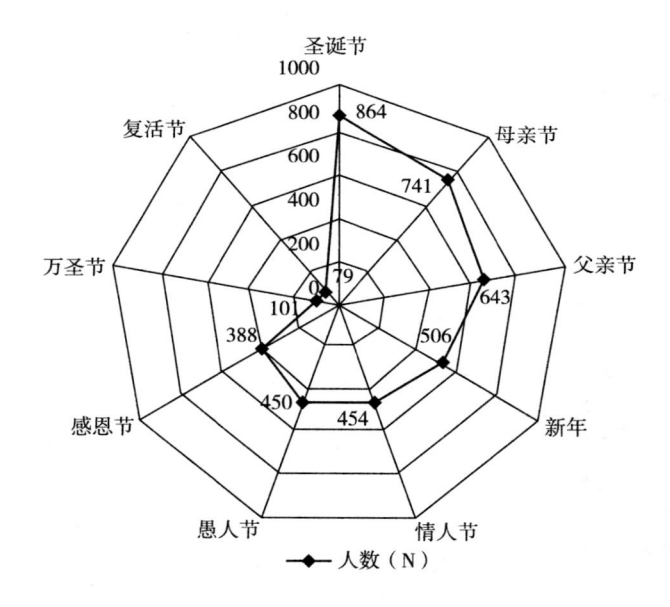

图 4-12　庆祝过哪些西方节日

调查样本 a15 "你庆祝这些西方节日的理由",排前两位的为"周围许多人都在庆祝,随大流"510 人,占 41.60%;"觉得很新奇,很好玩"351 人,占 28.63%(详见表 4-17、图 4-13)。

调查样本 a16 "你对这些西方节日的看法",排前两位的为"应该和中国节日相互融合,和谐发展"819 人,占 66.80%;"肯

第四章 | 实证研究一：西方文化对当代中国大学生价值观的影响

表 4-17　庆祝这些西方节日的理由

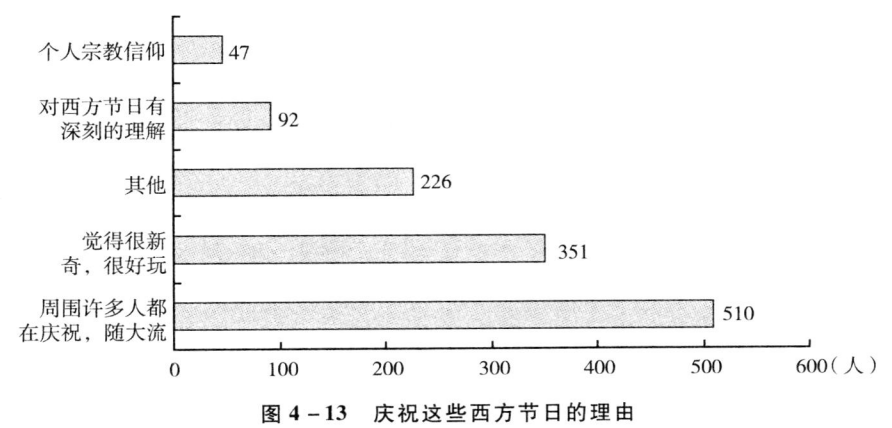

序号	a15 你庆祝这些西方节日的理由	计数(N)	构成比(%)	累计构成比(%)
1	周围许多人都在庆祝,随大流	510	41.60	41.60
2	觉得很新奇,很好玩	351	28.63	70.23
3	其他	226	18.43	88.66
4	对西方节日有深刻的理解	92	7.50	96.16
5	个人宗教信仰	47	3.83	100.00

图 4-13　庆祝这些西方节日的理由

定，新奇有趣，很适合青少年的个性"185 人，占 15.09%（详见表 4-18、图 4-14）。

表 4-18　对这些西方节日的看法

序号	a16 你对这些西方节日的看法	计数(N)	构成比(%)	累计构成比(%)
1	应该和中国节日相互融合,和谐发展	819	66.80	66.80
2	肯定,新奇有趣,很适合青少年的个性	185	15.09	81.89
3	其他	114	9.30	91.19
4	否定,不利于中国传统文化的传承	108	8.81	100.00

调查样本 a17"你认为这些西方节日对你有什么影响"，排前两位的为"通过西方的节日，对其文化有了更深了解"718 人，占 58.56%；"没什么影响，不会参与其中"232 人，占 18.92%（详见表 4-19、图 4-15）。

图 4-14　对这些西方节日的看法

表 4-19　你认为这些西方节日对你有什么影响

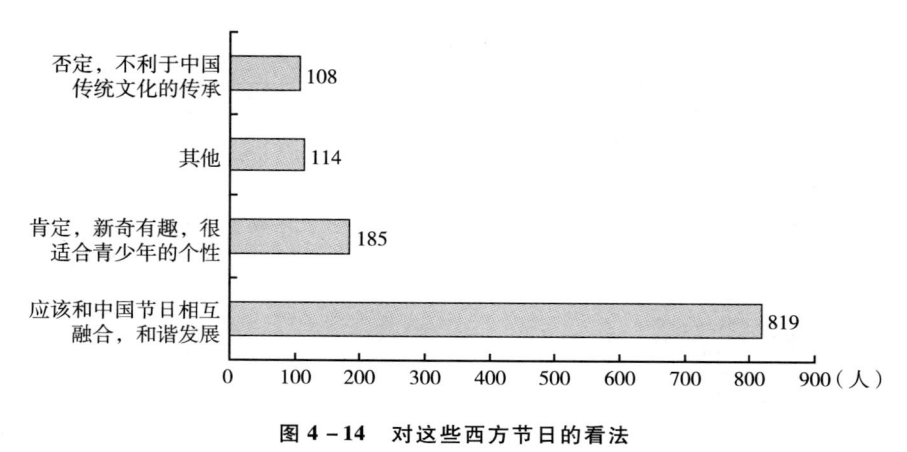

序号	a17 你认为这些西方节日对你有什么影响	计数(N)	构成比(%)	累计构成比(%)
1	通过西方的节日,对其文化有了更深了解	718	58.56	58.56
2	没什么影响,不会参与其中	232	18.92	77.48
3	对中国的传统节日有所淡漠	141	11.50	88.98
4	其他	135	11.01	100.00

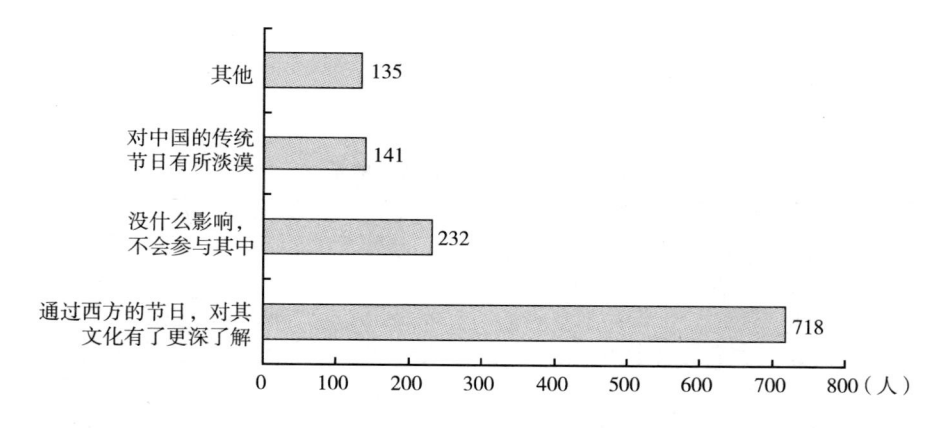

图 4-15　你认为这些西方节日对你有什么影响

②饮食

调查样本 a10 "在中外饮食文化偏好方向你偏好什么",排前两位的为"更喜欢中国饮食"848 人，占 69.17%；"皆喜欢"317人，占 25.86%（详见表 4-20、图 4-16）。

表 4-20 在中外饮食文化偏好方向你偏好什么

序号	a10 在中外饮食文化偏好方向你偏好什么	计数(N)	构成比(%)	累计构成比(%)
1	更喜欢中国饮食	848	69.17	69.17
2	皆喜欢	317	25.86	95.03
3	更喜欢外国饮食	61	4.98	100.00

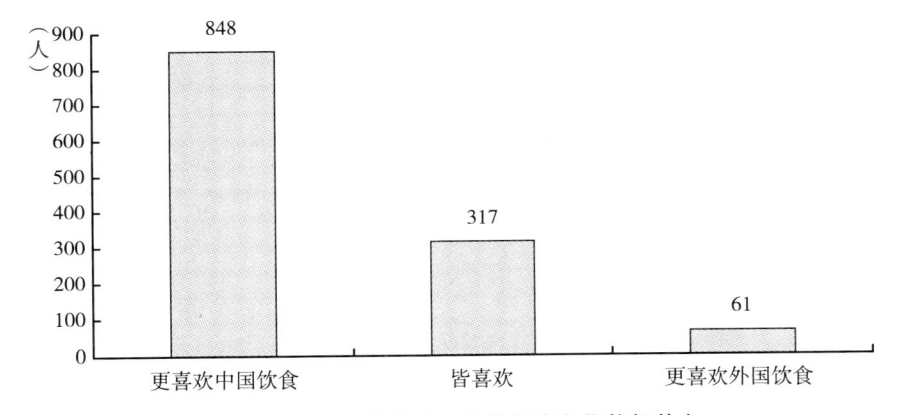

图 4-16 在中外饮食文化偏好方向你偏好什么

调查样本 a11"你认为外来饮食文化进入中国会产生什么影响"，排前两位的为"会丰富中国饮食文化，使其形式多样化"972 人，占 79.28%；"不会对中国饮食文化产生任何消极影响"102 人，占 8.32%（详见表 4-21、图 4-17）。

表 4-21 如何看待外来饮食文化进入中国

序号	a11 你认为外来饮食文化进入中国会产生什么影响	计数(N)	构成比(%)	累计构成比(%)
1	会丰富中国饮食文化,使其形式多样化	972	79.28	79.28
2	不会对中国饮食文化产生任何消极影响	102	8.32	87.60
3	会对中国饮食文化造成消极影响	100	8.16	95.76
4	其他	52	4.24	100.00

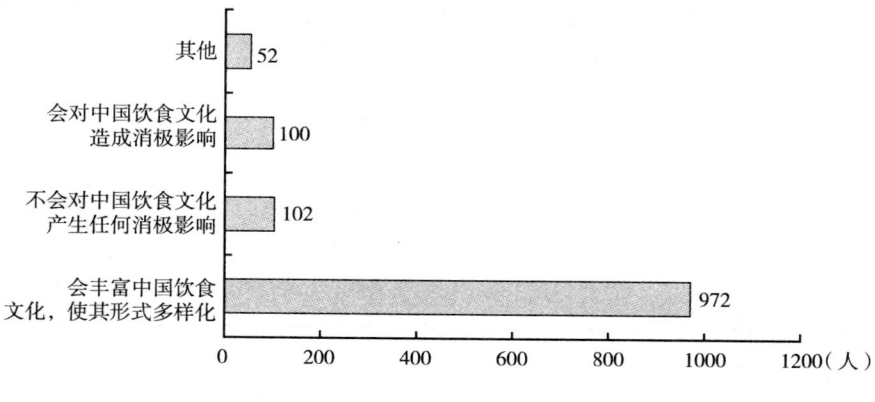

图4-17 如何看待外来饮食文化进入中国

调查样本 a13 "你选择西式快餐或洋快餐最先考虑什么因素"，排前两位的为 "口味" 627 人，占 51.14%；"价格" 148 人，占 12.07%（详见表 4-22、图 4-18）。

表4-22 你选择西式快餐或洋快餐最先考虑什么因素

序号	a13 你选择西式快餐或洋快餐最先考虑什么因素	计数(N)	构成比(%)	累计构成比(%)
1	口味	627	51.14	51.14
2	价格	148	12.07	63.21
3	其他	147	11.99	75.20
4	环境	143	11.66	86.86
5	品牌	67	5.46	92.32
6	习惯	49	4.00	96.32
7	服务	45	3.67	100.00

③购物

调查样本 a8 "你对好莱坞电影和美剧带热国内市场的态度"，排前两位的为 "非常好，这促进了经济的发展" 583 人，占 47.55%；"无所谓" 291 人，占 23.74%（详见表 4-23、图 4-19）。

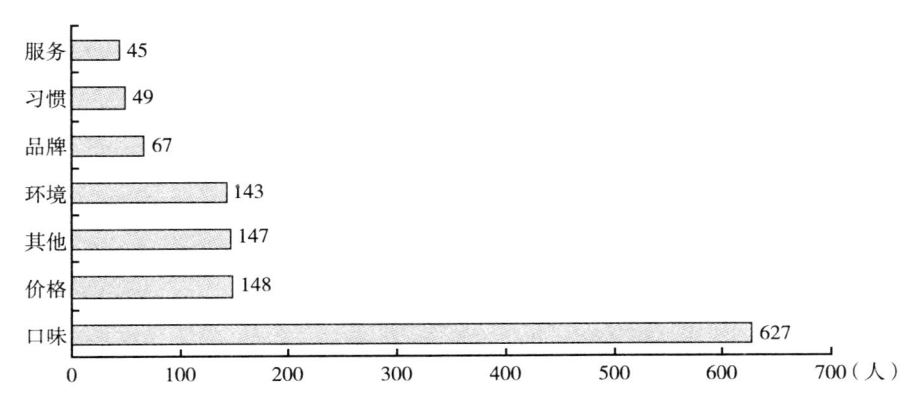

第四章 实证研究一：西方文化对当代中国大学生价值观的影响

服务	45
习惯	49
品牌	67
环境	143
其他	147
价格	148
口味	627

图 4-18　你选择西式快餐或洋快餐最先考虑什么因素

表 4-23　对好莱坞电影和美剧带热国内市场的态度

序号	a8 你对好莱坞电影和美剧带热国内市场的态度	计数（N）	构成比（%）	累计构成比（%）
1	非常好，这促进了经济的发展	583	47.55	47.55
2	无所谓	291	23.74	71.29
3	不好，这样会阻碍民族经济的发展	237	19.33	90.62
4	其他	115	9.38	100.00

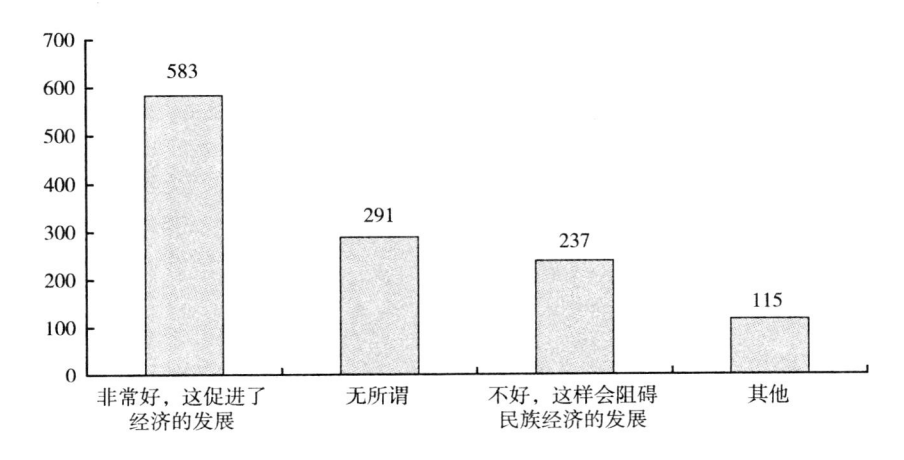

图 4-19　对好莱坞电影和美剧带热国内市场的态度

调查样本 a12 "你每月在西式餐厅或洋快餐上的消费是多少",排前两位的为"100 元以下"854 人,占 69.66%;"100~200 元"223 人,占 18.19%(详见表 4-24、图 4-20)。

表 4-24 每月在西式餐厅或洋快餐上的消费是多少

序号	a12 你每月在西式餐厅或洋快餐上的消费是多少	计数(N)	构成比(%)	累计构成比(%)
1	100 元以下	854	69.66	69.66
2	100~200 元	223	18.19	87.85
3	200~300 元	89	7.26	95.11
4	300 元以上	60	4.89	100.00

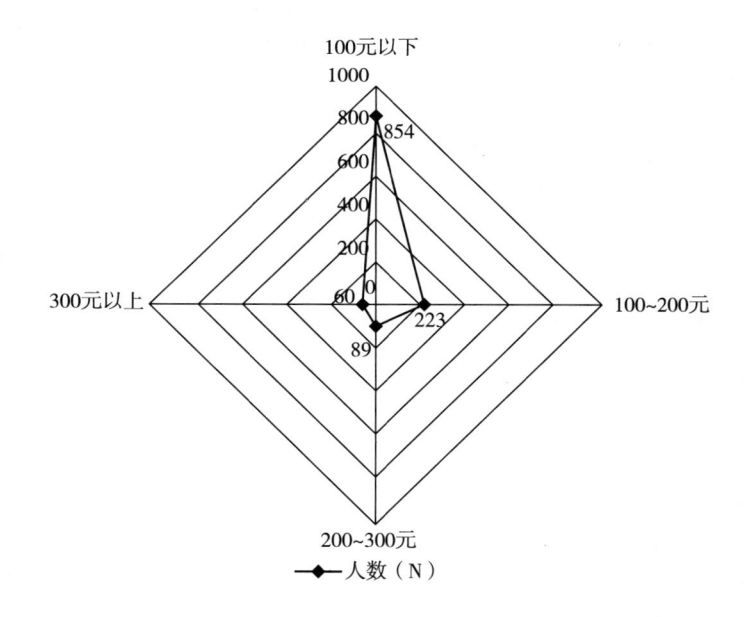

图 4-20 每月在西式餐厅或洋快餐上的消费是多少

调查样本 a18 "同质同价商品选国内还是进口",排前两位的为"国产产品"588 人,占 47.96%;"进口产品"450 人,占 36.70%(详见表 4-25、图 4-21)。

表 4-25 同质同价商品选国内还是进口

序号	a18 同质同价商品选国内还是进口	计数(N)	构成比(%)	累计构成比(%)
1	国产产品	588	47.96	47.96
2	进口产品	450	36.70	84.66
3	无所谓	188	15.33	100.00

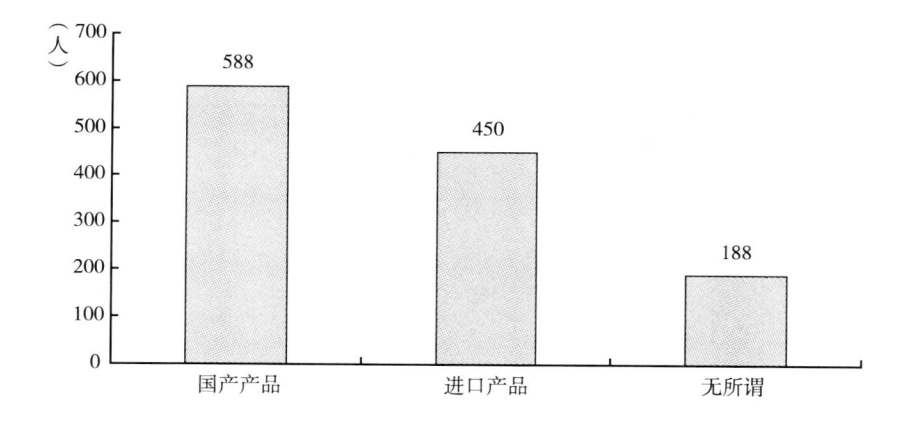

图 4-21 同质同价商品选国内还是进口

调查样本 a19 "你曾经购买过西方名牌奢侈品吗",排前两位的为"否"962 人,占 78.47%;"是"264 人,占 21.53%(详见表 4-26)。

表 4-26 曾经购买过西方名牌奢侈品吗

序号	a19 你曾经购买过西方名牌奢侈品吗	计数(N)	构成比(%)	累计构成比(%)
1	否	962	78.47	78.47
2	是	264	21.53	100.00

2. 制度文化(教育与择业)

调查样本 a20 "你希望自己就职于哪一类型的单位",排前两位的为"大型国际跨国集团"405 人,占 33.03%;"国有企业"338 人,占 27.57%(详见表 4-27、图 4-22)。

表 4-27 你希望自己就职于哪一类型的单位

序号	a20 你希望自己就职于哪一类型的单位	计数(N)	构成比(%)	累计构成比(%)
1	大型国际跨国集团	405	33.03	33.03
2	国有企业	338	27.57	60.60
3	政府职能部门(公务员)	190	15.50	76.10
4	自主创业	130	10.60	86.70
5	其他	112	9.14	95.84
6	私营企业	51	4.16	100.00

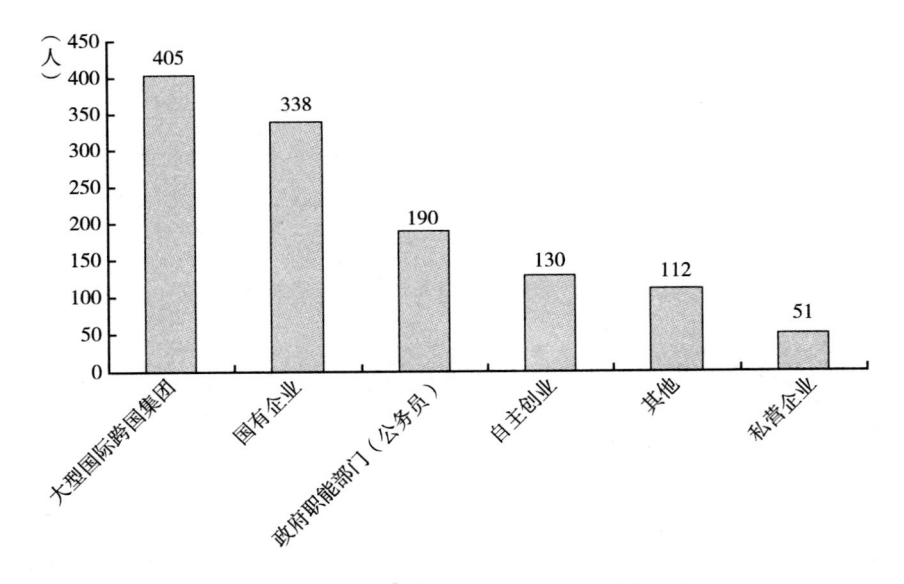

图 4-22 你希望自己就职于哪一类型的单位

调查样本 a21 "你希望在什么样的市场环境下发展自己的事业",排前两位的为"希望在一个比较自由的市场环境下发展自己的事业,政府尽量少插手,让市场发展的潜力迸发出来"538 人,占 43.88%;"市场和计划相结合的混合经济体制"326 人,占 26.59%(详见表 4-28、图 4-23)。

表 4-28 希望在什么样的市场环境下发展自己的事业

序号	a21 你希望在什么样的市场环境下发展自己的事业	计数(N)	构成比(%)	累计构成比(%)
1	希望在一个比较自由的市场环境下发展自己的事业,政府尽量少插手,让市场发展的潜力迸发出来	538	43.88	43.88
2	市场和计划相结合的混合经济体制	326	26.59	70.47
3	政府能够对经济起管制作用,维护市场秩序	247	20.15	90.62
4	无所谓,都能接受	86	7.01	97.63
5	其他	29	2.37	100.00

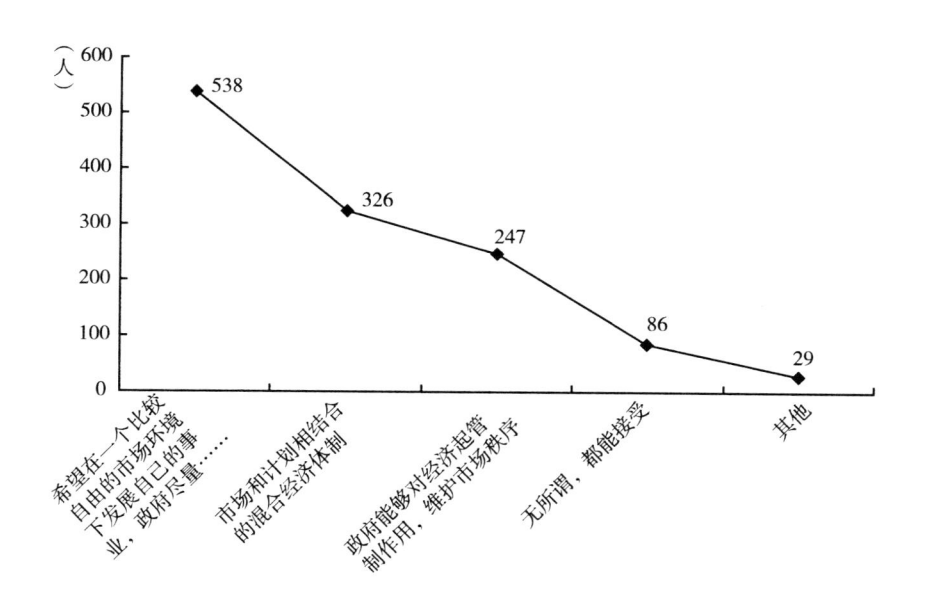

图 4-23 希望在什么样的市场环境下发展自己的事业

调查样本 a22 "对你而言世界上最有用的语言是什么",排前两位的为 "英语" 576 人,占 46.98%; "汉语" 552 人,占 45.02%(详见表 4-29、图 4-24)。

表 4-29　对你而言世界上最有用的语言是什么

序号	a22 对你而言世界上最有用的语言是	计数(N)	构成比(%)	累计构成比(%)
1	英语	576	46.98	46.98
2	汉语	552	45.02	92.00
3	其他	50	4.08	96.08
4	欧洲一些小语种	48	3.92	100.00

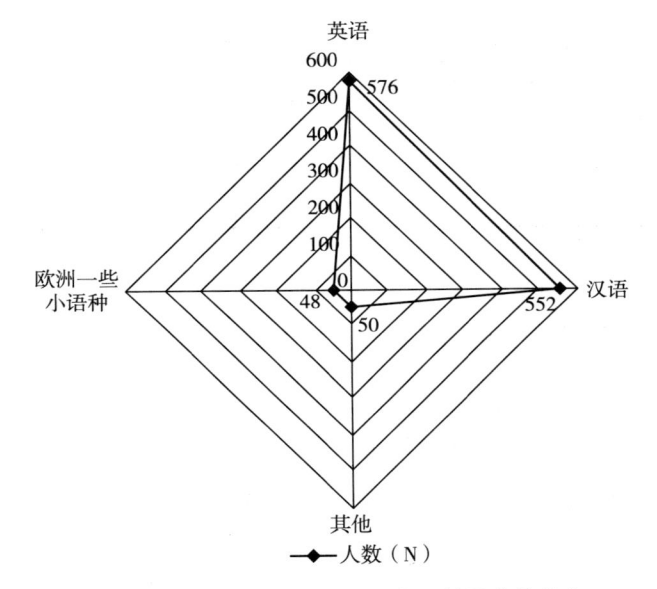

图 4-24　对你而言世界上最有用的语言是什么

调查样本 a23 "如果拿英语（或其他语言）与汉语相比你认为哪种语言最美"，排前两位的为 "汉语" 1066 人，占 86.95%；"英语" 112 人，占 9.14%（详见表 4-30、图 4-25）。

表 4-30　如果拿英语（或其他语言）与汉语相比你认为哪种语言最美

序号	a23 如果拿英语(或其他语言)与汉语相比你认为哪种语言最美	计数(N)	构成比(%)	累计构成比(%)
1	汉语	1066	86.95	86.95
2	英语	112	9.14	96.09
3	其他	48	3.91	100.00

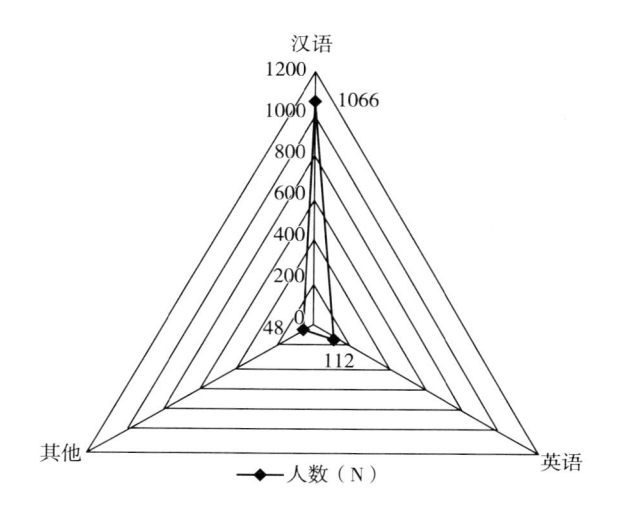

图 4 – 25　如果拿英语（或其他语言）与汉语相比你认为哪种语言最美

调查样本 a24 "你学习英语的主要目的是什么"，排前两位的为"找工作更容易"594 人，占 48.45%；"个人兴趣"206 人，占 16.80%（详见表 4 – 31、图 4 – 26）。

表 4 – 31　你学习英语的主要目的是什么

序号	a24 你学习英语的主要目的是什么	计数(N)	构成比(%)	累计构成比(%)
1	找工作更容易	594	48.45	48.45
2	个人兴趣	206	16.80	65.25
3	其他	194	15.82	81.07
4	更好地了解西方文化	120	9.79	90.86
5	出国	112	9.14	100.00

调查样本 a25 "你是否有过出国留学或移民的想法"，排前两位的为"是"636 人，占 51.88%；"否"590 人，占 48.12%（详见表 4 – 32、图 4 – 27）。

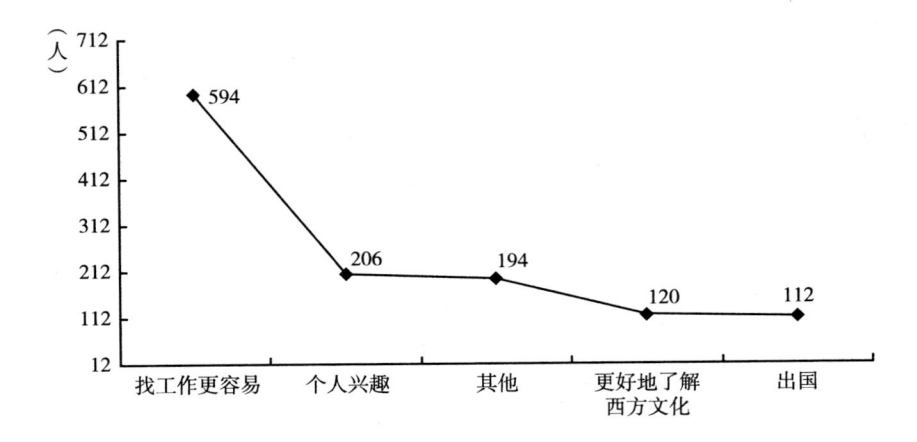

图 4-26 你学习英语的主要目的是什么

表 4-32 你是否有过出国留学或移民的想法

序号	a25 你是否有过出国留学或移民的想法	计数(N)	构成比(%)	累计构成比(%)
1	是	636	51.88	51.88
2	否	590	48.12	100.00

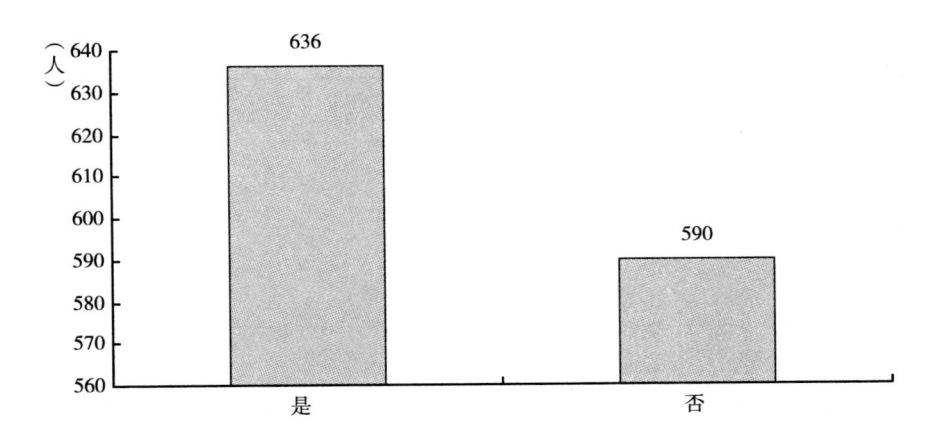

图 4-27 你是否有过出国留学或移民的想法

调查样本 a26 "上题选 A 的同学想出国的原因是什么",排前两位的为 "向往国外的生活环境和文化氛围" 348 人,占 47.03%;"想要学习西方的先进知识和技术" 224 人,占 30.27%(详见表 4-33、图 4-28)。

表 4-33 上题选 A 的同学想出国的原因是什么

序号	a26 上题选 A 的同学想出国的原因是什么	计数(N)	构成比(%)	累计构成比(%)
1	向往国外的生活环境和文化氛围	348	47.03	47.03
2	想要学习西方的先进知识和技术	224	30.27	77.30
3	其他	67	9.05	86.35
4	父母决定,本人并无意愿	54	7.30	93.65
5	不满足于本国的文化氛围	47	6.35	100.00

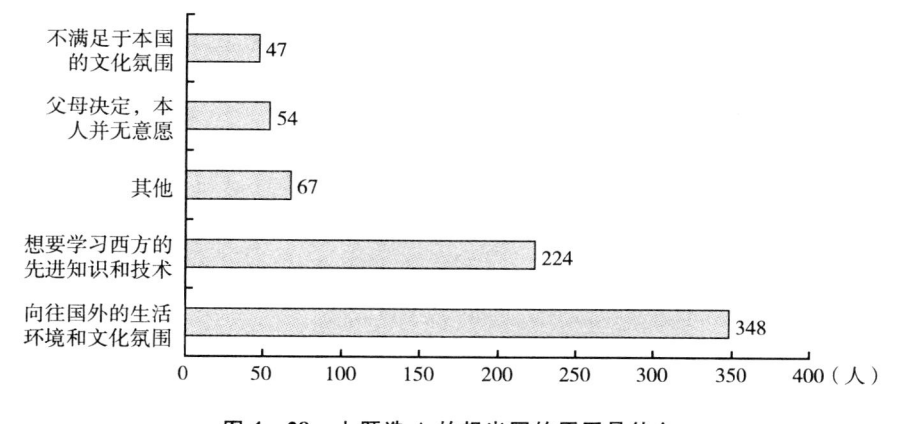

图 4-28 上题选 A 的想出国的原因是什么

调查样本 a27 "如果你有留学或移民的机会你首先选哪个国家(地区)",排前两位的为 "欧洲" 375 人,占 30.59%;"美国" 364 人,占 29.69%(详见表 4-34、图 4-29)。

调查样本 a28 "你认为哪国(地区)的生活方式更吸引你",排前两位的为 "欧洲" 312 人,占 25.45%;"中国" 287 人,占 23.41%(详见表 4-35、图 4-30)。

表 4-34 如果你有留学或移民的机会你首先选哪个国家（地区）

序号	a27 如果你有留学或移民的机会你首先选哪个国家(地区)	计数(N)	构成比(%)	累计构成比(%)
1	欧洲	375	30.59	30.59
2	美国	364	29.69	60.28
3	加拿大	144	11.75	72.03
4	澳洲	141	11.50	83.53
5	其他	133	10.85	94.38
6	日本	69	5.63	100.00

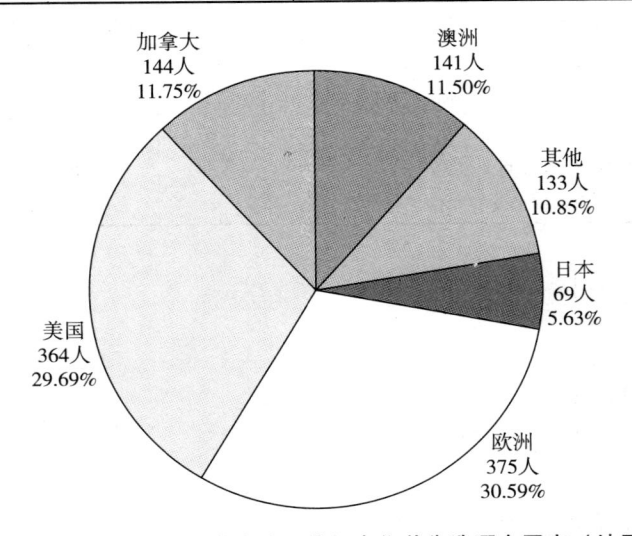

图 4-29 如果你有留学或移民的机会你首先选哪个国家（地区）

表 4-35 你认为哪国（地区）的生活方式更吸引你

序号	a28 你认为哪国(地区)的生活方式更吸引你	计数(N)	构成比(%)	累计构成比(%)
1	欧洲	312	25.45	25.45
2	中国	287	23.41	48.86
3	澳洲、新西兰等国	280	22.84	71.70
4	美国	246	20.07	91.77
5	其他	101	8.24	100.00

调查样本 a29"哪个国家（地区）是世界上最自由的国家（地区）"，排前两位的为"美国"522人，占42.58%；"欧洲"299人，占24.39%（详见表4-36、图4-31）。

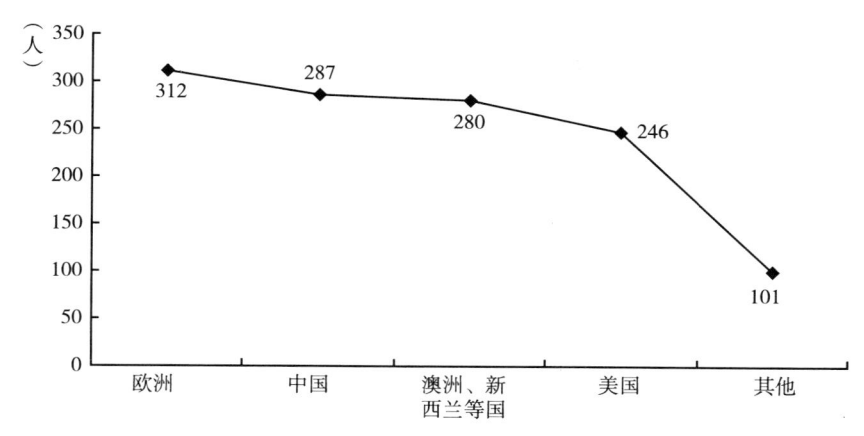

第四章 实证研究一：西方文化对当代中国大学生价值观的影响

图 4-30 你认为哪国（地区）的生活方式更吸引你

表 4-36 哪个国家（地区）是世界上最自由的国家（地区）

序号	a29 哪个国家(地区)是世界上最自由的国家(地区)	计数(N)	构成比(%)	累计构成比(%)
1	美国	522	42.58	42.58
2	欧洲	299	24.39	66.97
3	不清楚	237	19.33	86.30
4	中国	168	13.70	100.00

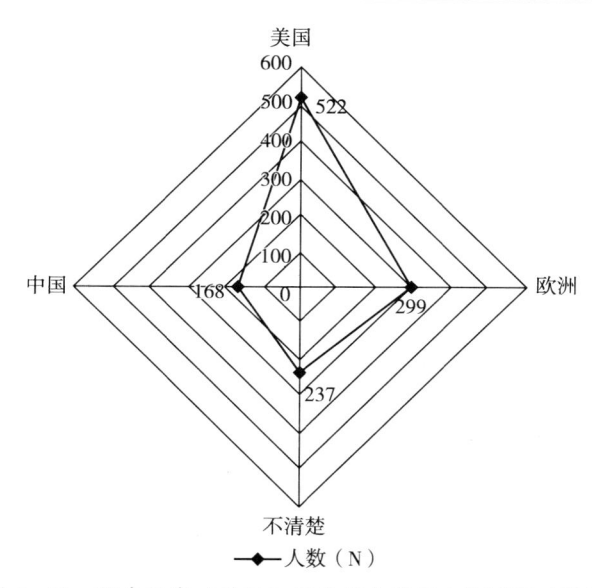

图 4-31 哪个国家（地区）是世界上最自由的国家（地区）

调查样本a30"哪个国家（地区）是世界上最民主的国家（地区）"，排前两位的为"美国"463人，占37.77%；"中国"310人，占25.29%（详见表4-37、图4-32）。

表4-37 哪个国家（地区）是世界上最民主的国家（地区）

序号	a30 哪个国家（地区）是世界上最民主的国家（地区）	计数(N)	构成比(%)	累计构成比(%)
1	美国	463	37.77	37.77
2	中国	310	25.29	63.06
3	不清楚	240	19.58	82.64
4	欧洲	213	17.37	100.00

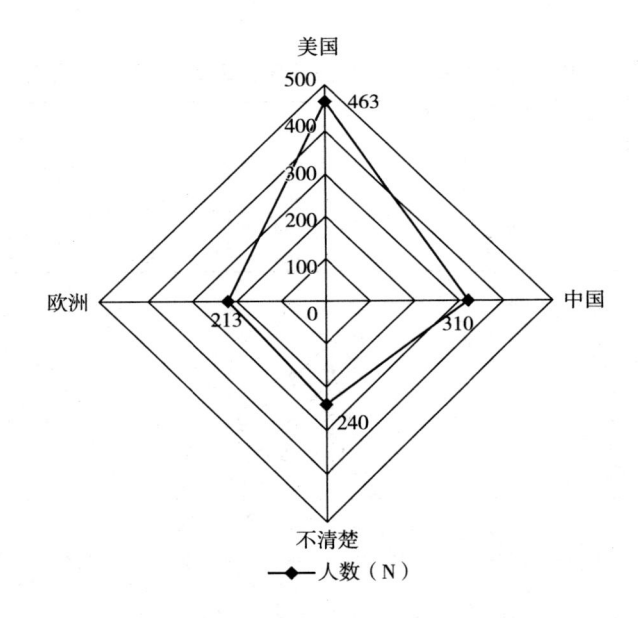

图4-32 哪个国家（地区）是世界上最民主的国家（地区）

3. 精神文化（西方思潮的影响）

调查样本a33"关于享乐主义的观点你同意哪个"，排前两位的为"社会进化的历史就是享乐的发展史"465人，占37.96%；"其他"352人，占28.73%（详见表4-38、图4-33）。

第四章 实证研究一：西方文化对当代中国大学生价值观的影响

表 4-38 关于享乐主义的观点你同意哪个

序号	a33 关于享乐主义的观点你同意哪个	计数(N)	构成比(%)	累计构成比(%)
1	社会进化的历史就是享乐的发展史	465	37.96	37.96
2	其他	352	28.73	66.69
3	享乐主义是一种颓废腐败的思想	250	20.41	87.10
4	享乐的人不迷茫,不享乐的人才迷茫	158	12.90	100.00

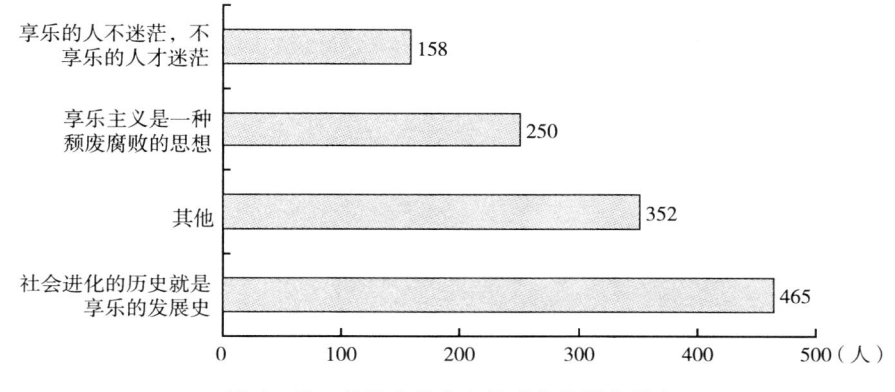

图 4-33 关于享乐主义的观点你同意哪个

调查样本 a34 "西方的个人主义是一种思想上的侵蚀吗"，排前两位的为 "不是" 801 人，占 65.33%；"不关注这个问题" 208 人，占 16.97%（详见表 4-39、图 4-34）。

表 4-39 是否认为西方的个人主义是一种思想上的侵蚀吗

序号	a34 西方的个人主义是一种思想上的侵蚀吗	计数(N)	构成比(%)	累计构成比(%)
1	不是	801	65.33	65.33
2	不关注这个问题	208	16.97	82.30
3	是的	152	12.40	94.70
4	其他	65	5.30	100.00

调查样本 a35 "你认为大学应该强调集体生活吗"，排前两位的为 "应该" 789 人，占 64.36%；"不应该" 192 人，占 15.66%（详见表 4-40、图 4-35）。

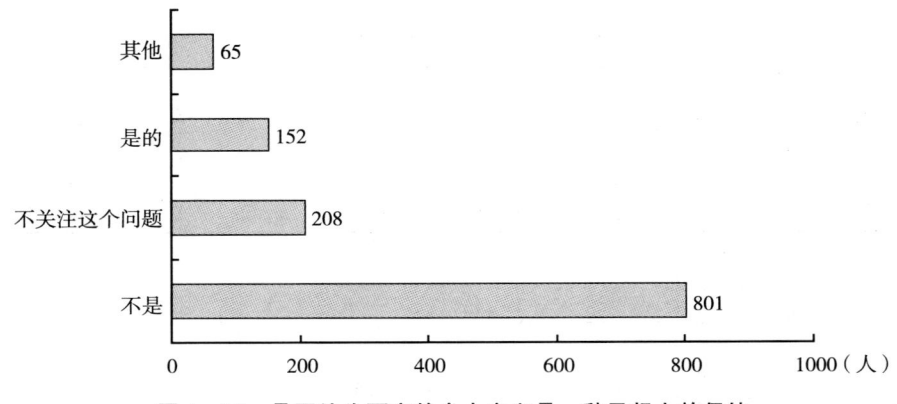

图 4-34 是否认为西方的个人主义是一种思想上的侵蚀

表 4-40 你认为大学应该强调集体生活吗

序号	a35 你认为大学应该强调集体生活吗	计数(N)	构成比(%)	累计构成比(%)
1	应该	789	64.36	64.36
2	不应该	192	15.66	80.02
3	不关注这个问题	174	14.19	94.21
4	其他	71	5.79	100.00

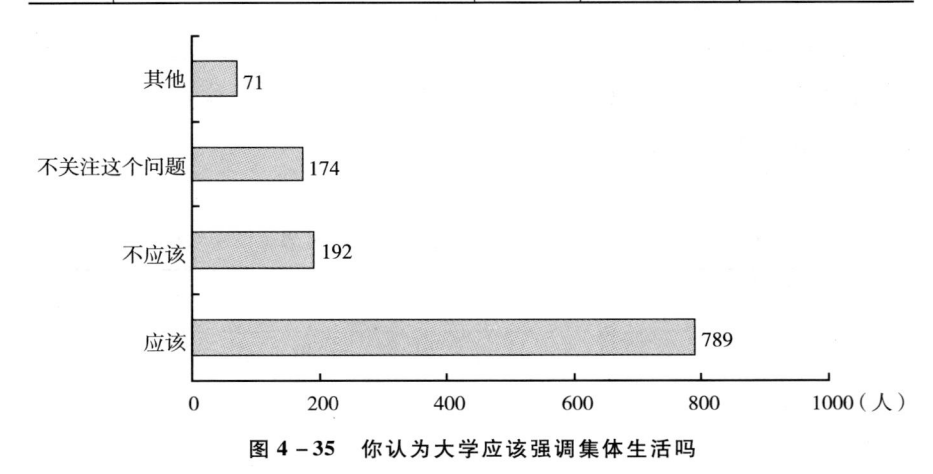

图 4-35 你认为大学应该强调集体生活吗

调查样本 a36 "你是否觉得社团规则多束缚生活",排前两位的为"有点不同意" 389 人,占 31.73%;"基本同意" 371 人,占 30.26%(详见表 4-41、图 4-36)。

表 4-41　你是否觉得社团规则多束缚生活

序号	a36 你是否觉得社团规则多束缚生活	计数(N)	构成比(%)	累计构成比(%)
1	有点不同意	389	31.73	31.73
2	基本同意	371	30.26	61.99
3	没感觉	177	14.44	76.43
4	十分同意	165	13.46	89.89
5	完全不同意	124	10.11	100.00

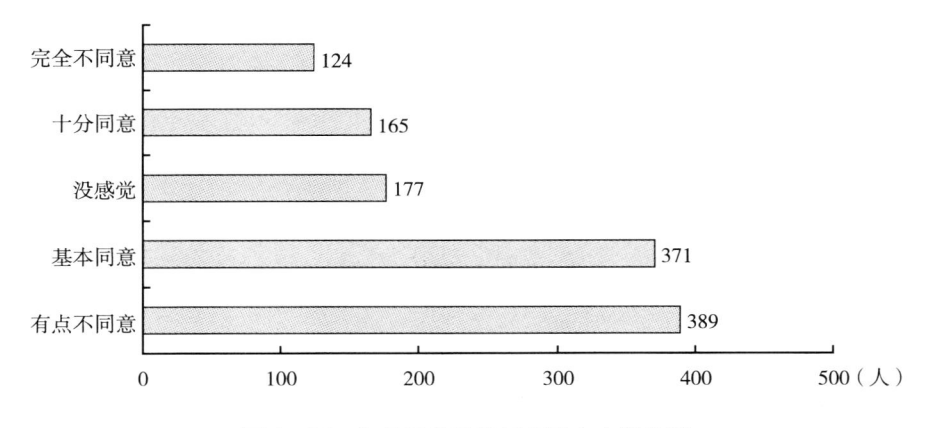

图 4-36　你是否觉得社团规则多束缚生活

调查样本 a37"在社会生活中是个人重要还是集体重要",排前两位的为"两者都重要"767 人,占 62.56%;"集体"289 人,占 23.57%(详见表 4-42、图 4-37)。

表 4-42　在社会生活中是个人重要还是集体重要

序号	a37 在社会生活中是个人重要还是集体重要	计数(N)	构成比(%)	累计构成比(%)
1	两者都重要	767	62.56	62.56
2	集体	289	23.57	86.13
3	个人	109	8.89	95.02
4	说不清	61	4.98	100.00

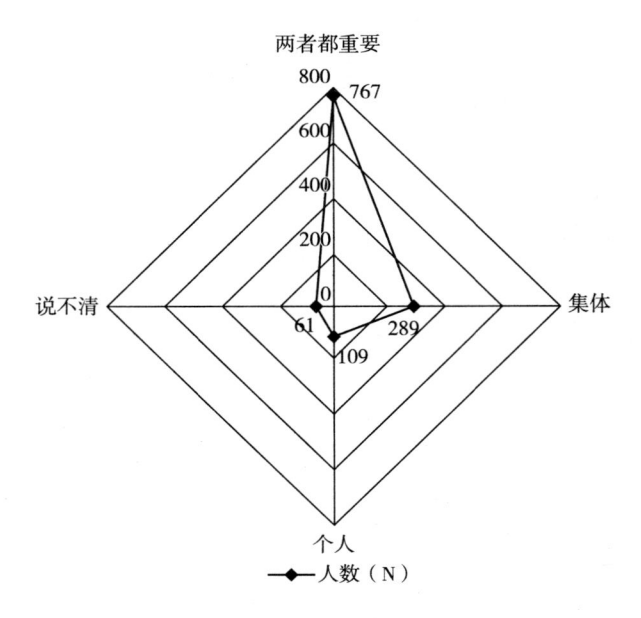

图 4 – 37　在社会生活中是个人重要还是集体重要

调查样本 a38 "当个人利益和国家集体利益发生矛盾如何做",排前两位的为"以国家集体利益优先"677 人,占 55.22%;"视情况而定"453 人,占 36.95%(详见表 4 – 43、图 4 – 38)。

表 4 – 43　当个人利益和国家集体利益发生矛盾如何做

序号	a38 当个人利益和国家集体利益发生矛盾如何做	计数(N)	构成比(%)	累计构成比(%)
1	以国家集体利益优先	677	55.22	55.22
2	视情况而定	453	36.95	92.17
3	个人利益优先	96	7.83	100.00

调查样本 a39 "竞争是现代人的一种生活方式吗",排前两位的为"较赞同"645 人,占 52.61%;"非常赞同"360 人,占 29.36%(详见表 4 – 44、图 4 – 39)。

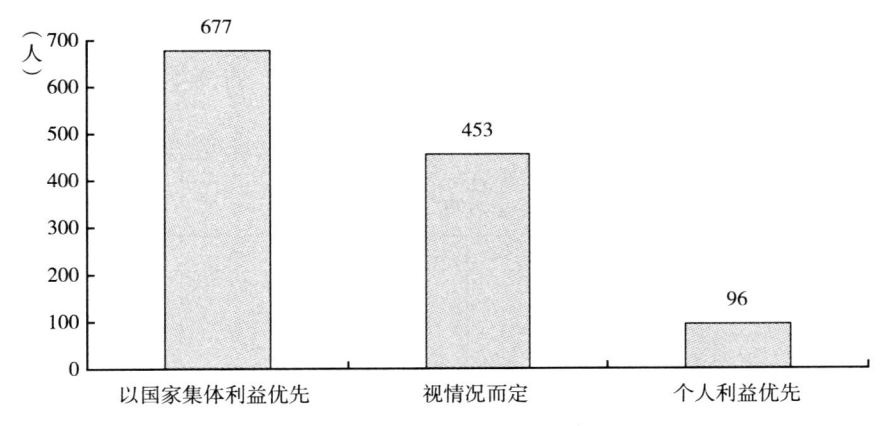

第四章 实证研究一：西方文化对当代中国大学生价值观的影响

图4-38 当个人利益和国家集体利益发生矛盾如何做

表4-44 竞争是现代人的一种生活方式吗

序号	a39 竞争是现代人的一种生活方式吗	计数（N）	构成比（%）	累计构成比（%）
1	较赞同	645	52.61	52.61
2	非常赞同	360	29.36	81.97
3	不太赞同	125	10.20	92.17
4	说不清	52	4.24	96.41
5	很不赞同	44	3.59	100.00

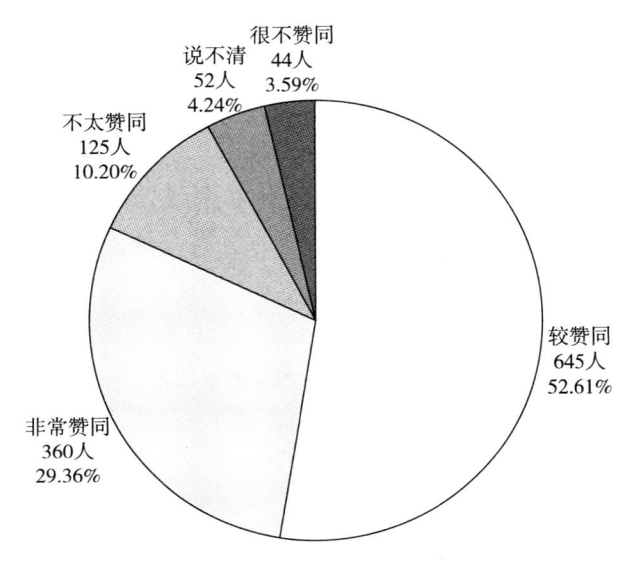

图4-39 竞争是现代人的一种生活方式吗

·137·

调查样本 a40 "你认为自己的竞争意识如何",排前两位的为"较好"468 人,占 38.17%;"一般"444 人,占 36.22%(详见表 4-45、图 4-40)。

表 4-45　你认为自己的竞争意识如何

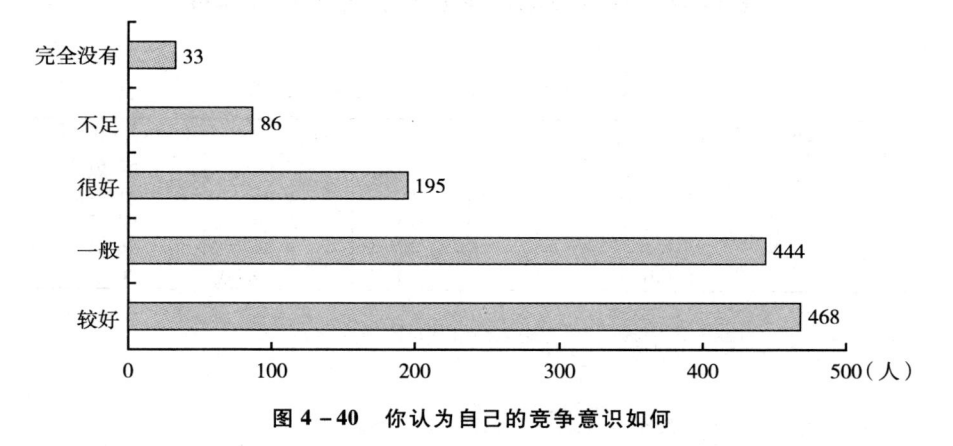

序号	a40 你认为自己的竞争意识如何	计数(N)	构成比(%)	累计构成比(%)
1	较好	468	38.17	38.17
2	一般	444	36.22	74.39
3	很好	195	15.91	90.30
4	不足	86	7.01	97.31
5	完全没有	33	2.69	100.00

图 4-40　你认为自己的竞争意识如何

调查样本 a41 "面对将来的社会竞争你怎么做",排前两位的为"正积极做准备,提高竞争力"650 人,占 53.02%;"与世无争,做好分内的工作"270 人,占 22.02%(详见表 4-46、图 4-41)。

表 4-46　面对将来的社会竞争你怎么做

序号	a41 面对将来的社会竞争你怎么做	计数(N)	构成比(%)	累计构成比(%)
1	正积极做准备,提高竞争力	650	53.02	53.02
2	与世无争,做好分内的工作	270	22.02	75.04
3	有点担忧,害怕适应不了	224	18.27	93.31
4	其他	52	4.24	97.55
5	很害怕,显得无所适从	30	2.45	100.00

图 4-41 面对将来的社会竞争

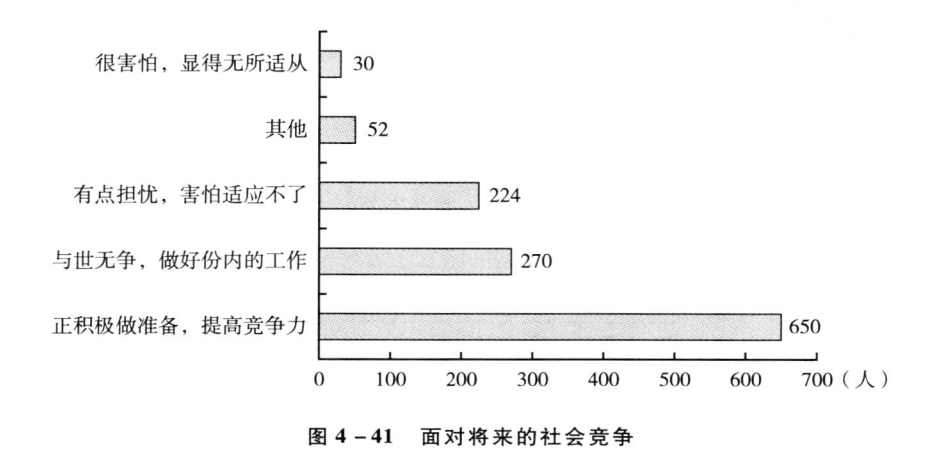

- 很害怕，显得无所适从 30
- 其他 52
- 有点担忧，害怕适应不了 224
- 与世无争，做好份内的工作 270
- 正积极做准备，提高竞争力 650

（四）中国大学生对西方文化的认识

1. 相关调查情况

调查样本 a42 "西方当代思潮正面影响"，排前两位的为 "创新开放、科学技术" 792 人，占 64.60%；"人权民主等" 789 人，占 64.36%（详见表 4-47、图 4-42）。

表 4-47 西方当代思潮正面影响

序号	a42 西方当代思潮正面影响	计数(N)	构成比(%)
1	创新开放、科学技术	792	64.60
2	人权民主等	789	64.36
3	管理知识、经济知识	487	39.72
4	审美及个人修养	466	38.01
5	关注国家命运	400	32.63
6	其他	66	5.38

调查样本 a43 "你对国外文化的了解在哪些方面"，排前两位的为 "音乐、电影" 987 人，占 80.51%；"生活方式、习俗" 543 人，占 44.29%（详见表 4-48、图 4-43）。

当代中西文化交流中的意识形态问题

```
其他                              66
关注国家命运                      400
审美及个人修养                    466
管理知识、经济知识                487
人权民主等                       789
创新开放、科学技术              792
        0    200   400   600   800  1000（人）
```

图 4-42　西方当代思潮正面影响

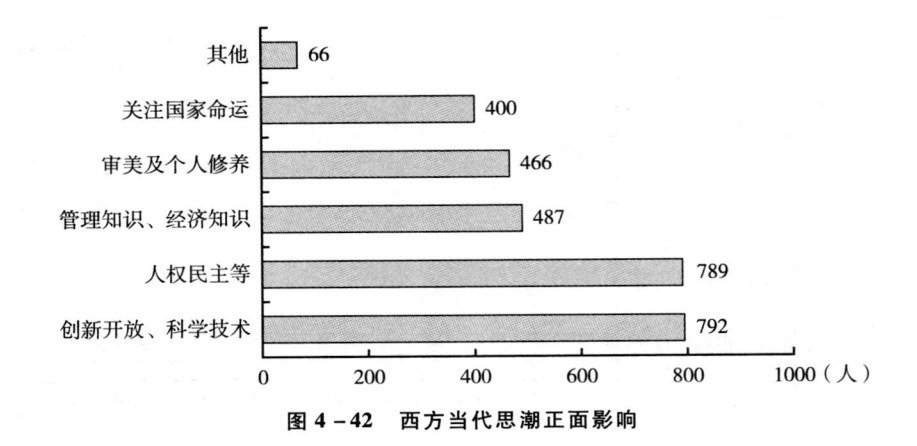

表 4-48　对国外文化的了解在哪些方面

序号	a43 你对国外文化的了解在哪些方面	人数（N）	构成比（%）
1	音乐、电影	987	80.51
2	生活方式、习俗	543	44.29
3	书籍	521	42.50
4	流行资讯	332	27.08
5	国外历史	312	25.45
6	其他	77	6.28

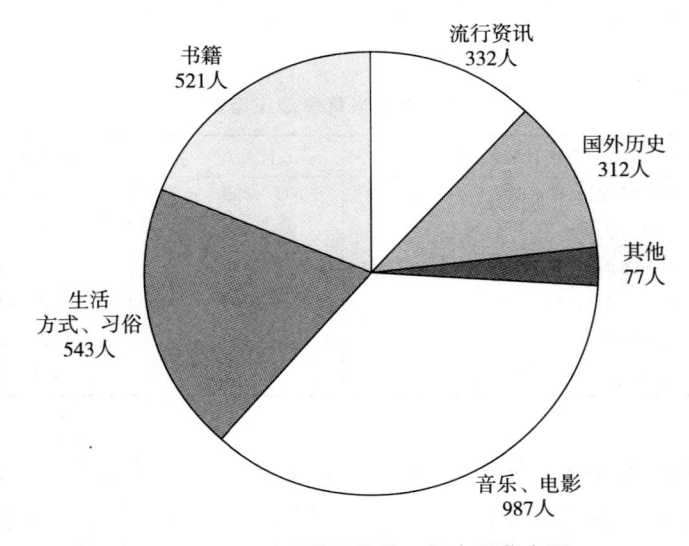

图 4-43　对国外文化的了解在哪些方面

调查样本 a44 "西方文化传播渠道",排前两位的为"互联网"991 人,占 80.83%;"杂志、电影、电视、广播"959 人,占 78.22%(详见表 4-49、图 4-44)。

表 4-49 西方文化传播渠道

序号	a44 西方文化传播渠道	计数(N)	构成比(%)
1	互联网	991	80.83
2	杂志、电影、电视、广播	959	78.22
3	进口产品	480	39.15
4	旅游	367	29.93
5	其他	79	6.44

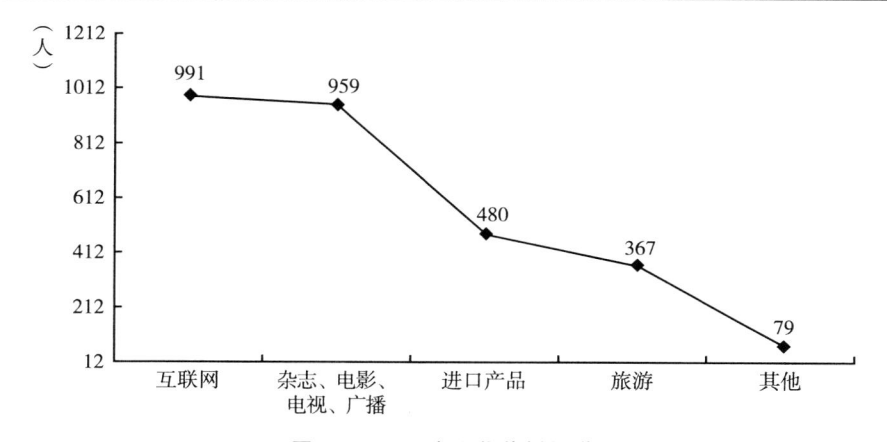

图 4-44 西方文化传播渠道

调查样本 a45 "哪种传播渠道影响最大",排前两位的为"互联网"667 人,占 54.40%,"杂志、电影、电视、广播"299 人,占 24.39%(详见表 4-50、图 4-45)。

表 4-50 哪种传播渠道影响最大

序号	a45 哪种传播渠道影响最大	计数(N)	构成比(%)	累计构成比(%)
1	互联网	667	54.40	54.40
2	杂志、电影、电视、广播	299	24.39	78.79
3	无效	197	16.07	94.86
4	进口产品	41	3.34	98.20
5	其他	14	1.14	99.34
6	旅游	8	0.65	100.00

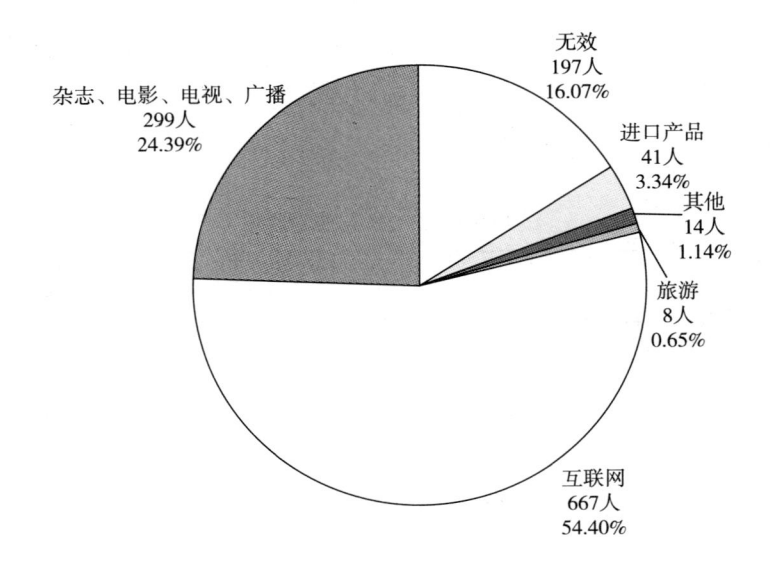

图中数据：
- 无效 197人 16.07%
- 杂志、电影、电视、广播 299人 24.39%
- 进口产品 41人 3.34%
- 其他 14人 1.14%
- 旅游 8人 0.65%
- 互联网 667人 54.40%

图 4-45　哪种传播渠道影响最大

调查样本 a46 "西方当代思潮对大学生的负面影响"，排前两位的为"拜金主义" 663 人，占 54.08%；"享乐主义成风" 617 人，占 50.33%（详见表 4-51、图 4-46）。

表 4-51　西方当代思潮对大学生的负面影响

序号	a46 西方当代思潮对大学生的负面影响	计数(N)	构成比(%)
1	拜金主义	663	54.08
2	享乐主义成风	617	50.33
3	个人主义盛行	601	49.06
4	性解放	552	45.02
5	追求个人功利	485	39.56
6	道德沦丧	331	27.00
7	其他	111	9.05

调查样本 a47 "当代大学生受西方思想影响的最主要原因"，排前两位的为"全球化的发展使国际文化交流很频繁" 352 人，占

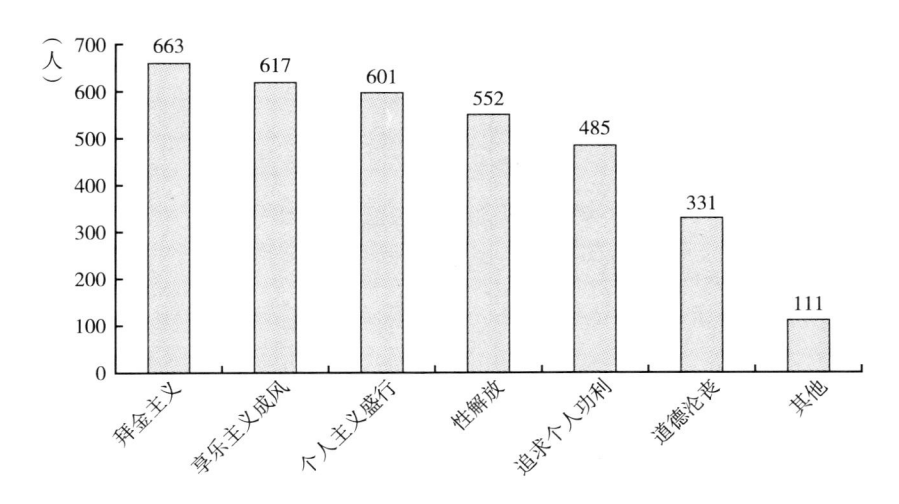

图 4-46 西方当代思潮对大学生的负面影响

柱状图数据：
- 拜金主义：663
- 享乐主义成风：617
- 个人主义盛行：601
- 性解放：552
- 追求个人功利：485
- 道德沦丧：331
- 其他：111

28.71%；"我不成熟不稳定的年龄特点决定了大学生易受各种各样文化的影响"287人，占23.41%（详见表4-52、图4-47）。

表 4-52 当代大学生受西方思想影响的最主要原因

序号	a47 当代大学生受西方思想影响的最主要原因	计数(N)	构成比(%)	累计构成比(%)
1	全球化的发展使国际文化交流很频繁	352	28.71	28.71
2	我不成熟不稳定的年龄特点决定了大学生易受各种各样文化的影响	287	23.41	52.12
3	科技的发展使大学生极易接触西方思想	222	18.11	70.23
4	其他	215	17.54	87.77
5	一些西方国家的强势文化入侵的政策	78	6.36	94.13
6	西方思想中经久不衰的优秀部分深深吸引了大学生	72	5.87	100.00

西方思想中经久不衰的优秀部分深深吸引了大学生	72
一些西方国家的强势文化入侵的政策	78
其他	215
科技的发展使大学生极易接触西方思想	222
我不成熟不稳定的年龄特点决定了大学生易受各种各样文化的影响	287
全球化的发展使国际文化交流跟频繁	352

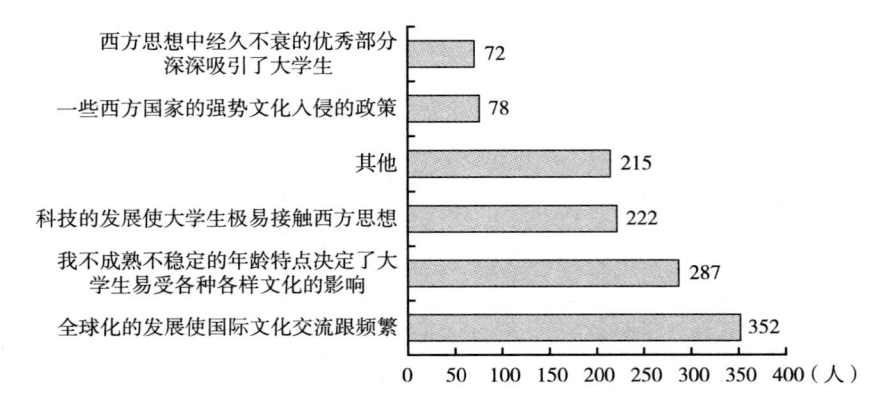

图 4-47 当代大学生受西方思想影响的最主要原因

调查样本 a48 "大学生应该如何应对西方社会思潮的负面影响",排前两位的为"认真学习我国传统文化,深入了解我国国情"493 人,占 40.21%;"深入理解西方社会思潮,把握其本质"427 人,占 34.83%(详见表 4-53、图 4-48)。

表 4-53 大学生应该如何应对西方社会思潮的负面影响

序号	a48 大学生应该如何应对西方社会思潮的负面影响	计数(N)	构成比(%)	累计构成比(%)
1	认真学习我国传统文化,深入了解我国国情	493	40.21	40.21
2	深入理解西方社会思潮,把握其本质	427	34.83	75.04
3	其他	179	14.60	89.64
4	用马克思主义理论来武装自己	126	10.28	99.92
5	远离当代西方社会思潮	1	0.08	100.00

调查样本 a49 "你认为当代大学生应如何对待西方思潮的东渐",排前两位的为"认真思考,谨慎对待"987 人,占 80.51%;"消除抵触心理欣然接受"87 人,占 7.10%(详见表 4-54、图 4-49)。

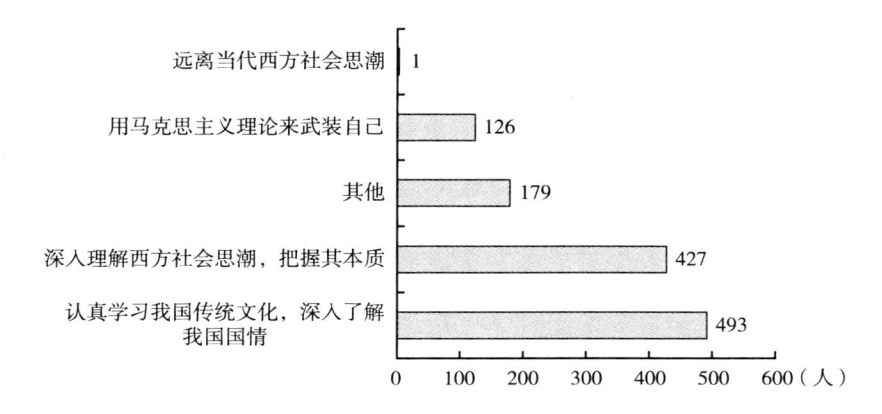

第四章 | 实证研究一：西方文化对当代中国大学生价值观的影响

图4-48 大学生应该如何应对西方社会思潮的负面影响

- 远离当代西方社会思潮：1
- 用马克思主义理论来武装自己：126
- 其他：179
- 深入理解西方社会思潮，把握其本质：427
- 认真学习我国传统文化，深入了解我国国情：493

表4-54 你认为当代大学生应如何对待西方思潮的东渐

序号	a49 你认为当代大学生应如何对待西方思潮的东渐	计数(N)	构成比(%)	累计构成比(%)
1	认真思考，谨慎对待	987	80.51	80.51
2	消除抵触心理欣然接受	87	7.10	87.61
3	其他	66	5.38	92.99
4	抛弃本民族文化，接受外来文化	59	4.81	97.80
5	坚决抵制	27	2.20	100.00

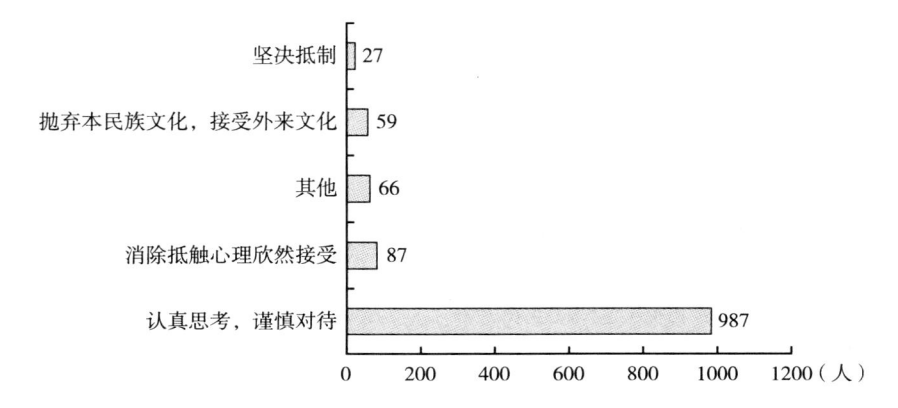

图4-49 你认为当代大学生应如何对待西方思潮的东渐

- 坚决抵制：27
- 抛弃本民族文化，接受外来文化：59
- 其他：66
- 消除抵触心理欣然接受：87
- 认真思考，谨慎对待：987

调查样本 a50"中西文化影响大小",排前两位的为"中国文化"933 人,占 76.10%;"没有比较过"179 人,占 14.60%(详见表 4-55、图 4-50)。

表 4-55 中西文化影响大小

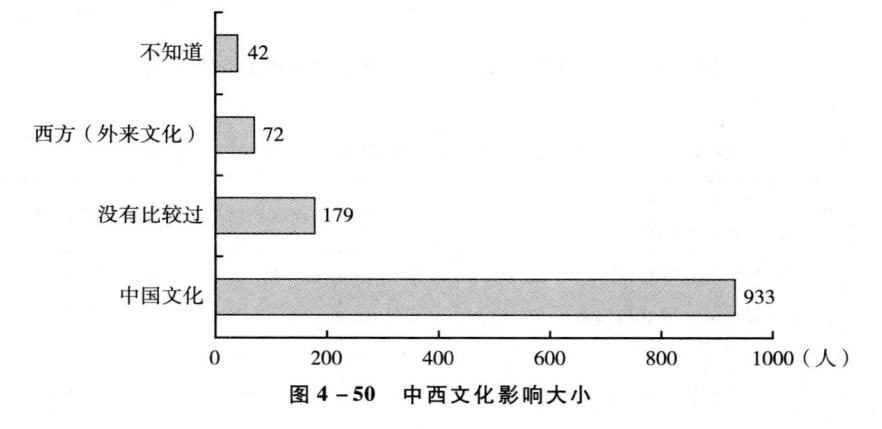

序号	a50 中西文化影响大小	计数(N)	构成比(%)	累计构成比(%)
1	中国文化	933	76.10	76.10
2	没有比较过	179	14.60	90.70
3	西方(外来文化)	72	5.87	96.57
4	不知道	42	3.43	100.00

图 4-50 中西文化影响大小

调查样本 a51"你对西方文化的态度",排前两位的为"虽然西方文化很吸引人,但中国文化依然是根基"777 人,占 63.38%;"对中国文化的兴趣多于西方文化"211 人,占 17.21%(详见表 4-56、图 4-51)。

表 4-56 你对西方文化的态度

序号	a51 你对西方文化的态度	计数(N)	构成比(%)	累计构成比(%)
1	虽然西方文化很吸引人,但中国文化依然是根基	777	63.38	63.38
2	对中国文化的兴趣多于西方文化	211	17.21	80.59
3	对西方文化的兴趣多于中国文化	100	8.16	88.75
4	其他	80	6.53	95.28
5	本身对了解文化兴趣不大	58	4.73	100.00

第四章 实证研究一：西方文化对当代中国大学生价值观的影响

图 4-51 你对西方文化的态度

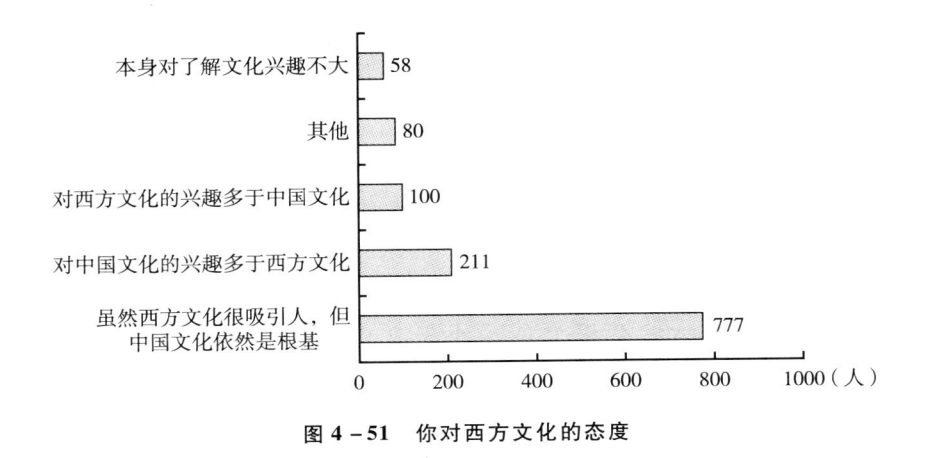

调查样本 a52"你认为中国文化有很多方面赶不上西方文化吗"，排前两位的为"否"845 人，占 68.92%；"是"284 人，占 23.16%（详见表 4-57、图 4-52）。

表 4-57 你认为中国文化有很多方面赶不上西方文化吗

序号	a52 你认为中国文化有很多方面赶不上西方文化吗	计数（N）	构成比（%）	累计构成比（%）
1	否	845	68.92	68.92
2	是	284	23.16	92.08
3	其他	97	7.92	100.00

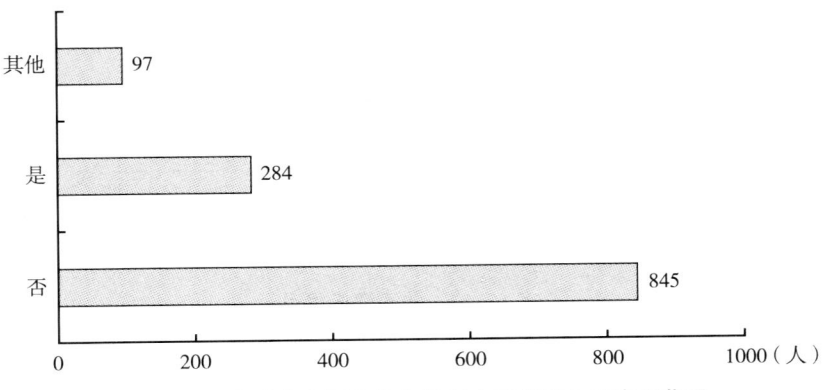

图 4-52 你认为中国文化有很多方面赶不上西方文化吗

2. 大学生对西方文化的态度的文化三维度分析

本书采用单因素方差分析方法对大学生对西方文化的态度进行文化三维度分析。

①外层文化

中国学生在西方文化态度上的差异表现在中外饮食文化偏好方向、每月在西式餐厅或洋快餐上的消费是多少、购买过西方名牌奢侈品三个方面,方差分析 P 值均小于 0.05,差异具有统计学意义(详见表 4-58 至表 4-62)。

表 4-58　a5 你喜欢看国外的影片吗

指标	a5 你喜欢看国外的影片吗					F	P
	非常喜欢	比较喜欢	一般	不是很喜欢	非常不喜欢		
对西方文化的态度	1.47±0.86	1.4±0.83	1.51±0.95	1.78±0.97	1.75±1.14	1.642	0.194

表 4-59　对好莱坞电影和美剧带热国内市场的态度

指标	a8 你对好莱坞电影和美剧带热国内市场的态度				F	P
	非常好,这促进了经济的发展	不好,这样会阻碍民族经济的发展	无所谓	其他		
对西方文化的态度	1.38±0.82	1.56±0.91	1.5±0.92	1.61±0.96	2.051	0.129

表 4-60　中外饮食文化偏好

指标	a10 在中外饮食文化偏好方向你偏好什么			F	P
	更喜欢中国饮食	更喜欢外国饮食	皆喜欢		
对西方文化的态度	1.44±0.84	1.8±1	1.49±0.96	7.249	0.001

表 4-61　每月在西式餐厅或洋快餐上的消费

指标	a12 你每月在西式餐厅或洋快餐上的消费是多少				F	P
	100 元以下	100~200 元	200~300 元	300 元以上		
对西方文化的态度	1.45±0.85	1.45±0.92	1.46±0.91	1.71±1.05	7.542	0.001

表 4-62　购买奢侈用品

指标	a19 你曾经购买过西方名牌奢侈品吗		F	P
	是	否		
对西方文化的态度	1.53±0.99	1.45±0.85	4.636	0.01

②制度文化

中国学生在西方文化态度上的差异表现在是否有过出国留学或移民的想法，T 检验中方差分析 P 值大于 0.05，差异尚不具有统计学意义（详见表 4-63）。

表 4-63 是否出国

指标	a25 你是否有过出国留学或移民的想法		T	P
	是	否		
对西方文化的态度	1.43 ± 0.84	1.51 ± 0.91	2.267	0.104

③精神文化

中国学生在西方文化态度上的差异表现在竞争是不是现代人的一种生活方式，方差分析 P 值小于 0.05，差异具有统计学意义（详见表 4-64 至表 4-66）。

表 4-64 社团规则多束缚生活

指标	a36 你觉得社团规则多束缚生活					F	P
	十分同意	基本同意	有点不同意	完全不同意	没感觉		
对西方文化的态度	1.61 ± 0.96	1.43 ± 0.85	1.34 ± 0.75	1.65 ± 1	1.6 ± 1.01	1.979	0.139

表 4-65 竞争

指标	a39 竞争是现代人的一种生活方式吗					F	P
	非常赞同	较赞同	不太赞同	很不赞同	说不清		
对西方文化的态度	1.45 ± 0.84	1.4 ± 0.83	1.53 ± 0.9	2.22 ± 1.11	1.78 ± 1.12	4.832	0.008

表 4-66 竞争意识

指标	a40 你认为自己的竞争意识					F	P
	很好	较好	一般	不足	完全没有		
对西方文化的态度	1.46 ± 0.83	1.42 ± 0.84	1.46 ± 0.88	1.62 ± 0.99	2.47 ± 1.12	0.042	0.959

表 4-67 指标相关性分析

	a51 对西方文化的态度	a5 喜欢看国外的影片	a8 对好莱坞电影和美剧带热国内市场的态度	a9 喜欢流行音乐	a12 每月西式的消费	a19 购买西方奢侈品吗	a25 出国留学的想法	a36 社团规则多束缚生活	a39 竞争是一种生活方式	a40 自己的竞争意识
a51 对西方文化的态度	1									
a5 喜欢看国外的影片	0.007	1								
a8 对好莱坞电影和美剧带热国内市场的态度	0.043	0.151**	1							
a9 喜欢流行音乐	−0.056	0.070*	0.073*	1						
a12 每月西式的消费	0.052	−0.184**	−0.113**	−0.043	1					
a19 购买西方奢侈品吗	−0.036	0.086**	0.044	0.026	−0.235**	1				
a25 出国留学的想法	−0.001	0.235**	0.025	−0.028	−0.102**	0.194**	1			
a36 社团规则多束缚生活	−0.045	0.116**	0.086**	0.066*	−0.081*	0.100**	0.060*	1		
a39 竞争是一种生活方式	0.059	0.086**	0.117**	0.023	−0.045	0.049	0.021	0.057	1	
a40 自己的竞争意识	−0.014	0.078*	0.145**	0.080**	−0.142**	0.058	0.078**	0.159**	0.270**	1

说明：* 表示 P<0.05，** 表示 P<0.01。

④大学生对西方文化的态度的文化三维度相关性分析

采用 spearman 秩相关对指标间相关性进行分析,分析显示:西方文化态度的表现同三个文化维度有相关性,但尚不具有统计学意义,各文化维度重点指标中部分指标相关性显示出统计学差异,其中,喜欢看国外电影的与对好莱坞电影和美剧带热国内市场的态度呈正相关(详见上页表 4 – 67)。

二 西方文化对当代中国大学生价值观的影响

根据以上调查材料以及相关分析,我们可以对西方文化对当代中国大学生价值观影响问题做出以下基本结论。

(一)物质层面的影响

1. 娱乐

在日常生活方面,特别是娱乐、饮食、消费方面,有高达 69.58% 的大学生喜欢或非常喜欢看国外的电影,而其中非常喜欢看西方(欧美)电影的大学生比例达到了 57.34%,32.30% 的大学生认为外国影片最吸引人的地方是高科技的制作技术(如音效、特技等),对好莱坞电影带热国内相关消费的态度持肯定的比例达到 47.55%,而在音乐方面,37.60% 的人则没有明显偏好。

由此数据我们可以得出以下结论:西方文化在娱乐方面对我国大学生的影响很大,但其影响仅限于表层,特别是感官层面;广大大学生对西方文化深层次的文化内涵并不是十分感兴趣,大学生对于西方电影的偏好要远远大于西方音乐。同时,需要强调的一点是,喜欢看国外电影与对好莱坞电影和美剧带热国内相关消费市场的态度呈正相关。

2. 节日

数据显示，大学生经常庆祝西方节日，最常庆祝的节日分别为圣诞节、母亲节及父亲节，比例分别为70.47%、60.44%和52.45%，而对其中宗教文化意韵深刻的节日如感恩节、万圣节及复活节关注度不高。同时，大学生庆祝西方节日的原因主要是从众心理，比例为41.60%，而对节日背后的文化有深刻理解的只占7.50%。66.80%的大学生对庆祝西方节日持肯定态度，认为西方节日应该和中国节日相互融合、和谐发展。58.56%的大学生认为通过西方的节日，他们对西方文化有了更深的了解。

由这些数据我们可以得出以下结论：同娱乐消费一样，庆祝西方节日在大学生中是一种非常普遍的现象，大学生对西方节日的关注主要是由于从众心理，而对其背后的文化意韵没有深刻的了解，但是大部分大学生渴望通过西方节日了解西方文化。

3. 饮食

数据显示，69.17%的大学生更偏好中国饮食，偏好西餐的大学生只占4.98%，在选择洋快餐的时候51.14%的大学生认为口味是最重要的，同时，大学生在洋快餐上的消费并不很多，69.66%的人月消费额在100元以下（通过与学生访谈了解到学生们每月总体的饮食消费在600~800元），而关注品牌的只占5.46%。对洋快餐进入中国，79.28%的大学生持肯定态度，认为会丰富中国的饮食文化，使其形式多样化。

由这些数据我们可以得出以下结论：西方饮食文化对我国大学生的影响并不大，而且大学生在饮食上的消费很实际，以关注口味为主。同时，大学生虽然偏好中国饮食，但对西方饮食也持包容、开放心态。

4. 消费观念

数据显示，大学生更加认可国产产品，如同质同价产品，

47.96%的人会选择国产产品，只有36.70%的人会选择进口产品，78.47%的大学生从没有购买过西方奢侈品。

由这些数据我们可以得出以下结论：目前国产产品在大学生中的认可程度更高，大学生在西方奢侈品中的消费并不像外界所想象的那么多。

（二）制度层面的影响

1. 大学生择业观

数据显示，大学生更倾向于在大型跨国集团内工作，比例高达33.03%；愿意在政府职能部门工作的人只占15.50%；愿意在市场经济条件下发展自己事业的学生居大多数，占43.88%。

由此数据可得出以下结论：在就业环境方面，大学生更认可西方的公司制，同时，他们更认可西方的市场经济制度，愿意在相对宽松的环境下发展自己的事业。大学生的择业观相对于我国的传统理念已经发生了许多变化，出现了从官本位向金本位的转变，同中国古代的"学而优则仕"的传统观念背道而驰，这主要表现在愿意在大型跨国集团工作的人数增多，愿意在政府职能部门工作的人数减少。大学生的这种择业观的变化无疑是同社会整体的变化趋势相一致的。在择业观方面，大学生出现了极大地倾向于西方文化的特征。

2. 教育

数据显示，46.98%的大学生认为英语是世界上最有用的语言，而认为中文是世界上最有用的语言的人的比例为45.02%，但是认为中文是世界上最美的语言的大学生占86.95%。大学生学习英语的主要原因是找工作更容易，这一比例达48.45%。有出国留学与移民想法的大学生占多数，为51.88%，其主要原因是向往国外的生活环境和文化氛围，占47.03%；而留学的首选国家（地区）为欧美国家，比例达60.28%。

由此数据我们可以得出以下结论：大学生对本国语言具有极强的认同度；学习英语的目的主要是实用主义的倾向；出于对国外生活环境和文化氛围的向往，大部分人有出国或移民的倾向；而留学或移民的主要目的地是欧美国家，说明大学生在西方文化中对欧美文化的认同度较高。

3. 生活方式、社会制度的认可程度

数据显示，大学生对欧洲生活方式的认同度最高，为25.45%。不少人认为美国是世界上最自由、最民主的国家，比例分别为42.58%和37.77%。

由此数据我们可以得出以下结论：大学生对欧洲的生活方式认同程度最高，不少人认为美国是世界上最自由、最民主的国家。

（三）精神层面的影响（意识形态层面）

1. 西方思潮的影响（享乐主义、个人主义、竞争观念）

数据显示，大学生受西方思潮特别是享乐主义、竞争观念的影响巨大。37.96%的人认为社会进化的历史就是享乐发展的历史，65.33%的人不认为个人主义是一种思想上的侵蚀。64.36%的人认为应该强调集体生活，62.56%的人认为集体、个人两者都重要；当个人利益和国家、集体利益发生冲突的时候，55.22%的大学生选择以国家和集体利益优先。52.61%的人认同竞争是现代人的一种生活方式，认为自己的竞争意识较好和很好的人占54.08%，53.02%的人正积极做准备，提高自己的竞争力。

由此数据我们可以得出以下结论：大学生受西方享乐主义和竞争观念的影响巨大，大部分人的竞争意识较好，但是关于个人主义的认知则较为矛盾，虽然他们认可个人主义，但是在具体行动的时候大部分人还是会以国家、集体利益为优先考虑。

2. 对西方文化的认知

数据显示，大部分大学生认为西方思潮对其最正面的影响为创新开放、科学技术，占 64.60%；其次为人权民主等，占 64.36%；负面影响为拜金主义（占 54.08%）和享乐主义（占 50.33%）。对外国文化的主要了解在于电影、音乐，占 80.51%；了解西方文化最主要的渠道为互联网（80.83%）和电影、电视（78.22%），而互联网的影响力是最大的，占 54.40%；大学生受西方文化影响最主要的原因是全球化的发展，占 28.71%。

由此数据我们可以得出以下结论：大学生认为西方文化最大的正面影响为创新开放、科学技术，最大的负面影响为拜金主义和享乐主义，西方文化主要通过互联网和电影、电视、音乐对大学生产生影响，其中互联网的影响最为巨大。

3. 对中西文化的态度

数据显示，40.21% 的大学生认为应对西方文化最主要的措施是认真学习我国传统文化，同时 80.51% 的人认为应该认真思考，谨慎对待；76.10% 的人认为其受中国文化的影响更深，63.38% 的人认为中华文化仍然是我们的根基。

由此数据我们可以得出以下结论：大学生对中华文化的认同度较高，对待西方文化的态度更加理性。绝大多数人认同中华传统文化是我们民族生存和发展的根基。

综上所述，通过对西方文化对当代中国大学生价值观的影响问卷的分析，我们可以得出以下结论。

第一，当代大学生对中华文化自我认同度较高，具体表现为：大部分人认为中华文化对其影响更大，中文是世界上最美的语言，中华文化仍然是我们民族生存发展的根基，中华文化很多方面优于西方文化。

第二，虽然大学生对中华文化的自我认同度较高，但是他们对西方文化的心态是积极开放的、宽容的，乐于接受和学习。

第三，从西方文化的整体角度来看，当代大学生虽然认同美国是世界上最民主、最自由的国家，但他们更认可欧洲的生活方式，如果有留学和移民的机会也会首先考虑欧洲国家。由此，我们应该提高对欧洲文化的重视程度，加大对其的研究力度。

第四，大学生价值观中的实用主义倾向加强，如他们学习英语的目的是为了更好地找工作，就业时更希望进入薪金等级较高的大型跨国集团。

第五，就具体层面来说，西方文化在饮食方面对大学生的影响最小，大学生受享乐主义影响较严重，竞争意识比较好；关于个人主义的态度比较矛盾，虽然他们认可个人主义，但是在具体行动的时候还是会更加倾向于集体主义。

第六，西方文化对大学生的影响大部分还存在于表层，表现为他们在欣赏电影的时候并非十分注重电影背后所隐藏的深厚文化内涵，而是较多地关注视觉冲击及感官刺激；在庆祝西方节日时，他们也是从众心理居多，而不太关注节日所代表的宗教或文化含义。同时，他们接触西方文化的主要途径是"速食文化"——互联网，而较少关注蕴含丰富西方哲学思想的文学名著。

第五章

实证研究二：在华留学生对中国文化的认知

一 调查的基本情况

为了更好地体现当代中西文化交流的现状，笔者在调查中国大学生的同时，也调查了部分在天津上学的外国留学生对中国文化的认知情况。由于可以理解的种种原因，对外国留学生的调研是极为有限的。不过这些有限的资料也是本书所必需的，至少可以说明部分问题。

（一）调查对象及统计方法

1. 调查对象及方法

本调研拟定的中国文化认知程度调查问卷，共涉及 7 项基线指标、22 项文化认知程度指标。在征询多名专家修订问卷后，笔者在天津外国语大学、天津医科大学的在华留学生中按照院系开展分层抽样调查，共调查 165 名留学生，回收有效问卷 165 份，问卷回收有效率 100%。为进一步提高问卷的准确度，问卷采用中英双语形式，由学生根据自身情况自由选择合适语言的问卷。

2. 统计方法

回收问卷后检查问卷完整性,同时进行选项的完整性、逻辑性检查,核对无误后采用双人方式将问卷录入 EpiData3.1,比对无差异后汇总入问卷数据库,采用 SPSS21.0 统计软件进行统计分析。符合正态分布的计量资料以均数±方差(±S)表示,组间差异假设检验选择独立样本 T 检验,多组差异检验采用方差分析(Anova);非正态计量资料以中位数±四分位间距(M±QR)表示,定性资料采用频数、百分比表示,组间差异比较采用卡方检验,指标间相关性分析采用 Spearman 秩相关分析。

(二)统计结果

1. 问卷信效度分析

①信度分析

在对调查问卷分析前进行信度分析,以检验量表观测的可信度,即稳定性、一致性、再现性。本研究采用 α 信度系数(Cronbach's Alpha)进行评价,分析显示本量表 α 系数为 $0.361 < 0.6$,删除部分导致 α 系数下降的指标 6 项:性别、年龄、已在华居住时间、对中国文化兴趣、对中国文化了解、最主要的中国精神是什么,删除相关指标后重新检验 α 系数为 $0.603 > 0.6$,数据满足信度标准,信度分析项目详见表 5-1。

表 5-1 量表信度分析项目

指标	项已删除的刻度均值	项已删除的刻度方差	校正的项总计相关性	项已删除的 α 信度系数
a5 你来自下列哪个国家或地区	41.7515	67.005	0.373	0.563
a9 你来中国留学的目的	42.6121	69.617	0.372	0.565
a19 你最关注下列关于中国的哪些信息	42.1576	67.914	0.307	0.576
a16 你平时浏览中文网页吗	42.9273	76.080	0.327	0.582

续表

指标	项已删除的刻度均值	项已删除的刻度方差	校正的项总计相关性	项已删除的α信度系数
a17 如果只能用一个名词来形容中国你会选择什么	42.4061	71.377	0.266	0.582
a18 如果只能用一个形容词来形容中国你会选择什么	42.2606	73.804	0.267	0.582
a26 你对哪个最有好感	42.8667	74.665	0.272	0.583
a24 对中国文化的未来你觉得	43.4000	75.766	0.289	0.583
a28 对中国的感觉	43.6485	76.278	0.262	0.586
a12 你是否愿意了解更多的中国传统优秀文化知识	43.5879	77.219	0.272	0.587
a21 建筑	44.9394	78.789	0.368	0.590
a8 汉语水平或HSK考试成绩	42.4242	77.514	0.172	0.594
a6 你在中国所学的专业	42.6667	71.016	0.209	0.594
a22 端午节	44.9636	79.718	0.253	0.595
a23 你认为中国文化对世界的影响大吗	43.2424	78.148	0.153	0.596
a25 成吉思汗	45.0364	80.182	0.236	0.596
a27 你了解下列哪些事件1 1949年新中国成立	44.7030	79.942	0.166	0.597
a25 习近平	44.9636	80.243	0.179	0.597
a13 你来中国前后对中国印象差距大吗	43.3030	79.566	0.137	0.598
a22 清明节	45.0606	80.521	0.199	0.598
a21 其他	45.0545	80.698	0.160	0.599
a27 你了解下列哪些事件2 一国两制制度	44.9152	80.493	0.129	0.599
a27 中国共产党第十八次代表大会	44.9576	80.614	0.124	0.599
a7 学历	43.8909	80.037	0.105	0.600
a25 秦始皇	44.8242	80.646	0.094	0.600
a22 中秋节	44.8667	80.787	0.082	0.601
a21 国画	44.9879	81.049	0.071	0.601
a22 七夕	45.0182	81.116	0.069	0.602
a25 其他	45.0909	81.266	0.076	0.602
a21 传统节日	44.8242	80.987	0.054	0.602
a21 民族戏曲(如京剧)	44.9394	81.338	0.022	0.603
a27 你了解下列哪些事件3"文化大革命"	44.8727	81.295	0.021	0.604
a25 孙中山	44.9394	81.630	-0.018	0.605

续表

指　标	项已删除的刻度均值	项已删除的刻度方差	校正的项总计相关性	项已删除的α信度系数
a21 古典诗词歌赋或小说	44.9212	81.610	-0.016	0.605
a21 玉器或瓷器	45.0061	81.738	-0.030	0.605
a25 邓小平	44.9394	81.643	-0.019	0.605
a27 你了解下列哪些事件4 改革开放	44.9333	81.721	-0.030	0.605
a22 元宵节	44.9152	81.907	-0.054	0.606
a22 春节	44.3758	82.114	-0.082	0.607
a14 造成你和中国人交流的障碍是什么	42.8970	76.386	0.099	0.608
a21 民族音乐或乐器	44.8970	82.471	-0.124	0.609
a29 让你在今后从事工作时更有竞争力	43.3939	80.679	0.004	0.609
a21 书法	44.7515	82.920	-0.166	0.612
a25 毛泽东	44.6424	83.219	-0.197	0.614

②效度分析

效度分析是要衡量调查问卷的准确性，本研究采用探索性因子分析进行效度分析，以确定各变量的内在结构关系。经 KMO 和 Bartlett 的检验，本例 KMO 抽样适度测定统计值（Kaiser - Meyer - Olkin Measure of Sampling Adequacy）为 0.564 > 0.5；巴特尼特（Bartlett）法球形统计量（Bartlett's Test of Sphericity）有 P = 0.000，提示各变量将存在显著的相关性，这综合说明本调查问卷结果效度较好（详见表 5 - 2）。

表 5 - 2　因子分析

卡方统计值		0.564
巴氏球形检定	近似卡方	2209.720
	自由度	1275.000
	显著性水平	0.000

"公因子方差"表示初始变量的共同度，"提取"一列表示变量共同度的取值，共同度取值区间为 [0, 1]，表 5 - 3 按照提取

公因子降序排列，本例有 18 个指标共同度大于 0.7，32 个指标共同度在 0.6 至 0.7 之间，这说明通过公因子对原始变量信息的提取、解释效果较好。

表 5－3　公因子方差

指　　标	初始	提取
a26 你对哪个最有好感	1.000	0.784
a25 毛泽东	1.000	0.768
a25 其他	1.000	0.763
a5 你来自下列哪个国家或地区	1.000	0.762
a8 汉语水平或 HSK 考试成绩	1.000	0.754
a21 古典诗词歌赋或小说	1.000	0.746
a27 你了解下列哪些事件 4 改革开放	1.000	0.743
a27 你了解下列哪些事件 3"文化大革命"	1.000	0.724
a12 你是否愿意了解更多的中国传统优秀文化知识	1.000	0.723
a25 习近平	1.000	0.720
a10 对中国文化的兴趣	1.000	0.720
a24 对中国文化的未来你觉得	1.000	0.718
a27 中国共产党第十八次代表大会	1.000	0.712
a11 对中国文化的了解	1.000	0.710
a21 玉器或瓷器	1.000	0.709
a21 书法	1.000	0.705
a25 秦始皇	1.000	0.701
a23 你认为中国文化对世界的影响大吗	1.000	0.701
a22 春节	1.000	0.698
a25 孙中山	1.000	0.698
a4 已在华居住时间	1.000	0.693
a3 年龄	1.000	0.691
a27 你了解下列哪些事件 1 1949 年新中国成立	1.000	0.686
a25 邓小平	1.000	0.679
a19 你最关注下列关于中国的哪些信息	1.000	0.673
a7 学历	1.000	0.673
a16 你平时浏览中文网页吗	1.000	0.671
a21 其他	1.000	0.671
a22 七夕	1.000	0.670

续表

指　标	初始	提取
a22 清明节	1.000	0.669
a18 如果只能用一个形容词来形容中国你会选择什么	1.000	0.663
a22 中秋节	1.000	0.662
a27 你了解下列哪些事件2—国两制制度	1.000	0.660
a28 对中国的感觉	1.000	0.657
a21 传统节日	1.000	0.655
a9 你来中国留学的目的	1.000	0.655
a21 民族音乐或乐器	1.000	0.654
a22 元宵节	1.000	0.654
a25 成吉思汗	1.000	0.652
a15 你了解中国文化的主要方式	1.000	0.650
a21 建筑	1.000	0.650
a20 你认为最主要的中国精神是什么	1.000	0.640
a13 你来中国前后对中国印象差距大吗	1.000	0.640
a2 性别	1.000	0.638
a21 国画	1.000	0.628
a17 如果只能用一个名词来形容中国你会选择什么	1.000	0.626
a21 民族戏曲（如京剧）	1.000	0.625
a22 端午节	1.000	0.624
a6 你在中国所学的专业	1.000	0.613
a29 让你在今后从事工作时更有竞争力	1.000	0.605
a14 造成你和中国人交流的障碍是什么	1.000	0.591

说明：经分析后得出前19项公因子的累计贡献率为68.182%，即总体多于68.182%的信息可以由前19项公共因子解释。

经分析后得出的累计贡献率如表5-4所示。

表5-4　累计贡献率

成分	初始特征值			提取平方和载入		
	合计	方差的百分比	累计百分比	合计	方差的百分比	累计百分比
1	4.601	9.022	9.022	4.601	9.022	9.022
2	3.385	6.638	15.659	3.385	6.638	15.659
3	2.757	5.406	21.066	2.757	5.406	21.066
4	2.402	4.709	25.775	2.402	4.709	25.775
5	2.193	4.301	30.076	2.193	4.301	30.076
6	2.008	3.937	34.013	2.008	3.937	34.013

续表

成分	初始特征值			提取平方和载入		
	合计	方差的百分比	累计百分比	合计	方差的百分比	累计百分比
7	1.812	3.553	37.565	1.812	3.553	37.565
8	1.659	3.252	40.818	1.659	3.252	40.818
9	1.593	3.123	43.941	1.593	3.123	43.941
10	1.527	2.994	46.935	1.527	2.994	46.935
11	1.471	2.885	49.820	1.471	2.885	49.820
12	1.374	2.693	52.513	1.374	2.693	52.513
13	1.303	2.555	55.069	1.303	2.555	55.069
14	1.198	2.350	57.418	1.198	2.350	57.418
15	1.164	2.283	59.702	1.164	2.283	59.702
16	1.129	2.214	61.915	1.129	2.214	61.915
17	1.103	2.162	64.077	1.103	2.162	64.077
18	1.062	2.082	66.159	1.062	2.082	66.159
19	1.032	2.023	68.182	1.032	2.023	68.182
20	0.965	1.892	70.074			
21	0.943	1.849	71.923			
22	0.909	1.783	73.706			
23	0.848	1.663	75.369			
24	0.826	1.619	76.987			
25	0.825	1.619	78.606			
26	0.746	1.462	80.068			
27	0.702	1.377	81.445			
28	0.663	1.300	82.744			
29	0.643	1.261	84.005			
30	0.604	1.185	85.190			
31	0.589	1.154	86.344			
32	0.552	1.083	87.427			
33	0.525	1.029	88.457			
34	0.521	1.022	89.478			
35	0.478	0.938	90.416			
36	0.460	0.902	91.318			
37	0.449	0.880	92.198			
38	0.426	0.835	93.033			
39	0.380	0.745	93.778			
40	0.364	0.715	94.493			
41	0.348	0.683	95.175			
42	0.341	0.668	95.843			
43	0.301	0.590	96.433			

续表

成分	初始特征值			提取平方和载入		
	合计	方差的百分比	累计百分比	合计	方差的百分比	累计百分比
44	0.293	0.575	97.008			
45	0.278	0.546	97.554			
46	0.276	0.540	98.094			
47	0.248	0.487	98.581			
48	0.209	0.410	98.991			
49	0.191	0.375	99.366			
50	0.185	0.363	99.729			
51	0.138	0.271	100.000			

说明：提取方法为主成分分析。

2. 调查样本基本情况

本次问卷调查共涉及天津外国语大学、天津医科大学两所学校165名在华留学生，其中男性85名，女性78名，2名性别信息缺失（详见表5-5、图5-1）。

表5-5 调查样本性别

序号	a2 性别	计数（N）	构成比（%）	累计构成比（%）
1	男	85	52.15	52.15
2	女	78	47.85	100.00

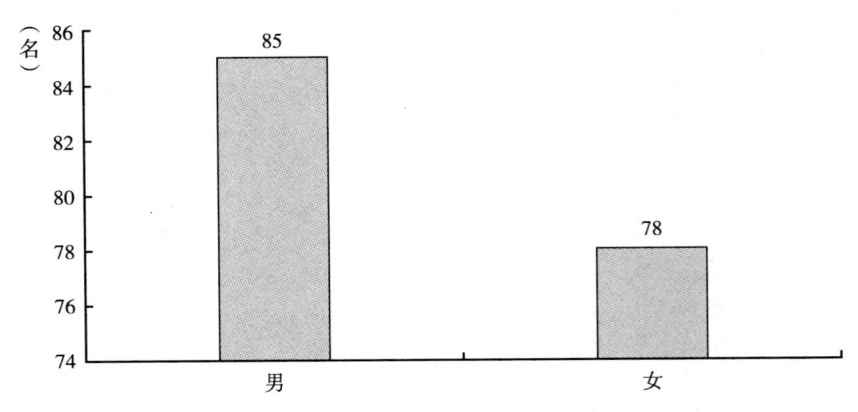

图5-1 调查样本性别

调查样本年龄前两位的为18~20岁68人，占41.21%；20~22岁51人，占30.91%（详见表5-6、图5-2）。

表5-6 调查样本年龄分布

序号	a3 年龄	计数（N）	构成比（%）	累计构成比（%）
1	18~20岁	68	41.21	41.21
2	20~22岁	51	30.91	72.12
3	22岁以上	31	18.79	90.91
4	18岁以下	15	9.09	100.00

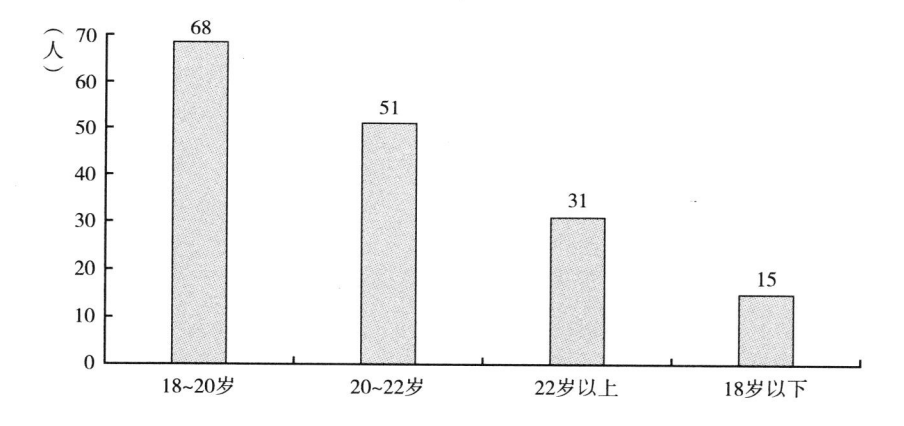

图5-2 调查样本年龄分布

调查样本在华居住时间前两位的为1年以内105人，占63.64%；1~2年37人，占22.42%（详见表5-7、图5-3）。

表5-7 调查样本在华居住时间

序号	a4 已在华居住时间	计数（N）	构成比（%）	累计构成比（%）
1	1年以内	105	63.64	63.64
2	1~2年	37	22.42	86.06
3	2~3年	13	7.88	93.94
4	3年以上	10	6.06	100.00

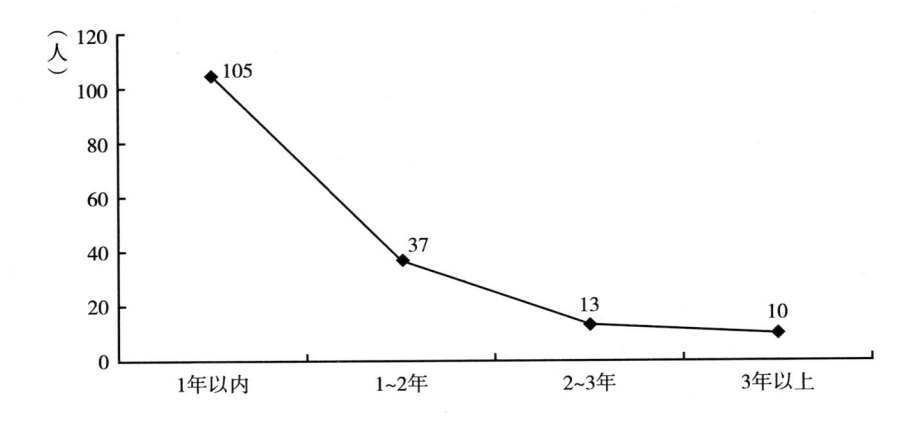

图 5-3 调查样本在华居住时间

调查样本国籍来源前两位的为日韩 57 人，占 34.55%；其他 48 人，占 29.09%（详见表 5-8、图 5-4）。

表 5-8 调查样本国籍来源

序号	a5 你来自下列哪个国家或地区	计数(N)	构成比(%)	累计构成比(%)
1	日韩	57	34.55	34.55
2	其他	48	29.09	63.64
3	美国	30	18.18	81.82
4	欧洲	24	14.55	96.37
5	非洲	5	3.03	99.40
6	澳洲	1	0.60	100.00

调查样本所学专业前两位的为语言、文学类 89 人，占 53.94%；医学 45 人，占 27.27%（详见表 5-9、图 5-5）。

调查样本学历前两位的为本科 134 人，占 81.21%；硕士生 23 人，占 13.94%（详见表 5-10、图 5-6）。

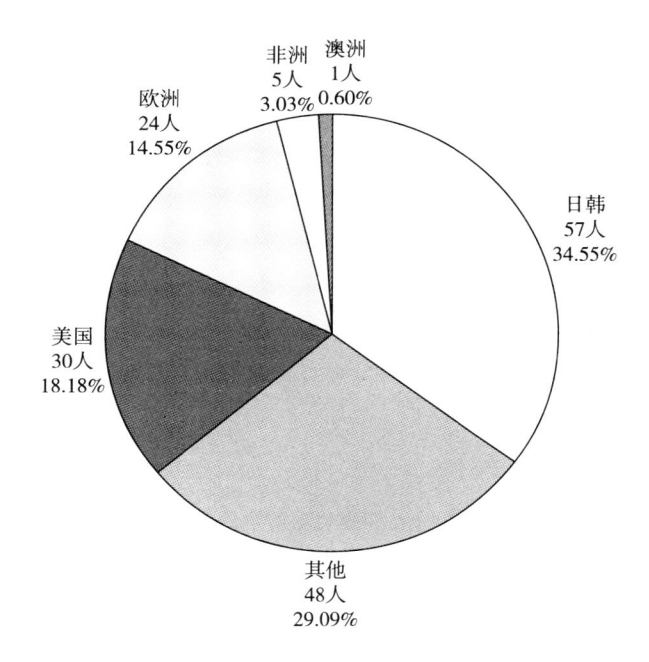

第五章 | 实证研究二：在华留学生对中国文化的认知

非洲 5人 3.03%
澳洲 1人 0.60%
欧洲 24人 14.55%
日韩 57人 34.55%
美国 30人 18.18%
其他 48人 29.09%

图 5-4 调查样本国籍来源

表 5-9 调查样本所学的专业

序号	a6 你在中国所学的专业	计数（N）	构成比（%）	累计构成比（%）
1	语言、文学类	89	53.94	53.94
2	医 学	45	27.27	81.21
3	理 学	10	6.06	87.27
4	其 他	8	4.85	92.12
5	工 学	6	3.64	95.76
6	金融经济	5	3.03	98.79
7	管理学	2	1.21	100.00
8	艺 术	0	0.00	100.00

表 5-10 调查样本学历分布

序号	a7 学历	计数（N）	构成比（%）	累计构成比（%）
1	本 科	134	81.21	81.21
2	硕士生	23	13.94	95.15
3	其 他	5	3.03	98.18
4	博士生	3	1.82	100.00

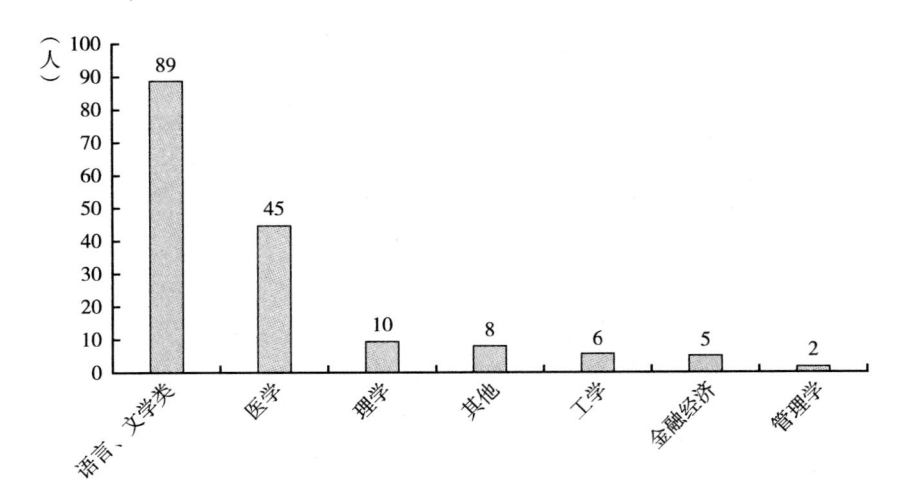

图 5-5 调查样本所学的专业

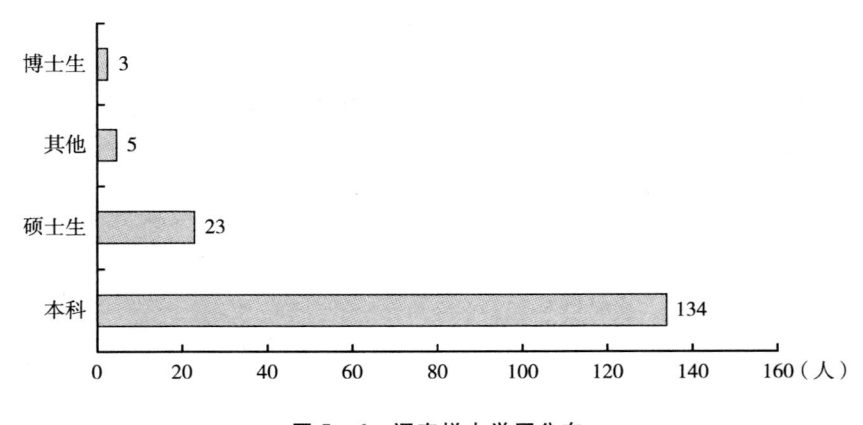

图 5-6 调查样本学历分布

调查样本汉语水平或 HSK 考试成绩前两位的为中级（HSK4级）54 人，占 32.73%；没有参加考试 50 人，占 30.30%（详见表 5-11、图 5-7）。

调查样本来中国留学的目的前两位的为喜欢中国的文化 71 人，占 43.03%；中国教育水平高 28 人，占 16.97%（详见表 5-12、图 5-8）。

表 5-11 调查样本汉语水平或 HSK 考试成绩分布

序号	a8 汉语水平或 HSK 考试成绩	计数(N)	构成比(%)	累计构成比(%)
1	中级(HSK4级)	54	32.73	32.73
2	没有参加考试	50	30.30	63.03
3	初级(HSK1~3级)	41	24.85	87.88
4	高级(HSK5、6级)	20	12.12	100.00

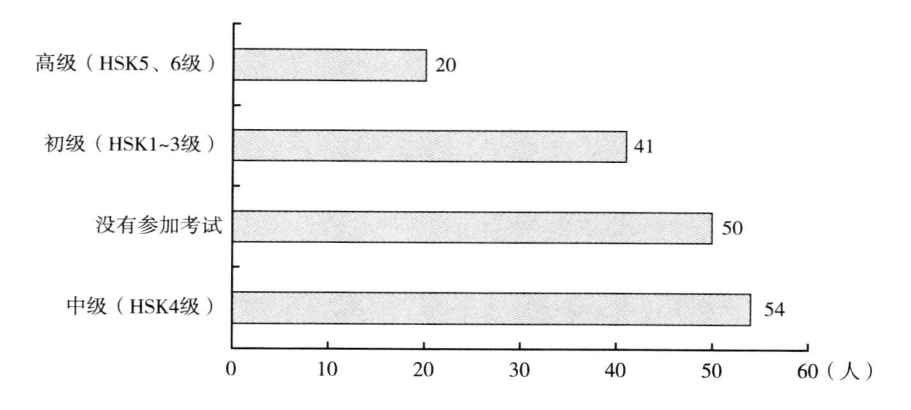

图 5-7 调查样本汉语水平或 HSK 考试成绩分布

表 5-12 调查样本来中国留学的目的

序号	a9 你来中国留学的目的	计数(N)	构成比(%)	累计构成比(%)
1	喜欢中国的文化	71	43.03	43.03
2	中国教育水平高	28	16.97	60.00
3	专业/工作的要求	27	16.36	76.36
4	其他	26	15.76	92.12
5	中国经济实力强	13	7.88	100.00

3. 调查样本对中国文化的兴趣及了解程度

①基本情况（详见图 5-9、图 5-10）

②同样本类别进行比较

从调查样本性别、年龄、国籍等 7 个维度对留学生对中国文

图 5-8 调查样本来中国留学的目的

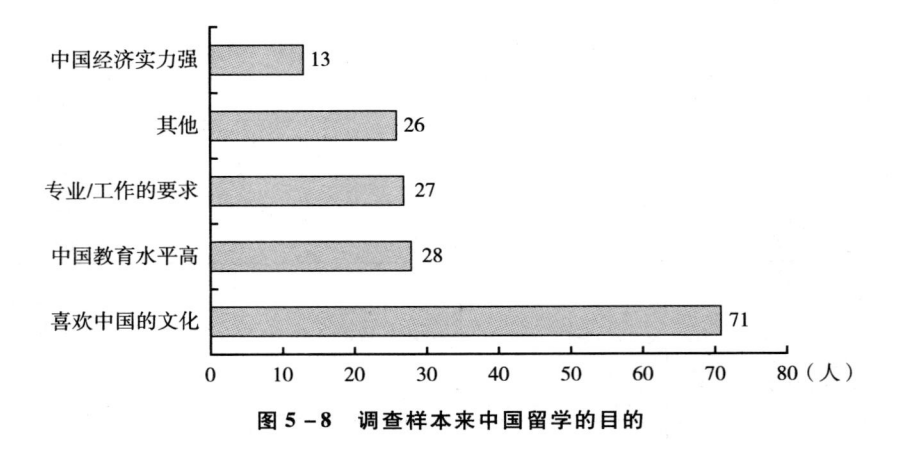

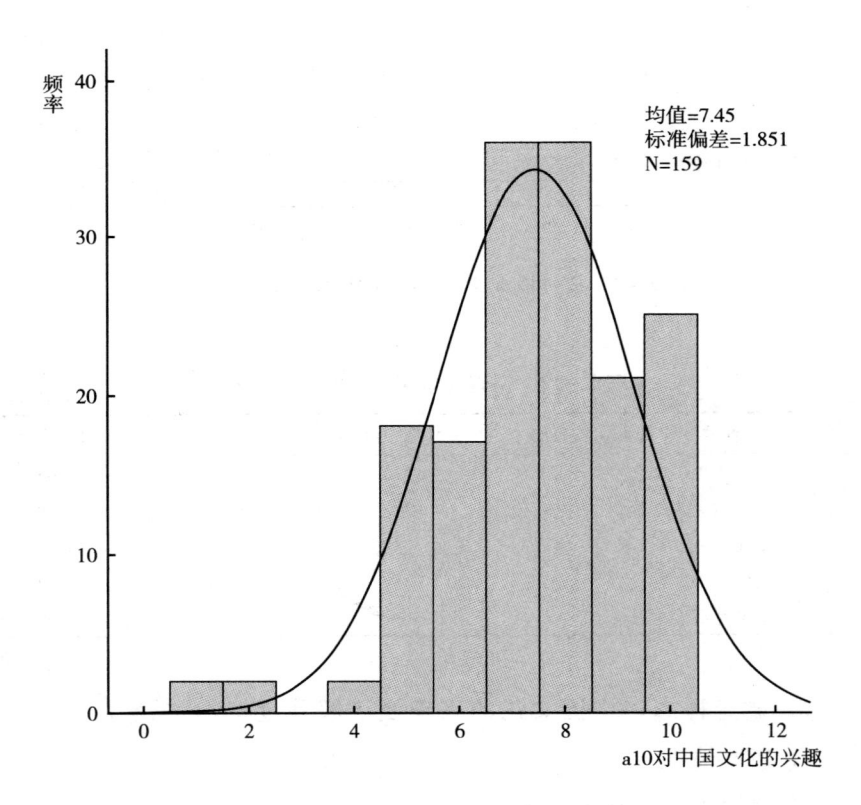

图 5-9 调查样本对中国文化的兴趣

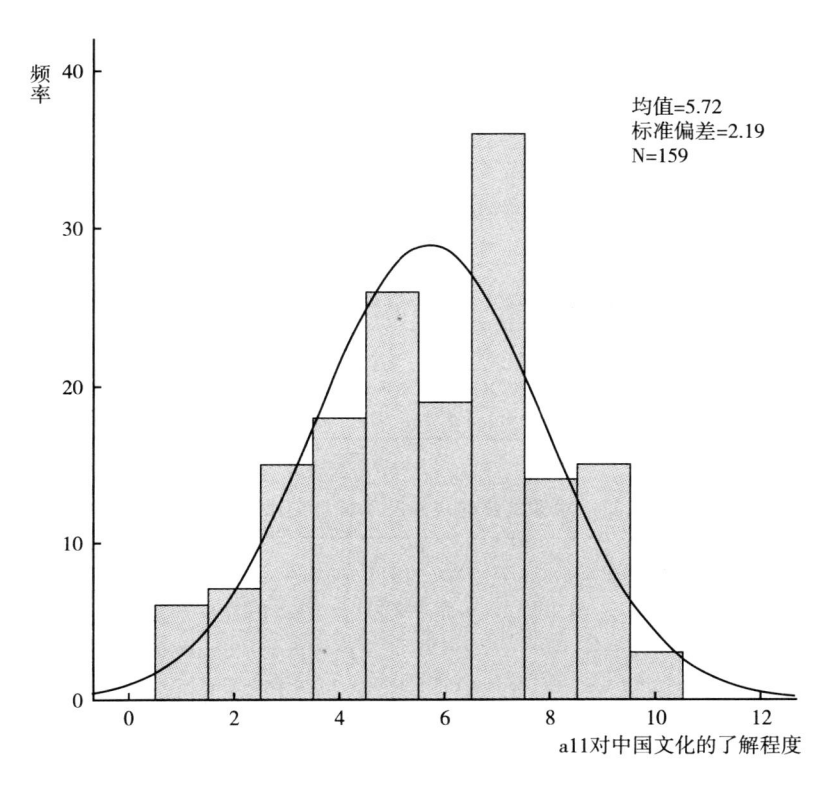

图 5-10 调查样本对中国文化的了解程度

化的兴趣及了解程度进行分析，两组比较才有 T 检验，多组比较才有方差分析，分析显示：年龄不同的留学生对中国文化的兴趣不同，差异具有统计学意义；不同国籍、不同专业、不同汉语文化程度的留学生对中国文化的兴趣及了解程度两项指标均不同，差异具有统计学意义（详见表 5-13 至表 5-19）。

表 5-13 不同性别对中国文化的兴趣及了解差异比较（T 检验）

指标	男	女	T	P
对中国文化的兴趣	7.52 ± 1.76	7.34 ± 1.96	0.611	0.542
对中国文化的了解	6.02 ± 1.98	5.41 ± 2.37	1.746	0.083

表 5-14 不同年龄对中国文化的兴趣及了解差异比较（方差分析 Anova）

指标	18 岁以下	18~20 岁	20~22 岁	22 岁以上	F	P
对中国文化的兴趣	6.27±2.43	7.17±1.92	7.67±1.53	8.3±1.44	5.286	0.002**
对中国文化的了解	5.47±2.7	6±2.35	5.29±1.95	5.97±1.9	1.194	0.314

说明：* 表示 p<0.05，** 表示 p<0.01。

表 5-15 不同居住年限对中国文化的兴趣及了解差异比较（方差分析 Anova）

指标	1 年以内	1~2 年	2~3 年	3 年以上	F	P
对中国文化的兴趣	7.52±1.61	7.76±1.67	7.08±2.47	6.1±3.21	2.377	0.072
对中国文化的了解	5.56±2.24	6.27±2.1	6.33±1.72	4.6±2.01	2.190	0.091

表 5-16 不同国籍对中国文化的兴趣及了解差异比较（方差分析 Anova）

指标	美国	欧洲	日韩	非洲	其他	F	P
对中国文化的兴趣	8.2±1.4	8.13±1.6	7.6±1.73	8±1.22	6.26±1.99	7.614	0.000**
对中国文化的了解	5.63±2.2	5.71±1.81	6.54±1.8	5.4±3.13	4.64±2.33	5.115	0.001**

说明：* 表示 p<0.05，** 表示 p<0.01。

表 5-17 不同专业对中国文化的兴趣及了解差异比较（方差分析 Anova）

指标	语言、文学类	理学	工学	医学
对中国文化的兴趣	7.83±1.5	7.7±1.57	7.67±3.44	6.18±1.91
对中国文化的了解	5.93±1.88	7±2	6.17±2.64	4.63±2.49

指标	管理学	金融经济	其他	F	P
对中国文化的兴趣	9±1.41	7.2±1.48	9±1.07	5.948	0.000**
对中国文化的了解	5±5.66	6.2±2.28	6.88±0.64	3.088	0.007**

说明：* 表示 p<0.05，** 表示 p<0.01。

表 5-18 不同学历对中国文化的兴趣及了解差异比较（方差分析 Anova）

指标	本科	硕士生	博士生	其他	F	P
对中国文化的兴趣	7.43±1.66	7.26±2.7	7.33±2.52	9.25±0.96	1.357	0.258
对中国文化的了解	5.64±2.19	6.04±2.23	5.67±3.79	6.75±0.5	0.522	0.668

表 5-19　不同汉语文化程度对中国文化的兴趣及了解
差异比较（方差分析 Anova）

指标	高级 （HSK5、6 级）	中级 （HSK4 级）	初级 （HSK1~3 级）	没有参加考试	F	P
对中国文化的兴趣	8.2 ± 1.54	7.75 ± 1.69	7.73 ± 1.48	6.51 ± 2.14	6.330	0.000
对中国文化的了解	6.45 ± 1.54	6.4 ± 1.89	5.46 ± 2.26	4.84 ± 2.38	5.431	0.001

4. 调查样本对中国文化的认识及态度

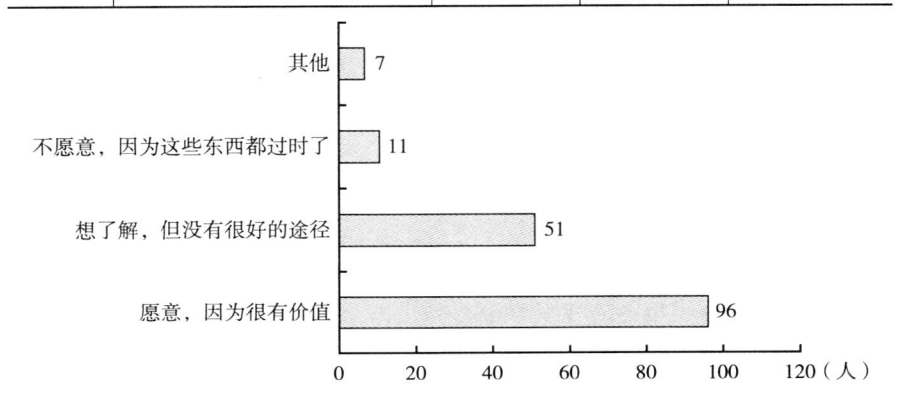

①是否愿意了解更多的中国传统优秀文化知识

调查样本 a12 "你是否愿意了解更多的中国传统优秀文化知识"，排前两位的为 "愿意，因为很有价值" 96 人，占 58.18%；"想了解，但没有很好的途径" 51 人，占 30.91%（详见表 5-20、图 5-11）。

表 5-20　是否愿意了解更多的中国传统优秀文化知识

序号	a12 你是否愿意了解更多的中国传统优秀文化知识	计数（N）	构成比（%）	累计构成比（%）
1	愿意，因为很有价值	96	58.18	58.18
2	想了解，但没有很好的途径	51	30.91	89.09
3	不愿意，因为这些东西都过时了	11	6.67	95.76
4	其他	7	4.24	100.00

图 5-11　是否愿意了解更多的中国传统优秀文化知识

②来中国前后对中国的印象差距

调查样本 a13 "你来中国前后对中国印象差距大吗",排前两位的为 "有些不同" 93 人,占 56.36%;"非常大" 49 人,占 29.70%(详见表 5-21、图 5-12)。

表 5-21 来中国前后对中国印象的差距

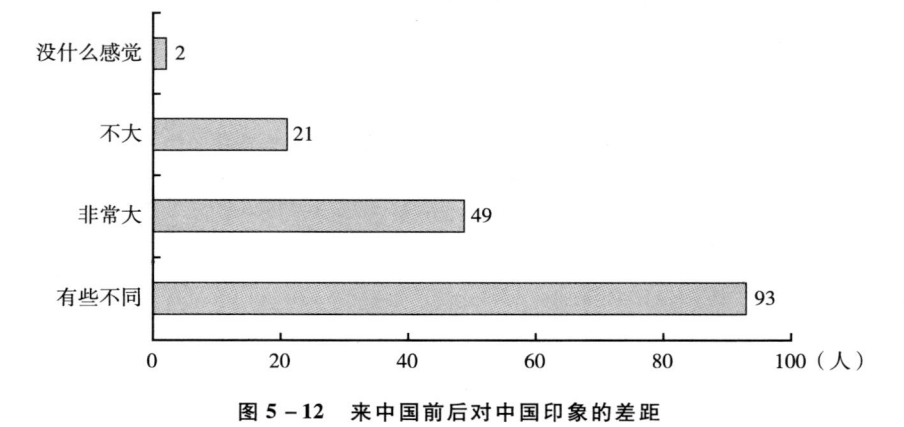

序号	a13 你来中国前后对中国印象差距大吗	计数(N)	构成比(%)	累计构成比(%)
1	有些不同	93	56.36	56.36
2	非常大	49	29.70	86.06
3	不大	21	12.73	98.79
4	没什么感觉	2	1.21	100.00

图 5-12 来中国前后对中国印象的差距

③造成和中国人交流的障碍

调查样本 a14 "造成你和中国人交流的障碍是什么",排前两位的为 "语言障碍" 87 人,占 52.73%;"其他" 30 人,占 18.18%(详见表 5-22、图 5-13)。

④了解中国文化的主要方式

调查样本 a15 "你了解中国文化的主要方式",排前两位的为 "其他" 50 人,占 30.30%;"中国老师介绍" 33 人,占 20.00%(详见表 5-23、图 5-14)。

表 5-22　造成和中国人交流的障碍

序号	a14 造成你和中国人交流的障碍是什么	计数(N)	构成比(%)	累计构成比(%)
1	语言障碍	87	52.73	52.73
2	其他	30	18.18	70.91
3	文化差异	23	13.94	84.85
4	缺乏交流的机会	15	9.09	93.94
5	害羞	10	6.06	100.00

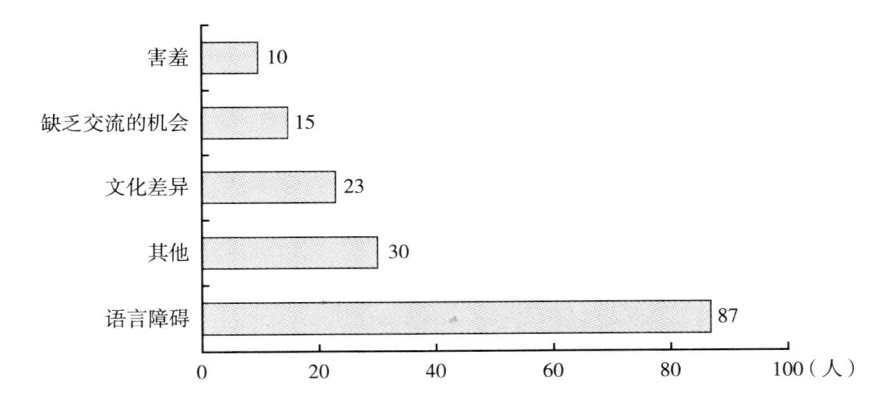

图 5-13　造成和中国人交流的障碍

表 5-23　了解中国文化的主要方式

序号	a15 你了解中国文化的主要方式	计数(N)	构成比(%)	累计构成比(%)
1	其他	50	30.30	30.30
2	中国老师介绍	33	20.00	50.30
3	网络	29	17.58	67.88
4	与中国人交流	23	13.94	81.82
5	书籍、报纸、杂志	18	10.91	92.73
6	旅游	8	4.85	97.58
7	中文影视、音乐	4	2.42	100.00

⑤平时浏览中文网页情况

调查样本 a16 "你平时浏览中文网页吗",排前两位的为"有时" 76 人,占 46.06%;"偶尔" 44 人,占 26.67% (详见表 5-24、图 5-15)。

图 5-14 了解中国文化的主要方式

- 中文影视、音乐 4
- 旅游 8
- 书籍、报纸、杂志 18
- 与中国人交流 23
- 网络 29
- 中国老师介绍 33
- 其他 50

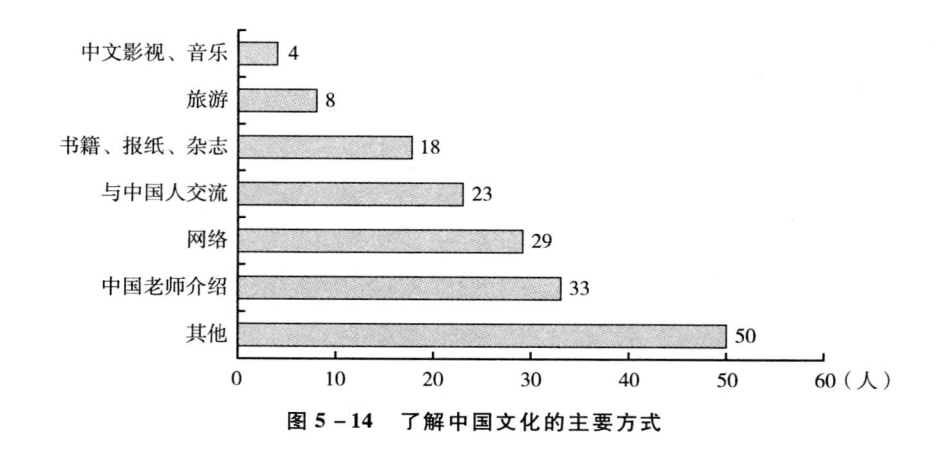

表 5-24 平时浏览中文网页情况

序号	a16 你平时浏览中文网页吗	计数（N）	构成比（%）	累计构成比（%）
1	有时	76	46.06	46.06
2	偶尔	44	26.67	72.73
3	经常	32	19.39	92.12
4	从不	13	7.88	100.00

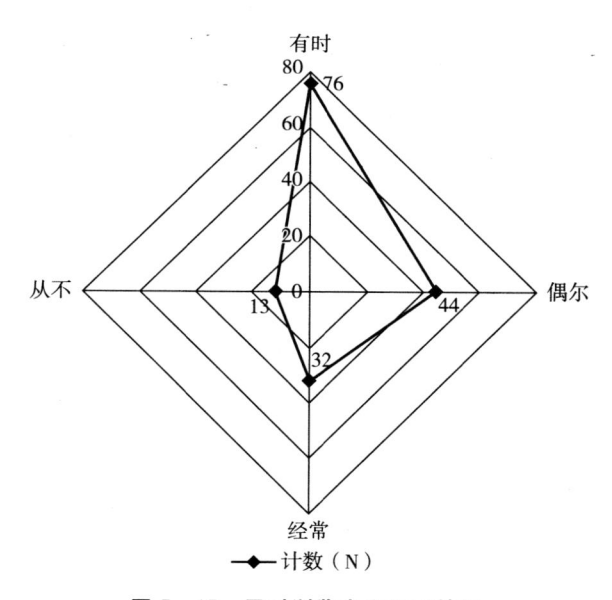

图 5-15 平时浏览中文网页情况

⑥对中国的形容（名词）

调查样本 a17"如果只能用一个名词来形容中国，你会选择什么"，排前两位的为"中国制造"51人，占30.91%；"熊猫故乡"34人，占20.61%（详见表5-25、图5-16）。

表 5-25 对中国的形容（名词）

序号	a17 如果只能用一个名词来形容中国你会选择什么	计数(N)	构成比(%)	累计构成比(%)
1	中国制造	51	30.91	30.91
2	熊猫故乡	34	20.61	51.52
3	中国功夫	32	19.39	70.91
4	人口第一大国	21	12.73	83.64
5	其他	20	12.12	95.76
6	共产主义、社会主义	7	4.24	100.00

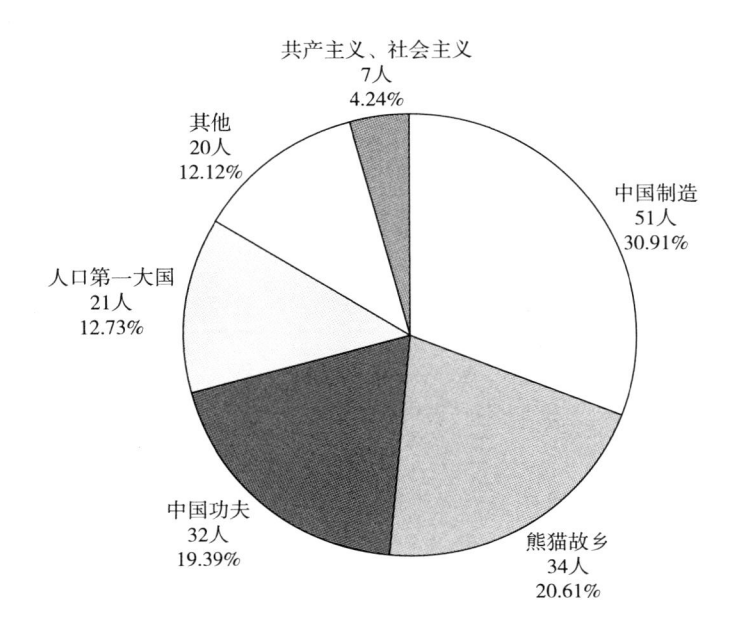

图 5-16 调查样本对中国的形容（名词）

⑦对中国的形容（形容词）

调查样本 a18 "如果只能用一个形容词来形容中国，你会选择什么"，排前两位的为"古老的"39 人，占 23.64%；"美丽的"39 人，占 23.64%（详见表 5-26、图 5-17）。

表 5-26 对中国的形容（形容词）

序号	a18 如果只能用一个形容词来形容中国你会选择什么	计数(N)	构成比(%)	累计构成比(%)
1	古老的	39	23.64	23.64
2	美丽的	39	23.64	47.28
3	快速发展的	32	19.39	66.67
4	神秘的	30	18.18	84.85
5	其 他	25	15.15	100.00

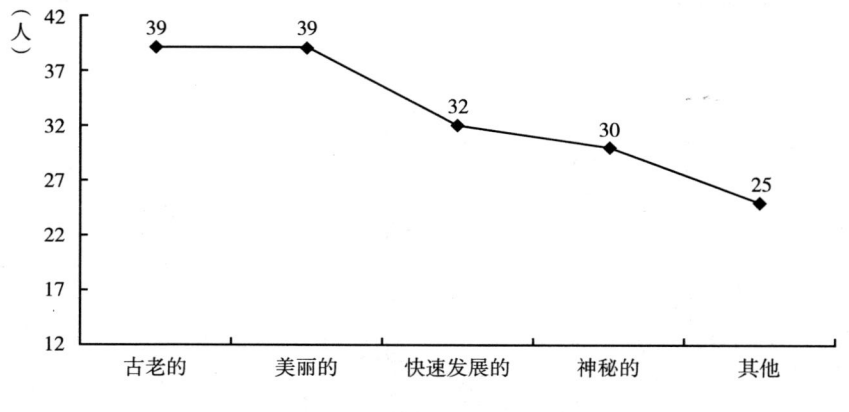

图 5-17 对中国的形容（形容词）

⑧最关注的中国信息

调查样本 a19 "你最关注下列关于中国的哪些信息"，排前两位的为"文化信息"60 人，占 36.36%；"其他"28 人，占 16.97%（详见表 5-27、图 5-18）。

表 5-27　最关注关于中国的哪些信息

序号	a19 你最关注下列关于中国的哪些信息	计数(N)	构成比(%)	累计构成比(%)
1	文化信息	60	36.36	36.36
2	其他	28	16.97	53.33
3	社会生活信息	26	15.76	69.09
4	教育信息	25	15.15	84.24
5	政治信息	14	8.48	92.73
6	经济信息	12	7.27	100.00

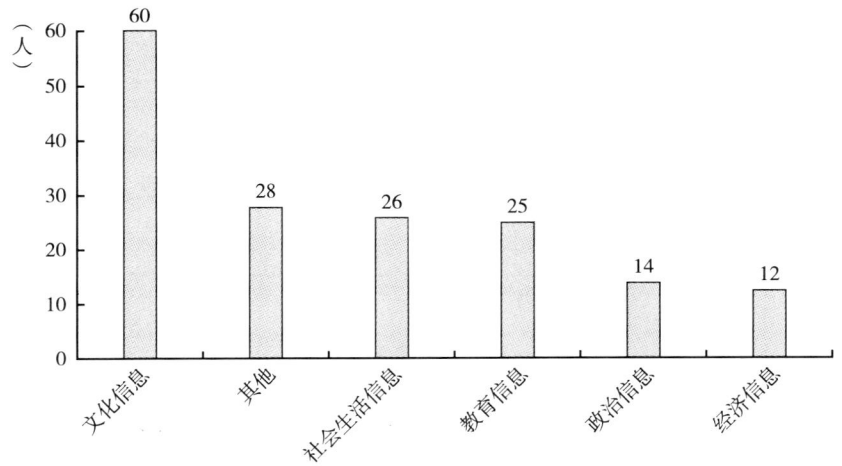

图 5-18　最关注关于中国的哪些信息

⑨最主要的中国精神

调查样本 a20 "你认为最主要的中国精神是什么"，排前两位的为"谦虚"39 人，占 23.64%；"其他"28 人，占 16.97%（详见表 5-28、图 5-19）。

表 5-28　最主要的中国精神

序号	a20 你认为最主要的中国精神是什么	计数(N)	构成比(%)	累计构成比(%)
1	谦虚	39	23.64	23.64
2	其他	28	16.97	40.61
3	自律	27	16.36	56.97
4	忠诚	20	12.12	69.09

续表

序号	a20 你认为最主要的中国精神是什么	计数(N)	构成比(%)	累计构成比(%)
5	勤劳	18	10.91	80.00
6	保守	17	10.30	90.30
7	顺从	11	6.67	96.97
8	孝道	5	3.03	100.00

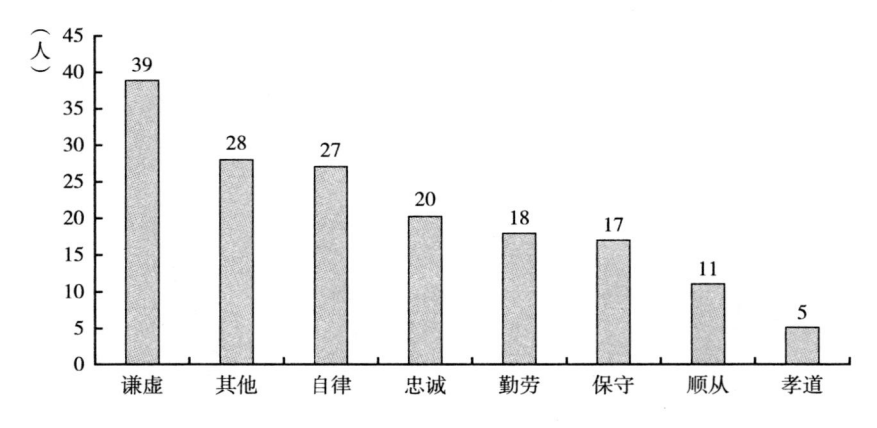

图 5-19　最主要的中国精神

⑩对哪些中国传统文化感兴趣或者有些了解

调查样本 a21 "你对哪些中国传统文化感兴趣或者有些了解",排前两位的为"书法"67 人,占 40.61%;"传统节日"55 人,占 33.33%(详见表 5-29、图 5-20)。

表 5-29　对哪些中国传统文化感兴趣或者有些了解

序号	你对哪些中国传统文化感兴趣或者有些了解	计数(N)	构成比(%)
1	书法	67	40.61
2	传统节日	55	33.33
3	民族音乐或乐器	43	26.06
4	古典诗词歌赋或小说	39	23.64
5	民族戏曲(如京剧)	36	21.82
6	建筑	36	21.82
7	国画	28	16.97
8	玉器或瓷器	25	15.15
9	其他	17	10.30

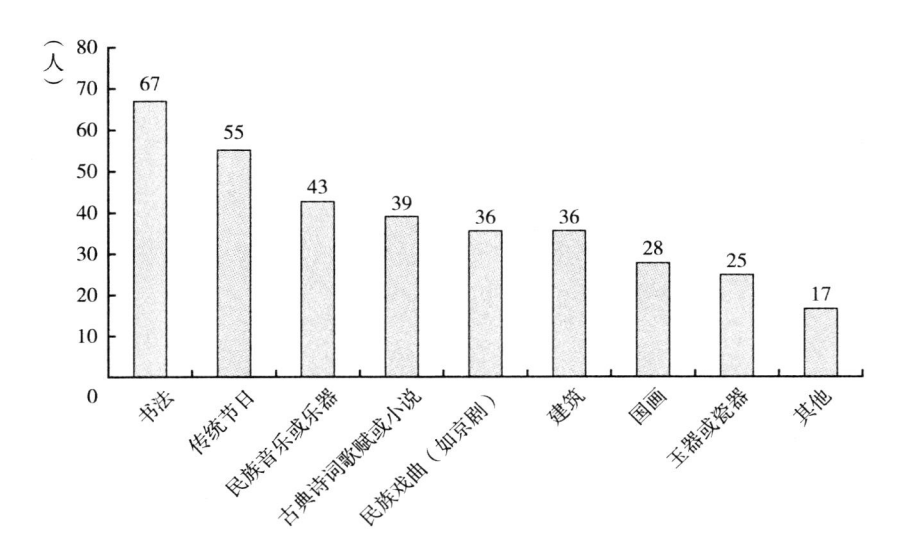

图 5-20 对哪些中国传统文化感兴趣或者有些了解

数据（人数）：书法 67，传统节日 55，民族音乐或乐器 43，古典诗词歌赋或小说 39，民族戏曲（如京剧）36，建筑 36，国画 28，玉器或瓷器 25，其他 17。

⑪熟悉的中国节日

调查样本 a22 "你熟悉的中国节日"，排前两位的"春节"129 人，占 78.18%；"中秋节"48 人，占 29.09%（详见表 5-30、图 5-21）。

表 5-30 熟悉的中国节日

序号	节 日	计数(N)	构成比(%)
1	春 节	129	78.18
2	中秋节	48	29.09
3	元宵节	40	24.24
4	端午节	32	19.39
5	七 夕	23	13.94
6	清明节	16	9.70

⑫是否认为中国文化对世界的影响大

调查样本 a23 "你认为中国文化对世界的影响力大吗"，排前

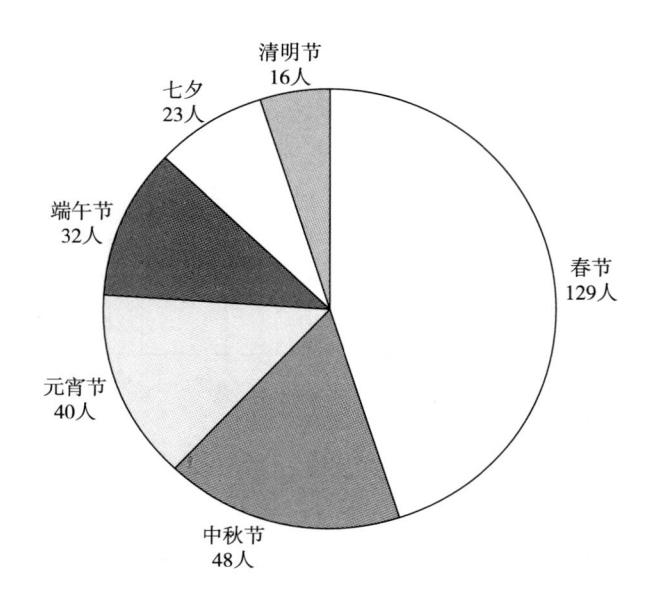

清明节 16人
七夕 23人
端午节 32人
元宵节 40人
中秋节 48人
春节 129人

图 5-21 熟悉的中国节日

两位的为"一般"67 人，占 40.61%；"巨大"65 人，占 39.39%（详见表 5-31、图 5-22）。

表 5-31 是否认为中国文化对世界的影响力大

序号	a23 你认为中国文化对世界的影响大吗	计数(N)	构成比(%)	累计构成比(%)
1	一般	67	40.61	40.61
2	巨大	65	39.39	80.00
3	不知道	18	10.91	90.91
4	没任何影响	15	9.09	100.00

⑬对中国文化未来的态度

调查样本 a24 "对中国文化的未来你觉得"，排前两位的是"很乐观"78 人，占 47.27%；"比较乐观"67 人，占 40.61%（详见表 5-32、图 5-23）。

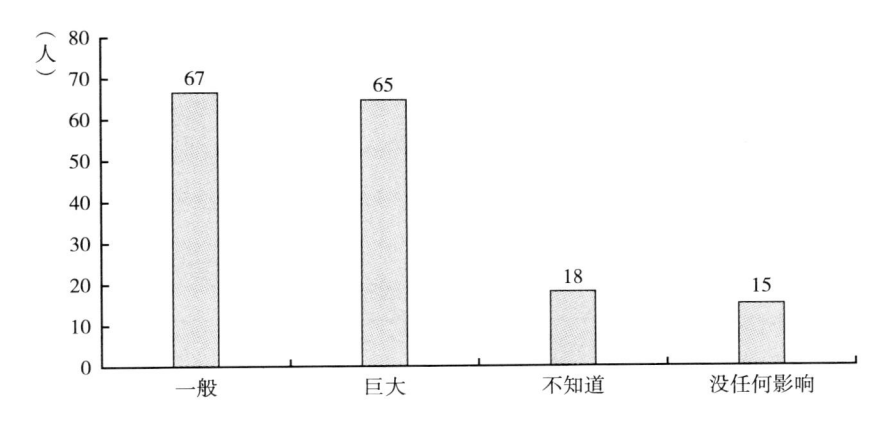

图 5-22 是否认为中国文化对世界的影响力大

表 5-32 对中国文化未来的态度

序号	a24 对中国文化的未来你觉得	计数(N)	构成比(%)	累计构成比(%)
1	很乐观	78	47.27	47.27
2	比较乐观	67	40.61	87.88
3	不乐观	10	6.06	93.94
4	其他	8	4.85	98.79
5	很悲观	2	1.21	100.00

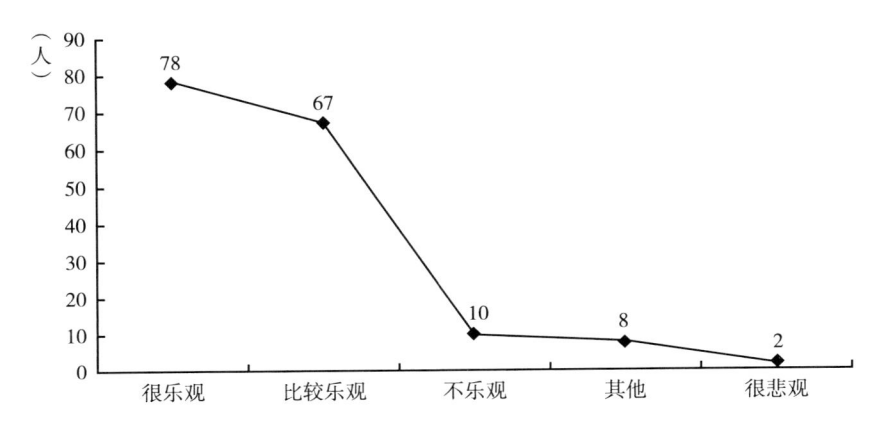

图 5-23 对中国文化未来的态度

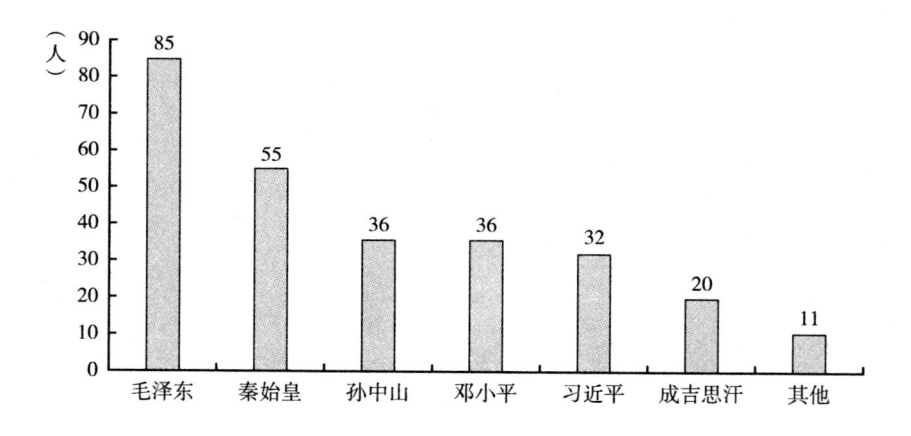

⑭熟悉的中国政治人物

调查样本 a25 "你熟悉的中国政治人物",排前两位的为"毛泽东"85 人,占 51.52%;"秦始皇"55 人,占 33.33%(详见表 5-33、图 5-24)。

表 5-33　熟悉的中国政治人物

序号	a25 你熟悉的中国政治人物	计数(N)	构成比(%)
1	毛泽东	85	51.52
2	秦始皇	55	33.33
3	孙中山	36	21.82
4	邓小平	36	21.82
5	习近平	32	19.39
6	成吉思汗	20	12.12
7	其　他	11	6.67

图 5-24　熟悉的中国政治人物

⑮最有好感的内容

在"中国人、中国文化、中国政府、其他"中,调查样本 a26

"你对哪个有好感",排名前两位的为"中国人"69人,占41.82%;"中国文化"57人,占34.55%(详见表5-34、图5-25)。

表5-34 最有好感的内容

序号	a26 你对哪个最有好感	计数(N)	构成比(%)	累计构成比(%)
1	中国人	69	41.82	41.82
2	中国文化	57	34.55	76.36
3	其他	30	18.18	94.55
4	中国政府	9	5.45	100.00

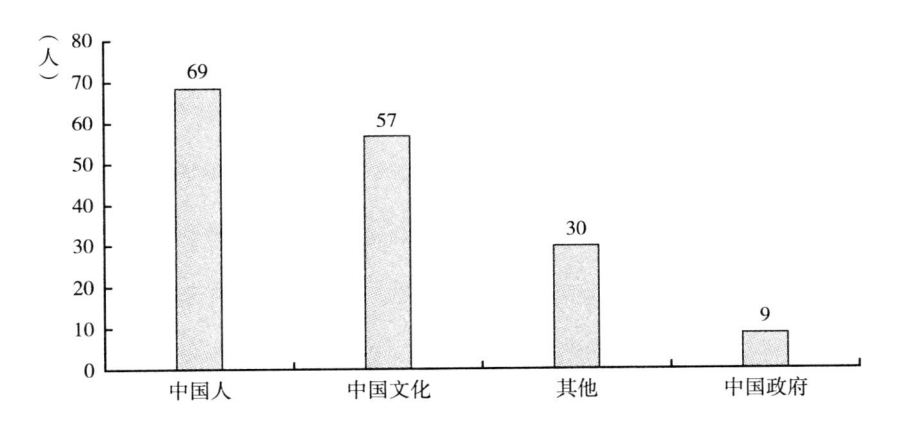

图5-25 最有好感的内容

⑯对中国历史事件的了解

调查样本a27"你了解下列哪些事件",排前两位的为"1949年新中国成立"75人,占45.45%;"文化大革命"47人,占28.48%(详见表5-35、图5-26)。

⑰对中国的感觉

调查样本a28"通过你在中国的留学,你觉得你对中国的感觉",排前两位的为"更积极,正面"123人,占74.55%;"没变化"15人,占9.09%(详见表5-36、图5-27)。

表 5－35　了解哪些事件

序号	你了解下列哪些事件	计数(N)	构成比(%)
1	1949年新中国成立	75	45.45
2	"文化大革命"	47	28.48
3	一国两制制度	40	24.24
4	改革开放	37	22.42
5	中国共产党第十八次代表大会	33	20.00

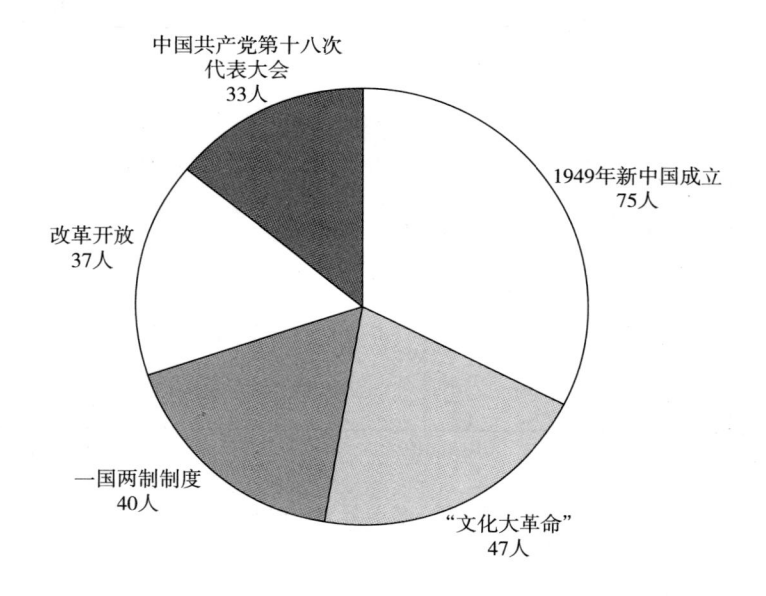

图 5－26　了解哪些事件

表 5－36　对中国的感觉

序号	a28 通过你在中国的留学，你觉得你对中国的感觉	计数(N)	构成比(%)	累计构成比(%)
1	更积极,正面	123	74.55	74.55
2	没变化	15	9.09	83.64
3	不知道	15	9.09	92.73
4	更消极	12	7.23	100.00

图 5-27 对中国的感觉

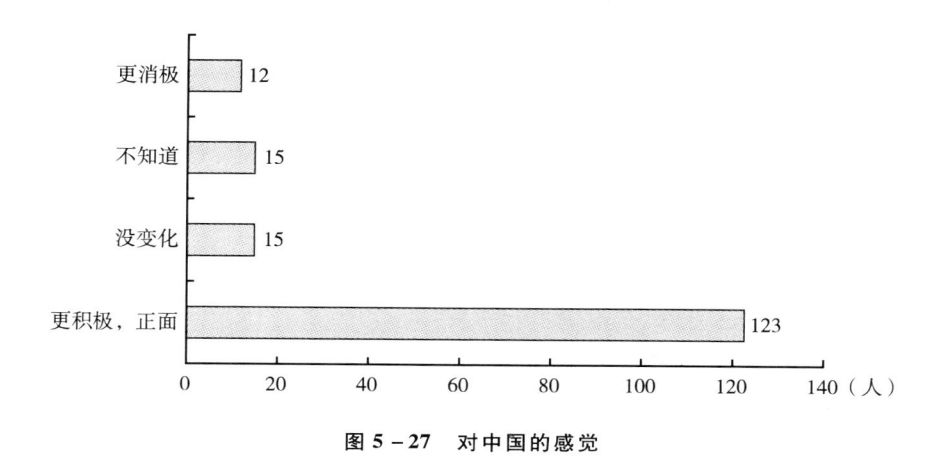

⑱学习中国文化对今后工作竞争力的影响

调查样本 a29 "你认为你在中国的留学经历可以让你在今后从事工作时更有竞争力吗",排前两位的为"完全同意"84 人,占 50.91%;"比较同意"49 人,占 29.70%(详见表 5-37、图 5-28)。

表 5-37 是否同意在今后从事工作时更有竞争力

序号	a29 你认为你在中国的留学经历可以让你在今后从事工作时更有竞争力吗	计数(N)	构成比(%)	累计构成比(%)
1	完全同意	84	50.91	50.91
2	比较同意	49	29.70	80.61
3	不置可否	22	13.33	93.94
4	不太同意	7	4.24	98.18
5	完全不同意	3	1.82	100.00

⑲对中国文化传播的建议

调查对象对中国文化传播的概括性建议有增强平民化及亲和

不太同意 完全不同意
7人 3人
4.2% 1.8%

不置可否
22人
13.3%

完全同意
84人
50.9%

比较同意
49人
29.7%

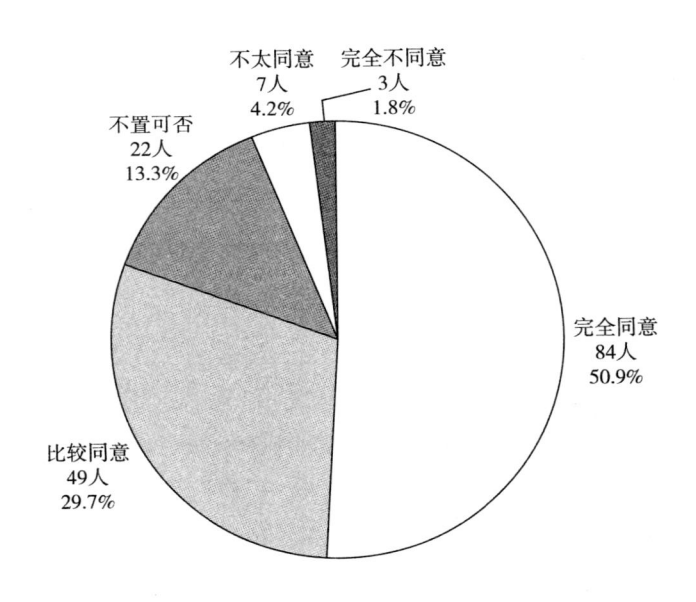

图 5-28 是否同意在今后从事工作时更有竞争力

力、加大宣传的多样性、提高中国文化的创新性以及与时俱进，等等。

具体的建议有：不要太官方；传播方式要多彩多样；多交流、多开展关于中国文化的活动；多些学习交流及旅游机会、多种多样的学习交流机会；发展高科技；改革；用更好的教育政策吸引更多的海外留学生；推进汉语教学；坚持自己的文化；讲课本太快要讲仔细，可以使用娱乐方式；让世界了解中国文化，促进国际化；通过媒体传播、学校促进中国文化传播；学习英语，提高英语水平来促进文化国际化；中国文化很有意思要加强对外宣传等。

5. 指标相关性分析

采用 Spearman 秩相关对指标间相关性进行分析，分析显示年龄同在华居住时间、学历、汉语水平成正相关（详见表 5-38）。

第五章 | 实证研究二：在华留学生对中国文化的认知

表 5-38 指标相关性分析

指标	a3 年龄	a4 在华居住时间	a7 学历	a8 汉语水平	a13 前后对中国印象差距大	a16 浏览中文网页	a23 中国文化对世界的影响	a24 对中国文化的未来你觉得	a28 对中国的感觉	a29 让你在今后从事工作时更有竞争力
a3 年龄	1.000									
a4 在华居住时间	0.266**	1.000								
a7 学历	0.247**	0.287**	1.000							
a8 汉语水平	0.333**	0.361**	0.197*	1.000						
a13 前后对中国印象差距大	0.020	-0.090	-0.090	0.061	1.000					
a16 浏览中文网页	0.054	-0.123	0.042	0.271**	0.097	1.000				
a23 中国文化对世界的影响	-0.037	-0.174*	-0.034	0.178*	0.318**	0.191*	1.000			
a24 对中国文化的未来你觉得	0.121	-0.145	-0.035	0.139	0.197*	0.202**	0.190*	1.000		
a28 对中国的感觉	-0.137	-0.080	0.114	0.147	0.071	0.026	0.185*	0.048	1.000	
a29 让你在今后从事工作时更有竞争力	0.131	0.009	0.007	0.026	0.160*	0.046	0.192**	0.262**	0.164*	1.000

说明：* 表示 $p<0.05$，** 表示 $p<0.01$。

二 在华留学生对中国文化的认知情况

（一）基本数据分析

1. 外国留学生到中国留学的目的大部分是由于受到中国文化的吸引（43.03%），同时他们愿意更多地了解中国传统文化（58.18%）。通过在中国的生活，他们对中国的印象发生了很大的变化（86.06%），其中，变得更为积极的占绝大多数（74.55%）。

2. 外国留学生认为造成和中国人交流的主要障碍是语言障碍（52.73%），而不是文化的差异（13.94%）。他们了解中国文化的主要方式为中国老师介绍（20%），他们较少通过互联网了解中国文化（17.58%），大部分学生只是有时浏览一下中文网页。

3. 如果只能用一个名词来形容中国，相当部分留学生（30.91%）选择了"中国制造"；如果只能用一个形容词来形容中国，相当部分留学生（23.64%）选择了"古老的"。有相当部分学生更加关注中国的"文化信息"（36.36%），他们最了解的中国传统文化为"中国书法"（40.61%）。

4. 对中国文化的现状和未来的总体认同程度：39.39%的留学生认为中国文化对世界的影响是巨大的；对中国文化的未来，87.88%的留学生持乐观态度。

5. 留学生最熟悉的我国政治人物是毛泽东（51.52%）。他们对中国人最有好感的占41.82%，对中国文化最有好感的占34.55%。他们最了解的当代中国政治事件为1949年新中国成立。

6. 超过一半的留学生认为通过在中国的学习，将会使他们今后从事工作更具有竞争力。

（二）基于数据分析的基本结论

通过上述数据分析，我们可以得出以下结论。

1. 在华留学生非常认可中国文化，对中国传统文化的未来也很有信心。

2. 在华留学生更关注中国的文化信息，而对政治信息则不太感兴趣。同时，他们对于"中国政府"的好感度很低（5.45%）。由此可见，中西方意识形态的隔阂并没有完全消失，留学生对我国政治、政体还是有一定抵触情绪的。因此，我们应该加强非官方的民间交流活动的力度和提高成效。

3. 中国文化对留学生的影响还停留在物质层面（表层），停留在传统文化层面，大部分留学生提到中国首先想到的还是"中国制造"和"古老的"，而不是中国的当代文化。这表明，建立和传播当代中国的社会主义核心价值观显得十分重要和迫切。

4. 应当加强对对外汉语教师的培训，特别是在政治敏感度方面的教育，因为他们是留学生接触中国文化的最主要途径。

第六章

文化的超越与转型

在梳理和思考中西文化交流的历史和理论问题时,难以绕过或越过这样一个问题:西方文化之所以后来强势发展,除了因其以资本主义现代工业和科技为基础、以资本主义生产关系为依托这些根本性条件之外,还有一个文化本身的发展和创造活力的问题。从历史经验看,一种文化的稳定性是使其能在历史变动中得以延续并由此闻名于世、屹立于世的主要条件。同样的,一种文化如果不能与时俱进,不断超越自己,也难以获得发展的活力和动力。从本书前述关于中西文化交流的历史以及当代中西文化交流的实践中可以看出,近代以来,中西文化交流中西方文化始终处于进攻的态势,中国文化一直处于应对的状态;虽然双方势均力敌,但中国文化从现状来看依然没有胜利的把握。这里不是一个信心(即文化自信)问题,也不是信念(即社会主义优于资本主义的道路自信)问题,而是要创造一种崭新的中国文化。这种崭新的文化是以先进的马克思主义意识形态为指导和统摄,以中国优秀传统文化为基础,汲取西方资本主义文化中的优秀成果且结合最新的社会主义实践而最终形成的一种新型文化。一旦这种新文化形成,在西方人眼中的中国文化,既不会是僵化的马克思主义的教条式文化,也不是说起来总是冠以古老名称而实则保守的文化，更不是中国式的资本主义文化，而是既充满活力又有坚实基础的中国特色社会主义文化。

全面系统地论述中国特色社会主义文化不是本书的任务，也不是笔者一人所能完成的任务。本书从中西文化交流的角度论述这个问题，主要是从文化超越、文化转型的历史经验中获得某些启发，进而对中国特色社会主义文化的构建提出若干设想和建议。

一 文化超越

（一）关于超越的理论

1. 西方哲学中有关超越的认识

超越（transcendental）的本意简言之就是先验，这是来源于康德认识论中的一个概念。康德在《纯粹理性批判》一书中把超越界定为某种先验的、先乎经验而有的东西。[①] 后来，人们在运用这一概念时已不再局限于认识论，而更多地运用到价值论上，如方东美曾指出："'超越'是一种哲学境界，它能突破一切现实的缺点，超脱理想的境界……一切理想的境界乃是高度真相含藏之高度价值。"[②]

在西方，理性与超越一直是其文化的核心本质。古希腊哲学自产生之日起就表现出超出现存世界的超越指向，并在历史发展中形成了自己独特的超越理论，其根本目的就是对现有世界进行解释。古希腊哲学的终极追求是无限的超越存在，而不是有限的自然或对象的存在，这使得在哲学视域中的超越表现为有限存在的规定与无

[①] 康德：《纯粹理性批判》，人民文学出版社，1987，第114页。
[②] 方东美：《原始儒家道家哲学》，黎明文化出版社，1983，第16页。

限存在的本质的关系。本原论哲学家泰勒斯以萌芽的形式表达了哲学对无限存在的本质的终极追求。随后，哲学的超越理论被柏拉图进一步发展，柏拉图的理论实现了哲学对世界的二分，即抽象的本体世界、具体的现象世界，进而确立了抽象的本体世界对具体的现象世界的超越地位，这一理念从哲学角度把对超越存在的探讨进一步引向抽象的概念领域。柏拉图以现象世界的有限存在为基本参照物，运用否定的方式进行推导，进而得出无限的超越存在的本质内涵，最终得以从理性的角度对无限的超越存在进行界定。因此，无论是泰勒斯还是柏拉图，他们关于超越存在的理论问题的结论都缺乏必要的理论论证，而仅仅是凭借理论猜测来确立其论点。

西方古典哲学一般把世界分为有限的具体存在和无限的超越存在两个部分，这种超越理论试图通过本体论的方式确立无限的超越存在，再以知识论的方式寻找有限存在通向无限存在的认知之路，并据此确立无限存在的超越地位。但这其中又有其理论自身无法克服的理论困境，即无法从客观的角度确认无限的超越存在，也无法保证人的认知水平/能力一定能够抵达这种所谓的"无限存在"。传统哲学理论以"有限"的规定为起点，其终极目的是通过这种"有限"来达到并超越最终的"无限存在"，这一无限的存在只能等同于概念的"本体"。可以说，西方传统哲学的超越理论是奠基在无限性规定之上的。

2. 马克思主义关于超越的理解

如果说对超越的有限性的自觉认识是西方古典哲学尚未实现的一个目标，其一直陶醉于对绝对存在的憧憬和追求的话，那么，与此相对，马克思主义哲学放弃对无限的超越存在的终极追求，形成了以改造世界为己任的实践论的超越理论。

马克思主义哲学关于超越的理解即"实践的超越理论"。马克思主义视野中的人不再仅仅是认识超越存在的单纯工具，而是现实的拥有特定生存环境和生活方式的个人，这种现实的个人能够超越其主体。正如马克思所指出的："全部人类历史的第一个前提无疑是有生命的个人的存在。因此，第一个需要确认的事实就是这些个人的肉体组织以及由此产生的个人对其他自然的关系。"① 在个体与社会的关系中，个体不可能仅停留于对外在世界感性、直观的简单认知上，为了自身的生存与发展，其必然要对外在世界进行改造。以往的西方哲学理念，包括费尔巴哈的哲学都没有意识到在对外在世界的改造过程中个体实践活动的重要性，导致他们往往把个体的活动等同为单纯的认知行为，而个体不过是一种实现超越存在的工具，他们没有认识到只有人才是超越活动的真正主体。马克思否定了这种对绝对的超越存在的终极追求，而把超越看成是人的个体的超越，并且与其所处的特定社会的历史条件不可割裂，必须表现出有限的特征。为此，马克思从有限超越的角度出发否定了已往哲学家的绝对超越存在的理论，从而以实践论为基础，沟通人与自然（社会）、有限与无限的二元对立，在特定的社会历史条件下，在改造有限存在的同时也体现人的内在对无限超越的追求。马克思曾经明确指出："整个所谓世界历史不外是人通过人的劳动而诞生的过程，是自然界对人来说的生成过程。"② 从这段话中我们不难看出，在马克思看来，超越是一种现实个人的有限超越，他否认对"超越存在"的终极追求，主张应以"超越的活动"取而代之。马克思还说："共产主义对我们来说不是应当确立的状况，不是现实应当与之相适应的理想。我们所称为共产主义的是那种消灭现存状况的现实的运动。这个运动的条件是由现有的前提产生的。"③ 从这个

---

① 《马克思恩格斯文集》第1卷，人民出版社，2009，第519页。
② 《马克思恩格斯文集》第1卷，人民出版社，2009，第196页。
③ 《马克思恩格斯文集》第1卷，人民出版社，2009，第539页。

意义上来说,马克思主义的超越理论的重要意义不在于对某种绝对超越的存在的否定,而在于通过实践的"超越活动"确认人本身的超越地位,在有限的超越活动中不放弃对内在无限超越的追求,从而实现人的自由解放和全面发展。

根据以上论断,我们可以从以下实践的角度来理解关于超越的问题。

从实践的定位及其条件看,工具属性是实践活动的特性之一,它改造了个体与外界的关系,使个体自由自觉的类本性得以确认。马克思认为:"通过实践创造对象世界,改造无机界,人证明自己是有意识的类存在物,就是说是这样一种存在物,它把类看做自己的本质,或者说把自身看做类存在物。"① 通过对对象世界改造的实践活动而确认个体的自由自觉的类本性,从而证实实践活动是人的一种生存活动,其本身只是为人服务的手段,而并不体现为人的目的。当然,如果我们仅仅局限于上述对马克思主义实践观的理解,那么这种实践观仍然是一种工具论。

从实践与主体其他活动的关系看,实践与人的其他活动之间的关系是协调统一的关系,而不是单纯的决定和被决定的关系。人的超越活动可以采取实践方式,并不必然否定其他诸如认识和审美等超越方式。马克思主义对于实践超越方式的探讨并没有结束对超越问题的探讨,而是使超越不再表现为单一形式的超越。实践活动通常包括主体的认识活动和审美活动,表现为人的多种活动的辩证统一,不能单纯将其理解为与认识、审美活动分离的独立活动。因此,实践不是以往本体论哲学意义上的本体范畴,实践与人的其他活动的关系不表现为本体与现象的线性决定关系,而是表现为以实践为基础的辩证统一关系。

---

① 《马克思恩格斯文集》第 1 卷,人民出版社,2009,第 162 页。

从实践活动的结果看,实践只能揭示出有限存在向无限存在的无限接近趋势,但无法彻底达到无限存在。同传统的哲学理念不同,马克思主义所主张的实践放弃对无限的超越存在的终极追求,开始把有限存在作为哲学改造的主要对象,明确改造有限存在对改善人的生存和发展的现实意义,从而真正确立人的超越主体地位,坚持人是目的的实践原则。从这个意义上来说,马克思主义放弃对超越存在的抽象追求,把超越追求的目标指向对现存状况的实践改造,从而把超越追求的对象落到了人们现实生活的实践之中。

(二)关于文化超越的理论和实践

1. 关于文化超越的理论分析

关于"超越"这一理念,我们可以从静态(名词)和动态(动词)两个角度来理解。从名词的意义上看,超越是一种非现实性的存在,与可感的、有形的、有限的具体事物相对立,即凌驾于具体事物之上的一种实体性存在,也就是指上帝、神及人的精神;从动词的意义上来看,超越即是创造,即把潜在转变为现实,把不可能转变成可能,甚至从无中生出有来。有学者指出:"超越一般有以下几点含义:一是指超感觉的、无形的东西,与感觉、个体相对;二是指无限的东西,与有限相对;三是指在先。这一点需要详加说明,通常把'在先'分为逻辑上在先与时间上在先。逻辑上在先指作为逻辑基础的东西,即理由或根据,这种意义下的超越者是超时空的,但它是时空中现实具体物的逻辑基础。时间上在先指按时间顺序而言是在先的东西,它不是现实的东西的逻辑基础,仅是从时间上说,它先在于后面的东西,它本身也在时间之中,而不是超时间的。"① 在这里,前两点就是名词意义上的

---

① 张世英:《论超越》,《北京社会科学》1993年第12期。

超越，第三点是动词意义上的超越，这里的"在"是动词，即存在的意思。

首先，从静态（名词）的角度看，要寻找纯粹的完全脱离现实性的"超越"是不可能的。现实中人们的宗教信仰，如神或者上帝，不过是人的本质力量的对象化或外化，是人的观念的产物，费尔巴哈早已论证了这一点。作为观念性的精神存在并不能脱离感性的具体的人而存在，即使它是无形的，所以，现存的任何超越性的存在都不过是人的超越性活动的产物。

其次，从动态（动词）的角度看，超越即是对现实的批判和否定，这一点也是超越的本质。所谓的超越性和现实性应该是立足现实而又跨越现实，从而创造出一种现实中没有的状况。超越现实就是不满足于现状而创造出一种可能性空间，并在其中创造现实的存在。新的现实与原有的现实存在着区别，这种区别就在于新的现实包容了原有的现实，是扬弃，从而为超越的主体提供了新的可能性和现实性。

最后，超越的主体是文化的人，只有这样的人才是真正的超越性的存在，也只有这样的人的活动才是真正的超越性的活动。这点既不同于人们所信仰的上帝、神，也不同于动物，因为它们都不能从事真正的超越性的活动。唯一的真正超越性的存在是只有人类才能做到的，而超越在本质上是对现实的批判与否定，是扬弃，因而超越便与辩证法的核心是同质的（辩证法的核心内容为事物的矛盾运动导致的否定之否定，即扬弃）。在针对人的活动来谈辩证法时，马克思明确指出："辩证法，在其合理形态上，引起资产阶级及其空论主义的代言人的恼怒和恐怖，因为辩证法在对现存事物的肯定的理解中同时包含对现存事物的否定的理解，即对现存事物的必然灭亡的理解；辩证法对每一种既成的形式都是从不断的运动中，因而也是从它的暂时性方面去理解；辩证法不崇拜任何东西，按其本质来说，它是批判的和革命的。"① 马克思在这里既肯定辩证法是事物运动、变化与发展的普遍规律，也突出了其批判性和革命性，从这一角度来看，批判的、革命的历史辩证法，便与批判的、否定的超越活动是同义的了。真正的超越性的存在是人，真正的超越性活动的主体也是人，因而辩证法在现实意义上也是人的辩证法、历史的辩证法。因此，我们说超越即批判和否定，与辩证法意义上的扬弃是同义的，这也就意味着，超越是在继承基础上的批判和否定，而不是那种失去连续性、令人无法把握的"纯粹"否定。继承就是文化基因的保存，批判和否定则是文化基因的变异。

从文化的角度看，人是唯一真正的超越性的存在，人的活动是唯一真正的超越性活动，而文化是人的存在方式，从而也就决定了文化本质上具有超越性。对文化的超越性的解读也就是对人的超越性的解读。

文化的超越性与人自身的需求不可分割，恩格斯在马克思墓前的讲话中指出，人首先要吃、喝、住、穿，然后才能从事政治、科学、艺术、宗教等活动，这突出地表现了唯物史观最初的出发点和基石，从而也潜在地指出了生产力对文化的决定作用。在人们满足了最基本的生存需求后，在此基础上人们又会产生新的需求。美国心理学家马斯洛曾把人的需求划分为五大类，即生存的需求、安全的需求、尊重的需求、爱的需求和自我实现的需求。这些需求的满足方式不同于动物需求的满足方式，对于人类而言，无论是低级还是高级需求的满足，都将以文化的方式表现出来。

从主体的意义上说，文化的超越性就是人的自我完善，是真正自然的人与人化自然的统一。超越就是批判和创新。文化的批判和创新就是舍弃文化中那些不合理的要素，引进或创造新的要素，是

---

① 《马克思恩格斯文集》第5卷，人民出版社，2009，第22页。

文化要素结构和程序的重组，也是核心价值取向的批判与创新。这种批判与创新的过程不是空洞的，它是以人的感性活动、感性实践即具体的现实的人的生存和发展状况体现出来的。这其实就是一种人的自我完善，它的超越指向必然是真、善、美的，是精神上高度自由的境界。从某种意义上来讲，这种境界也就是康德所讲的"绝对的道德世界"。而文化超越的过程就是通过对相对伦理的不断扬弃而日益趋向绝对伦理的过程，马克思主义实践论为这一超越的过程找到了实践的立足点，并以实践对其做了注解，从而剔除了其中的神秘性。

按照不同的标准，可以划分出许多具体的文化，也可以谈论对这些具体文化的超越问题。有学者把文化划分为神话、艺术、宗教、伦理、科学和哲学等方面，提出文化的超越性在这几个方面有不同的表现："神话是对自然界的超越，宗教是对世俗世界的超越，艺术是对无情世界的超越，伦理是对个体世界的超越，科学是对经验世界的超越，哲学是对有限世界的超越。"[①] 当然，这其中的每种文化形式都不同程度地涵盖了真、善、美的因素，都在不同程度上以不同方式趋向一个自由的境界。

2. 普世价值观的实践分析

普世主义（cosmopolitanism）是由晚期希腊斯多葛学派提出的，这个概念在当代引起诸多争论，在实践中也表现出对立和冲突，有必要在论述文化超越问题时作为典型案例加以分析。普世主义的核心观点是：所有的人不论其政治立场、道德规范、经济背景和文化传统如何，都属于一个共同体（a single community），而这样的一个共同体是应该可以被文明教化的（be cultivated）。普世主义本质上是一种理性主义，它提出了一种认识和道德准则，并相信

---

① 孙正聿：《超越意识》，吉林教育出版社，2001，第162页。

这个准则是放之四海而皆准的。提出普世主义的斯多葛学派还提出了"universal logos"（普遍的逻各斯）这一概念，这也是普世主义的存在论基础，它认为"理性存在于人和神之中，人和神的第一共同特性是理性"。

在当今经济全球化的背景下，有人提出普世主义，这是指世界上是否存在一种适用于一切时代和一切人的、具有普遍适用性的价值体系，即该价值体系能否在全球范围内形成超越所有民族和国家之特殊局限性的普世文化。如果仅从认识论出发点来看，提出这种想法和相似观点无可厚非，但问题是，在今天的实践中，普世主义价值观已经远远偏离了其原始意义，其突出表现是：西方主要资本主义国家竭力甚至强制性地在当今全球范围内推销其价值观，即把西方的自由、民主、人权、平等等价值观等同于普世价值观，这具有极大的狭隘性。也就是说，倡导普世主义在实践中成了西方推销其意识形态的主要手段与途径。而本书所谈的文化超越是指以超越的意识来看待问题的方式，把解决问题和看待世界的角度提高到"天下观"的角度，超越各自文化的表层现象，着眼于从核心的价值观、意识形态等方面进行融汇，以一种理性的态度进行文化的调和、取舍和重组转型，从而产生一种新型的文化。这种超越理论相对于西方当代所谓的"普世价值"理论，范围更广泛，内涵更深刻。

二 文化转型

（一）文化转型的理论思考

1. 文化超越与文化转型的关系

文化超越是目标，文化转型是过程。文化超越是要经过漫长的过程才能实现的，这个过程就是文化转型。

事实上，任何社会变迁都不是在短暂的时间内完成的，都是在原有社会的框架内逐步转化而成的。文化作为一个很难把握的事物发展过程，广泛存在于社会的方方面面，特别是长期存在于人们的观念和行为中，人们不可能很快抛弃旧文化换成新文化。何况新文化是什么，也需要探索、实践。所以，研究文化超越问题，必须把重点放在文化转型问题上。

我国当前正经历着一场深刻的社会变革，即由传统的计划经济社会向市场经济社会转型。这场深层次、全方位的社会转型，不仅体现在物质结构和政治制度的变革上，更体现在深层次的文化转型和文化重建上。文化转型是指文化模式或文化类型的更替特别是文化观念的转变，一般指原有的主导性文化模式被另外一种主导性文化模式所取代，即实现作为文化模式核心的价值体系的根本性转换。这种转换要比政治、经济等社会外在形式的转变慢得多，当然也复杂得多，需要在理论上深入思考，在实践中努力探索。

2. 文化转型的原因

人们普遍认为文化转型是由文化危机导致的，二者存在因果联系，所以二者在动力上有着共同点。文化危机的根本原因在于文化的超越性与自在性之间的矛盾，这种矛盾体现为个体和群体、个体与文化模式之间的矛盾。人是从自然中分化出来的一种存在，其具有其他存在所不具有的主体性，这个主体性应该是"神性"与"自在性"的统一。所谓的"神性"就是指绝对的自由、创造性和目的性，是绝对的完满和统一，超越了有限而达到了无限和永恒。从本质上来讲，这种"神性"是理想化的人性的对外投射，是对永恒和绝对完满的内在渴望的外化；而"自在性"是指因果有限性、不完满性和偶然性。人的"自在性"源自人是自然的产物，它是自己创造自己生活的创造物，成为它所属的世界的主体，它向往自由和完满，能够超越和创造，因此，它又具有了"神性"。现实中真正的人就是"神性"与"自在性"的统一。这两种对立的特性集中在人身上，所以人必然处于分裂的状态之中：它不满足于自然的自在同一，因为人的生成就在于对自然性的超越，但是它又无法完全摆脱自然而达到完满。

同样，在人与文化的关系中也体现了这种矛盾。文化体现了人的活动的自由本性，表现了人对自由的超越，但人又受到文化的束缚。每一种具体的文化创造都表现了人的"神性"，但这种创造又是不完满的，必定为以后的文化创造所超越，这种创造和超越是一个无限循环的过程。只要人存在一天，它就必须处于这种悲剧性的境地，当然也正是由于这个矛盾，人才有了自我超越和创造的可能。

人深层的本质生存结构的矛盾，即超越性和自在性的矛盾，是通过自觉文化和自在文化的矛盾体现出来的。文化模式的转型是由自觉文化与自在文化的矛盾互动所推动的。自在文化是指以传统、习俗、经验常识、天然情感等自在的因素所构成的人的自在的存在方式，这种自在文化主要是经验的传承与积累，缺乏创造性；而自觉文化是指集中体现在科学、艺术、哲学等精神领域或生产中的以自觉的知识或自觉的思维方式为背景的人的自觉的存在方式。这种自觉文化是理性的自觉与创造，创造性、创新性是其特点，而自在文化则对应了人的自在性和给定性。

这种自觉文化和自在文化同处于一个文化模式之中，二者相互作用，共同推动文化模式的变迁。首先创新的是社会活动，其往往以科学、哲学等自觉的理性文化为指导而展开。也就是说，自觉文化给社会主体以启蒙，促进社会主体主动地进行创新性的改造社会的活动；自在文化往往具有保守性，它规约着社会主体进行着重复性、经验性的活动。其次，自觉文化往往对自在文化进行批判，批判其保守性，而自在文化则力图消解文化的创造性。一般情况下，这两种文化精神的冲突往往导致文化的变迁，传统的自在性的文化模式会被一种新的自觉性的文化模式取代。不过，当自觉性的文化模式替代了旧有的自在性的文化模式之后，它也会成为一种重复性的自在性的文化模式，它肯定要被新的自觉性的文化模式取代，从而使得文化模式的变迁表现为一个无限的永不停止的过程。

3. 文化转型的模式

由于文化危机是文化转型的前提基础，而文化危机又分为内源性危机和外源性危机，因此，文化转型也有了两种模式，即文化模式内在创造性转化和文化模式外在批判性重建。

①文化模式内在创造性转化

当一种文化内部的自觉文化成分和自在文化成分处于一种合适的矛盾状况时，也就是说自觉文化能够强大到足以对自在文化的保守性进行批判，从而以对社会主体进行启蒙的形式表现出来并积极推动社会主体进行创造性的实践活动，而自在文化的保守性并不能消解自觉文化的超越性时，那么，在这种情况下，文化内部新生成的积极的创造性的文化精神、价值观念就会逐渐成为主导性的文化精神、价值观念，这就实现了文化自身的创新。例如，通过文艺复兴、宗教改革，西方国家完成了由农业文明的文化模式向现代工业文明的文化模式的转化，这就是内在创造性转化。

②文化模式外在批判性重建

当一种文化模式内部自觉文化不够强大，自觉文化又不足以消解自在文化的保守性时，广大的社会主体都受制于自在文化的束缚。少数文化精英的新文化因素的启蒙不足以推动整个社会主体进行创造性的实践活动，整个文化表现为超稳定的结构，尤其是文化精英往往会极力维护传统的自在文化，使得新的创造性的文化因素难以在文化内部生长，这时就必须借助外来文化的冲击，使得旧有的文化模式陷入深刻的危机。新的文化因素作为输入性文化因素，会在旧有的文化模式内生长。通过外来文化因素和内在文化因素的融合生长，逐渐实现文化模式的转型，这种文化模式的转型就是外在批判性重建。

文化模式外在批判性重建往往要付出沉重的代价，中国由传统的农业文化向现代工业文化的转型就是典型的例子，16~18世纪中西文化交流的历史也很形象地反映了这一特点。明末清初，中国社会内部出现了资本主义文化的萌芽，但当时中国传统的农耕文化非常强大，资本主义文化因素不可能依靠自身的力量在中国发展壮大，于是资本主义文化便借助于殖民主义的侵略扩张强行输入中国，客观上推动了中国文化的转型。当然，中国文化的转型是一个很大的题目，不能仅仅从这个历史片断中得到简单的注解。直到今天，中国仍需要文化转型，这在后文会详细讨论。

（二）历史上的文化转型案例分析

1. 佛教的中国化历程

"中国化"一词用得很多了，我们可以简单地把"中国化"理解为对外来文化进行中国本土语境的解读和践行。具体来说，"中国化"是使外来文化通过中华文化的形式表现出来，使之具有中国特色，融入中华民族的文化发展之中，具备国人所能理解和接受的形态，成为国人思维方式的一部分，并在国人的行为方式中表现出来。"中国化"的过程是两种文化的优秀基因相结合，其成果是一种新型文化的产生，其实质是对外来文化的中国式改造。

佛教作为一种外来文化，能够在中国树立其不拔的根基并且对中国传统文化产生极其深远的影响，这一现象在中国文化史乃至世界文化史中都是独一无二的现象。纵观世界文化交流史，文化的传播与交流无不伴随着各个文化集团的扩张与侵略，运用暴力和战争为柔性的文化形态开拓生存领域可以说是一种常态。而外来的佛教则与中国本土文化相互借鉴、交融，直至取得你中有我、我中有你的中国化成果，和平友好的氛围始终是这种交汇行为的主流。佛教的中国化历程充分体现了文化交流中的"超越"与"转型"这一客观历史趋势。这一历史进程不仅表明了佛教作为一种外来文化向中国本土文化主动靠拢所达到的成就,更表明了中国文化容纳吞吐异质异域文化的宽广博大的胸怀。

佛教在中国传播经历了一个渐进、漫长的历史过程,其中也不乏同中国传统文化之间的碰撞、冲突。因为,"中国本身已经拥有了一个相当强大的文明,有自己的典籍,还有一个历经时间考验的传统"。① 佛教既然能够为中国传统文化所接受,必然在其教义中有与中国传统文化相契合之处。正如马克思所讲的:"理论在一个国家实现的程度,总是取决于理论满足这个国家的需要的程度。"② 但佛教毕竟是起源于印度的一种宗教,其产生的文化传统及社会背景、教义及修行方式都与中国传统文化有着根本性区别。而佛教带着这些差别最终能够为国人所接受,其教义和理念能深深融入国人的日常生活之中,这究竟是一种外来文化对本土文化的征服,还是本土文化对外来文化的包容和同化? 笔者认为,佛教在中国的发展历程就是佛教文化的转型过程。

佛教于西汉哀帝元寿元年(公元前 2 年)传入中国。其时,西域很多高僧来到中国传法,如安世高、安玄、支娄等,由此译事渐盛,法事渐兴。到了魏晋时期,大乘佛教中的一些理论因为与中国传统玄学有不少相似之处,因而得到广泛传播。直至南北朝时期,佛教得到进一步发展,虽然当时社会动荡,但战争反而使佛教得到迅速传播。杜牧曾有诗云:"南朝四百八十寺,多少楼台烟雨中。"事实上,据不完全统计,当时南朝的寺庙已经达到了五百多座。到隋唐时代,中国佛教进入了鼎盛时代,一大批学识渊博、才

---

① 秦家懿、孙汉思:《中国宗教与基督教》,吴华译,三联书店,1990,第170页。
② 《马克思恩格斯文集》第1卷,人民出版社,2009,第12页。

华出众的高僧把中国佛教特有的气质发挥得淋漓尽致，至此佛教的中心正式从印度转移到了中国。"隋唐时中国佛教宗派的创立，标志着佛教中国化的基本完成和中国佛教文化的鼎盛。"①

学界一般认为，佛教之所以能在中国完成文化转型，既与中国传统文化自身的特点相关，也与佛教的自身特质有关，这两者的完美"契合"才是佛教融入中国的根本原因。中国传统文化与佛教文化都有很大的包容性和开放性。自古以来，包容性都是中国传统文化固有的特点之一，"中国文化的和谐性格，使中国人崇尚和平，反对武力；所谓'天地之大德曰生，君子以厚德载物'，具有悲天悯人的淑世情怀和容纳异己的开放怀抱"②。正式基于"君子和而不同"的包容精神、基于"知常容，容乃公，公乃全，全乃天，天乃道，道乃久"③ 以及"百家争鸣"的历史积淀，中国固有的传统文化才会接受佛教文化，也才会有当今集儒、释、道等诸派思想为一体的中华文明。对于佛教而言，包容性也正是其核心特征所在，可以说包容性贯穿了佛教的整个思想体系，佛教所提倡的"是法平等"④ 就是对其包容性的最佳诠释。"是法平等"指"是法"（宇宙万物）是平等的，因为佛教的基本理论即"缘起""平等"。所谓"缘起"是指一切事物（有为法），皆因种种条件（即因缘）和合而成立，世间的一切都是相互依存而没有自性的，而在终极意义上等同于"实相"⑤。所以佛教经典中强调"此有故彼有，

---

① 宏修平：《试论中国佛教思想的主要特点及其人文精神》，《南京大学学报》（哲学·人文科学·社会科学）2001年第3期。
② 代金平、戴明玺：《论儒释道三宗的和谐理念》，《管子学刊》2007年第4期。
③ 王卡：《老子道德经河上公章句》，中华书局，1993，第63~64页。
④ 鸠摩罗什：《金刚波罗蜜经大正藏》第8卷。
⑤ 实相为佛教专用术语。实者，非虚妄之义，相者无相也。是指称万有本体之语。曰法性，曰真如，曰实相，其体同一也。就其为万法体性之义言之，则为法性；就其体真实常住之义言之，则为真如；就此真实常住为万法实相之义言之，则为实相。《佛学大辞典》，中国书店出版社，2011，第262页。

此生故彼生""此无故彼无，此灭故彼灭"（见《杂阿含经》三五八经），佛教这种肯定世间一切事物之间的相互依存的关系，就给包容其他文化、宗教乃至提倡宗教、文化的多元性提供了有力的理论依据。所谓"平等"即指在本质上并无分别，虽然在其他宗教看来佛陀应该是高高在上、受人膜拜的，但是，佛经中明确地说心、佛、众生三者无差别（见晋译《华严经》卷十）。在佛陀的眼中，一切众生平等，无优劣之分，"所有一切众生之类，若卵生，若胎生，若湿生，若化生，若有色，若无色，若有想，若无想，若非有想非无想，我皆令入无余涅槃而灭度之"。① 由此可见佛教思想中的包容性与开放性。没有这种包容性，佛教不可能与中国传统的儒、道长期并存；没有这种包容性，佛教传入中国的方式也许不会是这种和平交流的方式，很有可能是诉诸武力或其他途径。事实上，历史上的佛教主要是通过自身的超越与转型来适应中国的"母体文化"的。佛教之所以能在中国绵延不绝地流传两千余年，在于其自身的"转型"。在中国传统的儒、道、玄思想的影响下，印度佛教原有的许多特性发生了重大的变化。经过了漫长的历史变迁，中国佛教完成了其形式和理论上的自我调整与转型，形成了富有中华民族特色的"中国佛教"。

　　为什么佛教在其起源地印度没落了，在中亚绝迹了，却在中华大地得到广泛传播且两千余年不衰？结论恰恰验证了文化的"超越"与"转型"理论：高度发达的中华文化赋予印度佛教以新的生命。自佛教从印度传入中国起，佛教就在中华传统文化的浸染下不断地进行自我"转型"与"超越"，这种文化的转型既指来自印度的佛教进入中国后改变自身以适应中国的精神气候，不断吸收中国传统文化的精髓，采用中国传统的格义方法来解释和翻译自己的

---

① 鸠摩罗什：《金刚波罗蜜经大正藏》第 8 卷。

经典，并采取积极主动的态度对自身进行改变，使之适合中国固有的思想文化土壤；也指中国固有的传统被外来的奇思异想和精神价值所感动和震撼，不得不对固有的传统文化观念进行重新审视、重新定位，对人的生存和意义另加诠释。当然，佛教的中国化也经历了从冲突到适应再到完全与中华文化融合的过程，走上了一条不断"转型"与"超越"的中国化道路，并最终在儒、释、道三教鼎力的中华传统文化的基本框架之中占有了一席之地，完成了自身的完美"超越"与"转型"。

2. 古希腊文化的转型

本书所指的古希腊文化是指从荷马时代（公元前 11 世纪～公元前 9 世纪）至古典时代（公元前 5 世纪～公元前 4 世纪中期）主要由古希腊人创造的并在古代世界达到高度发达的文化。同中国一样，希腊也是世界上最早进入文明时代的国家之一，其文化内容丰富，影响深远，一直以来都被认为是欧亚大陆西方文化的源头，也是欧洲乃至世界文化的重要组成部分，其影响力、生命力之持久在各个文明中可谓独领风骚。从这个意义上说，"没有希腊文化和罗马帝国所奠定的基础，也就没有现代的欧洲"。①

古希腊文化发展的关键环节之一是其文化的"超越"与"转型"。古希腊文化在其生成和发展的过程中有自身的原创性因素，但也注重从其他文明层次比自己更高的文化中汲取养分，进行文化的"超越"，最终形成自身文化的"转型"，这也是其文化得以不断发展和壮大的主要原因之一。古希腊文化对外来的先进文化进行吸收并不是一蹴而就的，而是一个兼容并蓄的历史进程，这其中既包括自觉的吸收，也包括某些潜移默化的影响。自从进入文明社会之后，古希腊对外来的先进文化并未采取简单的抵制、排斥态度，

---

① 《马克思恩格斯文集》第 9 卷，人民出版社，2009，第 188 页。

而是积极地吸纳那些对自己有益的因素,并加以转化,使其成为自身文化的一部分,进而促进自身文化的发展与繁盛。

古希腊文化是希腊人在吸收、借鉴古代东方及其周边地区文化精华的基础上创造性地发展起来的,其源头可以追溯到远古的爱琴文明。学界一般认为古希腊文明最先产生于新石器时代的克里特岛(约公元前4500年~公元前3000年),繁盛于荷马时代和古风时代(公元前8世纪~公元前6世纪)。在这一阶段,古希腊文化融合了各种文化的因素,创立了崭新的希腊文化的新时代。随着亚历山大东征,古希腊文化再次与东方文化在新的意义上发生碰撞,开始了希腊文化的新纪元。

①古希腊文化的多元性

古希腊文化从多层面、多角度、多渠道来吸收文明水平远高于自身的东方文化,从而使自身不断发展,最终完成转型。

第一,文学、艺术。古希腊文化在艺术方面对后世的影响颇为深远,尤以建筑、雕塑最为突出。究其根源,不难发现其源头还是在东方。当时,古希腊人汲取东方的艺术成就主要集中在以下四个方面:建筑、雕塑、陶器制造和绘画。埃及对古希腊文化的影响是巨大的,这从曾经出土的希腊早期的印刻、壁画、石器中都可以看出;古希腊的廊柱建筑是其建筑的最高成就之一,而廊柱建筑实际上也起源于埃及。同时,作为世界文化宝库的古希腊神话,也汲取了大量的东方元素。古希腊文化中最早的史诗以及其他文学作品都反映出了希腊文化的这种多元性特征,如在世界文学史上一直占有重要地位的千古巨著《荷马史诗》,它不仅反映出古希腊人的创作天才,也是后世许多希腊文学作品的源泉。这部巨著不仅描述了荷马时代多利安人的生活,而且还描述了迈锡尼全盛时期和古代克里特的情形,对古希腊多元文化的形成起到了巨大作用。

第二,语言、文字。当今世界上的绝大多数拼音字母来自拉丁文,而拉丁字母则与希腊语有着密不可分的关系。希腊人的文字是从腓尼基人那里学来的，腓尼基人以埃及的象形文字为基础创造了一套拼音字母。古希腊人接受了这套字母系统，经过改进，创造出了希腊字母。此后，希腊字母传到罗马和拜占庭，成为欧洲各国字母文字的本源。同时，希腊语也是现代英语三大来源之一（另外两种是拉丁语和法语）。西方学者更重视语言与古希腊民族精神之间的关系，认为"一个民族的心灵也许更直接地表现在这种语言的结构上"①。由此可见，古希腊文化之所以能够产生深邃的思想，语言的承载作用是不可忽视的。

第三，哲学、自然科学。古希腊文化对世界的贡献主要集中于哲学和自然科学，古希腊是西方哲学的发源地，产生了很多哲学巨匠，如苏格拉底、柏拉图，他们的哲学思想对西方乃至整个世界都产生了巨大影响。同时，在哲学等学科的推动下，古希腊的自然科学也进一步繁盛，但古希腊自然科学的发展同样受到了东方的深刻影响。总体来说，古希腊自然科学吸纳、接受的主要是相对更加发达的两河流域和古埃及的科学成果，包括建筑学、几何学、制铁技术和太阳历等，这些兼容并蓄的行为对古希腊文明的进步、成长有很大的推动作用。

②古希腊文化的超越与转型

古希腊文化并非无源之水，无本之木，它是在汲取克里特—迈锡尼文化及古代东方文化的基础上，经过希腊人的再创作而"转型"成的一种新型文化，这种新文化代表了当时最先进的文化。正如马克思曾经指出的："希腊人是正常的儿童。"② 他们怀着一颗赤子之心，以其特有的质朴、纯真和梦幻，面向变幻无穷的大千世界，去汲取适于自身生存和发展的文化基因，并加以超越与转型，

---

① 〔英〕基托：《希腊人》，徐卫翔、黄韬译，上海人民出版社，1998，第27页。
② 《马克思恩格斯文集》第8卷，人民出版社，2009，第36页。

在此基础上创造出了光彩夺目、对后世影响深远的古希腊文化。

古希腊文化的超越与转型是一个历史性的进程,即古希腊文化在其成长的过程中一直对外来先进文化保持接受、吸纳的姿态。这种方式符合文化发展的一般规律,即文化本身是动态的,是在不断吸收、融汇、转化与超越外来先进文化的过程中发展的。故此,有学者在总结古希腊文化繁盛的原因时指出:"后起希腊城邦的经济和文化的繁荣,并不是一无依傍的独创。"[①] "对全世界人民都是开放的,它使全世界各地一切好的东西都充分地带给我们,使我们享受外国的东西,正好像是我们本地的出产品一样。"[②] 古希腊社会和文明的开放性及对外来文化的包容性,决定了其自觉地接受先进的外来文化成就,并促进自身的文化走向辉煌,两者相得益彰的过程和结果才有所谓的"希腊奇迹"的产生。正如有西方学者所指出的,这种文化"……在于文化的融合……并非是民族的融合"[③]。

(三)当今中国社会的文化转型

1. 当今中国文化转型的类型

当今中国社会的文化转型是全方位的,因为现代化是全方位的。但是,在中国人的话语中,无论对文化下何种定义,大多是从观念形态上认识和看待文化的,除非是专门的文化论著。从本书的思路和任务来看,讲文化转型主要是讲以意识形态为核心的文化的重建。为了全面地思考文化转型,尽可能系统地分析各种文化转型将有利于理解和实践文化的核心层次的转型问题。

我们可以把当今中国的文化转型划分为以下四种类型:传统文化向现代文化转型、精英文化向大众文化转型、文本文化向视觉文

---

① 吴于廑:《古代的希腊和罗马》,中国青年出版社,1979,第10页。
② 修昔底德:《伯罗奔尼撒战争史》,商务印书馆,1985,第131页。
③ 〔英〕基托:《希腊人》,徐卫翔、黄韬译,上海人民出版社,1998,第28页。

化转型、工业文化向生态文化转型。

①传统文化向现代文化转型

中华民族有着五千多年的悠久文明历史，祖先给我们留下了丰富的文化遗产，这其中包括哲学、文学艺术、宗教信仰、科学技术、政治制度、思想观念等无形的及众多有形的文化遗产。但不可否认的是，中国的传统文化精华与糟粕并存，自古以来中国的传统社会一直是以自给自足的小农经济为主，生产效率不高，在价值取向方面遵循等级次序观念，把"学而优则仕"及追求功名利禄当作实现人生理想的首要目标，而科学技术只停留在经验层面而不能进一步上升到理性的逻辑推演层面，导致近代的科技革命与中国擦肩而过。

所谓传统文化的现代化转型并不是要全面否定传统文化，而是一种承前启后的文化革新，使传统文化与现代文化进行良性对接、交融互动，让传统文化中的优秀文化精神得以发扬光大，丰富的文化资源得到利用和开发。例如，弘扬中国古代传统的"民为贵，君为轻""修身为本"的理念，积极贯彻落实"以人为本"的发展思路，因为"民贵君轻"的理念虽然是古代的统治阶级出于巩固自身统治的目的提出来的，但对于当代中国其借鉴意义仍然不可低估。反对官僚主义，坚持人民利益高于一切一贯是党和国家各项工作的出发点。同时，我们要提倡"天人合一"的文化精神，建设现代的生态文明。"天人合一"的思想在中国古已有之，先秦诸子、儒家、道家及宋明理学等都有系统的阐释，虽然他们的理论各不相同，但其中有一点是共通的，就是主张人与天、人与自然、人与社会及他人具有同构性的平等价值。联系到当今中国社会发展的实际，这就要求我们正确处理人与自然的关系，走可持续发展的生态文明之路，发展环保绿色经济，解决因生态危机而带来的各种社会问题。与此同时，传统文化资源也是打造文化品牌的实物资源，对于调整产业结构,发展我国的文化生产力,在国际文化竞争中提高文化竞争力都具有不可替代的作用。

②精英文化向大众文化转型

精英文化通常是雅文化的别称,是指在特定历史时期由受过良好教育、有一定社会地位的少数人群所主导、传播和消费的一种理性文化;大众文化常以俗文化相称,它是为满足社会普通民众的文化消费需求而流行的文化类型。[①] 精英文化向大众文化的转型,有着深刻的历史背景和经济文化的成因。

从我国社会发展的实际情况来看,精英文化向大众文化的转型是随着市场经济的不断发展而逐渐实现的。在计划经济时代,在我国占主导地位的精英文化包括新闻出版、广播电视、文学艺术等主要是为政治服务的,精英文化具有解读的单一性、消费的封闭性、市场的狭隘性等特点。随着我国市场经济的快速推进,原来服务于政治和历史的精英文化因面临巨大的挑战而日渐式微。与之相对,大众文化因其个性化、平民化、日常化、世俗化的特点而日益兴起。在实际发展中,精英文化和大众文化又有密切的关系,大众文化是可以被精英文化引导和操纵的,而精英文化又需要融合大众文化的理念,借鉴大众文化的传播方式。二者的互动是相互吸收、相互促进的过程。

③文本文化向视觉文化转型

文字的发明弥补了口头传播最大的缺陷,使信息能够长久保存。随着后现代社会的来临,文本文化的影响正日益衰减,逐步占据主导地位的则是视觉文化。对于视觉文化的理解,不同的学科有各自的视角和方法。它既不是纯粹的社会科学,也不属单一的自然科学,从外延上讲,它应是"混合型"的文化现象。如果从人文

---

① 张谨:《论文化转型》,《学术论坛》2010年第6期。

社会科学层面来剖析，它涵盖的内容包括哲学、经济学、心理学以及社会科学等，由此可以认为，视觉文化主要表现为后现代文化、科技文化、经济文化等。视觉文化是一种"看"的文化，它注重"看"的感受和效果，带来感官的刺激和享受，不需要太多的理性沉思和逻辑推演；视觉文化又是一种科技文化，它依赖现代科学技术，诸如照相机、摄像机、电影、电视、网络、手机等科技成果的发明，使人们在读图中享受轻松的愉悦。

在当代社会中，文化具有很强的经济功能，可以最大限度地吸引受众的强烈需求。这就意味着，文化传播和消费必须借助甚至相当依赖现代媒介，文本文化向视觉文化的转型因此具有必然性。

④工业文化向生态文化转型

西方发达国家的工业化水平远远高于我国，已经进入后工业社会。面对尚未完成的工业化进程带来的众多负面影响，实现工业文化向生态文化的转型是促进我国工业现代化的明智之举。

自西方 18 世纪的工业革命以来，人类总是把科学技术的发达和生产力的提高作为追求的首要目标，由此带来了以下几个方面的危害。第一，科技文化与人文文化的失衡，人的异化进一步加剧，整个社会把生产力、工作效率、生产技能的提高放在最首要的位置，而忽略了人的全面发展和全社会的公平与正义。资本主义奉行的"金钱至上"理念导致了人与人之间、国家与国家之间紧张与冲突的关系。第二，全球的自然环境遭到严重破坏，并由此引发众多国际矛盾。第三，严重恶化的生态环境已经危及人类的生存，石油、天然气等自然资源的储备濒临枯竭。面对这种因全球工业化而带来的复杂而严峻的生态危机以及多种社会矛盾，许多国家积极参与国际合作，谋求世界和谐发展的新途径，实现工业文化向生态文化的重大转变。这种生态文化既包括自然生态文化，又包括人文生态文化，二者相互依存，相互作用，共同繁荣发展。

2. 当代中西文化交流中中国文化的超越与转型

改革开放三十多年，给传统的中国注入了新的活力，在国人冷静地看待中国与西方的关系、中国传统文化精粹与世界文明成果的关系后，清醒地认识到：当今中西文化的冲突，传统文化与现代文化的碰撞，传统的思维模式与现代生活方式的调适和斗争，必然引起原有文化模式的"重构"与"转型"。

在文化传播理论中，有一种文化转移理论。该理论认为文化转移是文化传播的实质，是文化传播导致文化不断由一种类型向另一种类型转移，而文化的转移又导致文化的不断进步。这归根结底是一种文化（一般指先进的文化）取代另一种文化（一般指落后的文化），其中最典型的事例莫过于我国历史上持续百年之久的"中西""古今"之争，无论是主张用西方文化完全取代中华文化，还是用当代文化取代中国传统文化，本质上都是期待以一种文化来替代另外一种文化。这当然与本书所谈的文化转型是有本质区别的。

本书所说的文化转型是把文化转型看作一个历史过程，它绝不仅仅是外来文化与本土文化之间的简单替代，因为文化就其核心内容而言是不能简单替换的。因此，真正的文化转型，是指在考察不同类型文化及其根本差异后，文化的输出方与接受方的各种文化要素的重组与调试，其结果并不是产生了一种新的文化，而是文化的输出方和输入方达成一种新的平衡与和谐，使文化输入方的文化比旧有文化表现出更强大的生命力。事实上，不同文化之间的交流与对话可以拓展观察文化的视野，而且这种文化交流是一种双向互动的过程：一方面，通过文化之间的交流，交流双方可以发现自身文化的局限；另一方面，通过对自身文化的重新解释也可以拓展自身的文化视野。这一过程是循环往复、周而复始的。对外来文化的诠释，实际上是从本土文化的角度向外来文化发问，而从外来文化中得到的回答又会促使其向自身的传统文化发问，并进一步迫使本土文化以新的方式对外来文化作答，从而对自身文化做出新的理解。这种文化转型，既是一个不断解读对方文化的过程，也是一个不断对自身文化传统重新解释的过程；双方原来的文化差异越大，所形成的新的文化视野也就扩展得越大。因此，外来文化与本土文化融合的结果并不是简单的文化叠加，而是通过各自的拓展达到视野上的一种新的融合。一方面，作为两种完全不同的文化体系，外来文化与本土文化将依然保持各自的特性；另一方面，文化视野的融合意味着两种文化可以彼此理解对方的特定问题、评判方式和价值取向，并从自身的角度对其可被其他文化理解的内容加以评说。所以，文化转型并不是创造出一种新的文化，也不是创造一种单一文化一统天下的局面，相反，其会使各种不同的文化形成共同繁荣、百家争鸣的局面。

第七章

当代中西文化交流中的文化安全和意识形态斗争策略

本书前面各章的研究已经证明,在延续几千年的中西文化交流中,特别是在当代中西文化交流中,文化的相互冲突、碰撞、融合是始终存在的。这种现状的成因,是由文化自身的特点决定的,因为所有文化都有自身的特质和特点,这些特质和特点又分别在表层和核心层有各自的表现,而真正引起文化之间相互矛盾的地方,往往不是文化表层的东西,而是深层且主要是核心层的东西,即引发文化之间冲突和斗争的不是器物层面的东西,主要也不是制度层面的东西(有些根本性制度也会引起冲突),而基本上是精神层面且主要是意识形态方面的东西。如前文所述,各种文化之间的相互矛盾大多是由差异引起的,而根本性的差异是在意识形态上;不能把所有的文化冲突都看成意识形态的差异,但也不能否定意识形态之间的矛盾和斗争。本章将在前面各章分析的基础上专门讨论当代中西文化交流中的文化安全以及决定文化安全的意识形态问题。

一 文化安全及意识形态斗争

（一）文化安全及其维护

文化安全已不是一个新问题，只是不像今天这样更加引人注目。文化安全是一个相对概念。从历史上看，中国文化虽屡遭外来文化的入侵、侵蚀，但都有惊无险，所有外来文化都被中国传统文化同化，其间中国文化也因得到新的元素而更加充实。博大精深的中国文化使我们千百年来建立起了深厚的文化自信心和文化自豪感。进入近代以来，中国文化遇到了有史以来最为强大的外来文化的冲击，有时冲突得十分严重，甚至危及中国国家安全，文化安全问题开始进入中国人的思考范围。这种冲突就是古老的中国传统文化与外来的西方资本主义文化文化之间的较量，最初的大规模较量在中国共产党诞生之前以外来的西方资本主义文化的胜利而告一段落：古老的中国在资本主义工业文明的打击下几无还手之力，割地赔款的悲剧一再重演，而且愈演愈烈。马克思主义传入中国后，其与中国工人运动相结合进而产生了中国共产党。这个崭新的政党以崭新的思想体系——马克思主义为指导，创立了全新的意识形态即新民主主义理论，这个新的意识形态指引中国取得了民族独立，极大地缓解了中国近代以来所面临的严峻的文化安全问题。

在进入社会主义发展时期之后，中西文化交流中的意识形态斗争更加激烈，这与当时国际上社会主义与资本主义两大阵营的相互对抗密切相关，文化安全再次提上国家议事日程。由于有了新的社会制度以及科学的意识形态即马克思主义思想体系，这种文化斗争在我国这一方并未吃亏。但这种斗争的尖锐性和长期性极大地影响了中西文化交流，连文化表层的交流也几乎停止下来，从而大大延缓了中国的现代化进程。在实行改革开放之后，中西文化交流全面展开。中共中央关于社会主义精神文明建设指导方针的决议明确提出：我国的对外开放不仅适用于物质文明，而且适用于精神文明。于是，各种西方文化全面进入中国，文化安全问题再次出现，并表现出前所未有的复杂性。

  为了快速推进现代化，我国以前所未有的决心和投入全面引进西方文化成果。虽然我们明确要求只引进资本主义优秀文明成果，但这在实际工作中是难以实现的。资本主义文化的核心内容以及部分深层次的制度文明都随着其文化表层的事物一并涌入中国，而且相当多的中国人尤其是社会精英大举出国交流，对西方资本主义文化从学习、观摩到引进，使得西方资本主义文化再次在中国大地上全面施展其影响，而且这种影响的深刻性是历史上从未有过的。随着苏东剧变以及自身改革开放的实践推动，我国原有的传统文化和引进的苏联模式中的马克思主义文化（这两种文化都可以归入中国的传统文化，学术界早有人主张革命年代形成的思想文化也可叫传统文化）都出现了新的危机，都遇到了西方资本主义文化的全面挑战。1989年前后中西方在国家安全上的斗争，归根结底是意识形态上的斗争。虽然这场斗争不可避免地由坚定的中国共产党取得了胜利，但中西文化冲突的根本问题并没有解决，中国的文化安全问题依然存在。

  为了解决文化安全问题，执政的中国共产党在社会主义精神文明建设方面先后制定了两个指导性文件，近年又做出了关于促进社会主义文化大发展大繁荣的新决定，均取得了很好的效果。但总的来看，这种效果还限于表层，毕竟对西方资本主义文化采取的斗争形式主要还是防范；我们虽然也提出了"文化走出去"的战略构想，但效果不甚理想。这当然可以在技术层面上寻找解决之道，但关键是要从深层次的文化上解决问题。这就是要确立我们自己的文化思想观念体系，这个认识已为近年广泛使用的"社会主义核心价值体系"所承认。本书由此认为，中国当代的文化安全，首先有赖于建立科学的社会主义核心价值体系，单纯地维护文化安全并不能从根本上解决问题。

（二）当代中西文化交流中的意识形态斗争

当代中西文化交流中的意识形态斗争是多方面的，不能仅仅理解为在思想战线开展相关活动。我们可以把这种斗争分为两个方面：一是以建立社会主义核心价值体系为中心，努力建设富有时代特征的中国特色社会主义新文化；二是通过各种有效措施，确立崭新的社会主义中国新形象。这两个方面的工作做好了，将极大地改进中西文化交流中的双方斗争态势，将使中国在这场意识形态斗争中基本上摆脱被动的状态，从而使中国作为一个全面强盛的大国巍然屹立于世界民族之林。

1. 建立社会主义核心价值体系

这些年来，关于是否及如何建立社会主义核心价值体系，经历了一个认识过程和实践过程。虽然目前取得的进展还不足以解决我们所面临的问题，但至少表明我们的认识和实践是不断进步的，最终的成功也是可以预期的。

在提出建设社会主义精神文明时，其出发点至少有两个方面：一是社会主义现代化需要全面引进西方文明成果，二是对于西方文明中的消极成分我们要有足够的力量予以克服。第二个方面已为实践证明并不成立。当时我们提出对抗资本主义消极文化影响的武器是坚持四项基本原则，这在原则上自然是对的，但问题在于什么是社会主义、什么是马克思主义这些根本性问题需要重新加以科学解释。通过实践探讨和理论研究，我们提出了中国特色社会主义理论，认为马克思主义具有与时俱进的理论品格。完成这两件重要工作，中国已进入 21 世纪，但根本性问题仍然存在。因为与时俱进的马克思主义和中国特色社会主义理论都还在完善过程之中，其中关于文化的核心部分并没有得到科学阐明，还仅限于一些抽象的概念和原则，如中国特色社会主义文化、社会主义先进文化、民族的科学的大众的社会主义文化等。正是因为这一点，中共十六届六中全会、十七大、十七届六中全会先后提出建立社会主义核心价值体系，中共十八大正式提出了社会主义核心价值观的二十四个字（富强、民主、文明、和谐，自由、平等、公正、法治，爱国、敬业、诚信、友善）。

  本书并不想离开当代中西文化交流这条主线而去专门论及社会主义核心价值体系问题，而且这个问题也决非笔者一本书所能解决的。出于研究的需要，本书只是指出现有关于社会主义核心价值观的论述的基本判断。

  第一，提出建立社会主义核心价值体系的历史任务是非常正确的方向指引。中西文化交流发展到今天，中国文化依然处于守势，这对于我国实现社会主义现代化是极为不利的。在当代中国，主要的文化成分有三种：作为指导思想的马克思主义、广泛存在于中国人民心中和行为方式上的中国传统文化（包括新民主主义革命以来的新传统文化）、从西方国家涌入的资本主义文化。无论采用其中的任何一种文化，都不足以为我国社会主义现代化解决思想基础和道路指引的关键问题。马克思主义是科学体系，但它主要限于方法论，不可能回答我国社会主义现代化的具体问题；中国传统文化必须与时俱进，其本身也未形成体系；外来的西方文化在现代化的具体方案上有可借鉴之处，但它不仅要适应中国本土实际，更重要的是其核心价值观念与其现代化具体方案是一个整体，我们不能照搬。所以，我国目前迫切需要建立的是一个全新的中国特色社会主义核心价值体系。只有这样，中国的现代化才是完整的，中国文化在世界上才是真正独树一帜的。

第二，关于社会主义核心价值体系的研究首先要解决思路和方法问题。这个思路和方法的根本点在于正确处理好前文所说的三大文化成分之间的关系。就马克思主义来说，既然我国是社会主义国家，而且是因为引进并遵循了马克思主义才实现了难得的民族独立和国家的初步繁荣，继续坚持马克思主义是毫无疑问的；对马克思主义的理解也要采取科学的态度，要剔除过去强加、附加给马克思主义的一些不正确的东西，要用实践去理解马克思主义的观点，真正让马克思主义以与时俱进的新形象发挥其应有作用。就中国传统文化来说，首先要区分两个传统，即古代历史中形成的传统和近代革命斗争中形成的传统；其次是在这些传统文化中，区分在当前仍然有用的东西和必须抛弃的东西；最后是确认这些在当前有用的传统文化的基本点以及它们如何在当代继续发挥作用的途径和方式。就外来的西方资本主义文化来说，同样需要加以区分并分别采取不同措施，对其中反映世界文明发展一般规律的成果可以借鉴和引用，对不适合中国国情、违背人类社会发展规律的消极因素予以坚决排斥；同样，要很好地做到这一点也需要一个过程并需要经过反复的实践检验。在分别做好以上三个方面工作的基础上，使这三个方面得到最佳的组合并结合新的社会实践，从而创立一个全新的社会主义核心价值体系。

第三，社会主义核心价值体系在概念和内容上的若干考辨。从概念上讲，社会主义核心价值体系是一个大概念，它是中国特色社会主义文化的核心部分，内容包括价值、价值观念体系。这就是说，价值观可能会有很多，在这些价值观中，又分为若干层次和组成部分，它们之间的相互作用和内在机理也有明确的界定。从内容上讲，社会主义核心价值体系必须包括一系列可以清晰描述的、超越前述当代中国社会主要的三种思潮的观点和论述：马克思主义是与时俱进的基本理论、立场和方法，充分反映经实践检验而正确有效的中国化的马克思主义新成果；中国传统文化是明显具有中国特色但又符合时代潮流的、经过重新提炼和归纳的一系列新概念、新论点；西方资本主义文化的取舍必须以马克思主义的本来意义和与中国传统文化及现实国情相契合这两点为依据，马克思主义并不完全排斥和否定资本主义，不符合中国国情的东西再好也不能引进。只有真正做到这些，才可能建立起社会主义核心价值体系。目前无论是官方文件，还是民间行为，都开了一个好头。只要我们沿着正确的思路开展工作，一定会使中华文化的重建即前文所说的超越和转型得以完满实现。

2. 对外文化宣传与国家形象建设

前文指出，在当代中西文化交流中中国基本上处于守势，这个判断是就总体状况而言的。一方面，我们引进的东西远比输出的东西多，而且输出的东西多是文化的表层，引进的东西虽然明确限定在表层和部分中层，但深层的东西也不可避免地进来了。我们必须通过建立社会主义核心价值体系来赢得中西文化交流的最终主动权。另一方面，我们已经开展的一系列"文化走出去"活动，效果并不理想，迫切需要改进工作。其中，加强文化对外宣传和国家形象建设已成为一项维护国家文化安全和开展文化交流中意识形态斗争的重要工作。

①对外文化宣传与国家形象建设的重要意义

随着经济全球化和国家之间文化交流的深入发展以及国家间综合国力竞争的加剧，一国的文化传播能力及其国家形象的塑造对维护国家文化安全的作用日益彰显。一国的文化传播能力强，不仅有助于国际社会公正客观地了解该国，而且能有效地抵制各种不利于本国的宣传；而一国国家形象的塑造则直接影响到该国在国际社会中的形象和声誉。因此，在当代中西文化交流中，我国必须特别注重对外文化宣传与国家形象建设。

对外文化宣传就是以文化为载体，借助现代化传媒或其他宣传手段，从国家的根本利益和长远利益出发，真实、客观地向国外人士和海外华侨、华人等介绍中国社会情况，进而争取国外人士对中国的了解、信任和支持，从而改变一部分国外人士对中国的思维定势，在海外树立起中国良好的国际形象，为发展中国同世界各国间的经济、文化、科技等方面的双向交流与合作创造良好的国际舆论环境。

经过跨国传播的民族国家文化，其影响力在空间上超出了一个国家或者民族的范畴，并对多个国家或者民族乃至全球产生吸引力。这就是国家对外文化宣传的功能和意义。因此，加强对外文化宣传工作，对于提升我国文化软实力、维护国家文化安全具有极其重要的作用。

在对外文化宣传中注重树立中国良好的国家形象，可以获得国际社会对中国整体的积极认同。一般认为，"国家形象"是指一国的客观状态在公众舆论中的投影，也就是社会公众对一国的印象、看法、态度、评价的综合反映。[①] "国家形象"又分为"国内形象"和"国际形象"。这里主要讨论的是"国际形象"。

在塑造什么样的中国国家形象这一问题上，曾任国务院新闻办公室主任的曾建徽指出，我国的国家形象塑造"概括起来讲是十六个字：改革、开放、发展、稳定、团结、进步、和平、友好"[②]。根据这一思路，近些年我国国家形象在国际社会中获得了更多的文化认同和国家身份认同。我国的对外文化宣传工作的一个重要任务就是向其他国家传播我国的民族精神和历史文化传统，让它们了解

---

① 张桂珍：《中国对外传播》，中国人民大学出版社，2006，第13页。
② 曾建徽：《浅谈对外宣传》，载刘洪潮主编《怎样做对外宣传报道》，中国传媒大学出版社，2005，第80页。

我国的社会风貌、民族性格和思维方式，了解中华民族对世界文明进步做出的巨大贡献。通过树立良好、积极、健康和正面的"大国形象"，使其他国家的民众了解和认识一个稳定发展、和平友好和文明进步的现代中国。

对外树立良好的国家形象是国家软实力的建设的重要内容，这表明，对外文化宣传在国家软实力的建设中占有极其重要的位置。2006年8月31日，在由国家外文局主办的"2006跨文化传播论坛"上，时任国务院新闻办公室主任蔡武在其致辞中明确表示：国家软实力建设的重要任务是进行跨文化传播与交流，加强文化外宣，提升中国文化的吸引力和影响力。他还提到，在人类文明的发展史上，不同文明间的跨文化交流是人类社会进步的动力。今天，我们在新的历史条件下，关注跨文化传播与交流及对外文化宣传，既是时代进步的要求，也是中国和平发展、民族复兴的必然需求。通过对外文化宣传不断提升国家的软实力，有利于安全和平地实现国家对外战略目标，深化整合中华文化的软实力资源，使中华文化的软实力更加雄厚，从而扩大中华文化在国际上的影响力，推进中华民族的伟大复兴。

②对外文化宣传面临的挑战

第一，我国对外文化传播能力方面面临的挑战。

从技术方面讲，我国的国内媒体传播技巧和水平与西方发达国家还有很大的差距。目前，在以美国为首的西方发达国家的传播力量的强势挑战面前，我国的对外文化传播还处于劣势。我国的对外文化传播不仅在资金和实力方面处于劣势，而且在体制、队伍、技术、策略等方面也存在诸多问题，这些因素都削弱了我国的对外传播力。同时，我国对外文化宣传在传播内容、传播媒介、传播受众的选择方面还需要进一步完善，对外传播的方式也有值得改进的地方。正如国务院新闻办公室原主任赵启正2006年3月代表新闻出版界在全国政协十届四次会议第三次全体会议上的发言中所讲的："和中国对外贸易'出超'相比，中国的对外文化交流和传播则是严重'入超'……其根本原因是我们文化这个软实力本身，包括文化传播能力还不够强大。"①

同时，我国的对外文化宣传工作还存在很多政策性的问题。这主要体现在以下几个方面：首先，传媒系统与政治语境高度一致。此点既有优点，但也不利于调动对外宣传工作者的积极性、主动性。其次，对外报道中"正面报道为主"变成了"报喜不报忧"，不能客观真实地反映中国发展的现实。再次，对外宣传报道缺乏针对性，即对内对外不加区分，对目标国家内的传播对象不加区分。最后，对外宣传报道无视对外传播宣传的规律和宣传对象的感受，满足于灌输式的宣传。② 这些都是目前我国对外传播交流中的问题所在。总体而言，我国目前的对外文化宣传还存在着传播方式单一、简单，强调以自身为主而缺少对受众的研究，突出政治宣传而忽视经济文化的配合等方面的问题。

第二，西方发达国家对华传播意识形态的挑战。

在全球化的背景下，以美国为首的西方发达国家不断对中国进行价值观及意识形态的渗透。特别是改革开放以后，随着同西方国家交流与合作的进一步扩大，西方文化强势涌入，西方国家意识形态对我国的影响越来越大。这种文化渗透是以美国为代表的西方国家谋求文化霸权的体现，也是其实施和平演变政策的重要组成部分。这种文化渗透表现在政治、经济、文化等方面。西方国家还凭借其在经济、科技方面的优势，抢占我国的教育、文化、传播、信息市场，并通过这些领域及途径，直接着力于对人特别是青年人思

---

① 《赵启正：中西文化交流严重逆差　中国文化要振兴》，人民网，2006年3月20日，http://culture.people.com.cn/GB/4216554.html。
② 张昆：《国家形象传播》，复旦大学出版社，2006，第61~62页。

想的影响,既进行人才争夺,更进行价值观的深层影响。这是目前西方意识形态渗透的一个突出特点。由于我国与世界上大多数国家存在着国体、政体及意识形态等方面的差异,中国在国际上的形象长期被误读,甚至屡屡遭遇"妖魔化",许多不了解中国的西方国家民众先入为主地接受了许多关于中国的负面宣传。有学者就此评论说:"美国媒体巨大的全球新闻传播效应,其威慑力绝不亚于冷战时代的核威慑力。"①

与之相适应的,还有来自不合理、不平衡的国际传播秩序的挑战。在目前这个信息化、全球化的时代,抢占信息市场的"制高点"对于每一个主权国家而言都具有十分重要的意义。以美国为首的西方发达国家纷纷制定了面向世界、面向全球的传播战略,以占领世界信息市场,扩大其国际影响力。它们凭借雄厚的经济、科技实力,在本已不平等的起点上以绝对的优势抢占世界信息市场,造成了世界范围内信息传播的不平等格局。② 这种状况对包括中国在内的广大发展中国家向外传播本国的文化极为不利。

③对外文化宣传面临的历史机遇

在国际大传播的背景之下,随着实力的提升和国际环境的变化,我国的对外文化宣传工作也迎来了千载难逢的历史机遇。

第一,我国科技实力的不断提升为对外文化宣传工作提供了有力的技术支持。

随着我国现代科技的迅速发展,这必然为对外文化宣传工作带来可靠的技术支持,从而促使我国在传播技术上缩小与发达国家的差距,甚至在某些方面已经取得了世界领先的地位。这就使我国的文化信息能够及时、准确、通畅地传输到世界各地,并对外来文化

---

① 李希光、赵心林:《媒体的力量》,南方日报出版社,2002,第21~25页。
② 张昆:《国家形象传播》,复旦大学出版社,2006,第86页。

的挑战做出主动的防御和反击。

第二，我国深厚的历史文化为对外文化宣传工作提供了丰富的文化资源。

作为世界四大文明古国之一，中华文化经历了五千多年的历史积淀，具有深厚的文化底蕴。丰富多彩的文化资源为我国开展对外文化宣传工作提供了有利的条件。而且，中华民族的多元一体格局，决定了中国文化在发展过程中的开放性、吸纳性和超越性。已经在国际上广泛传播并得到认可的儒家文化、道家文化、佛教文化都为中华文化增添了庄重而神秘的色彩。中华文化在世界各地都有着广泛的影响力，我国丰富的文化资源吸引着越来越多的西方人，这就为我们做好对外文化宣传工作准备了文化资源条件。

第三，中国对国际事务的进一步参与为对外文化宣传工作打开了便利之门。

我国于2001年成功加入世界贸易组织，并于2008年成功举办了第29届奥运会，这些国际参与和国际身份的获得，为我国迎来了更多的与世界各国交往并进行经济、政治、文化乃至军事交流的机会，同时也为我国进一步开展对外文化宣传工作打开了便利之门。此外，近年来我国在影视外宣、网络外宣、书刊外宣等文化外宣形式上也已初具规模，形成了一种良好的开放态势。这为我国的对外文化宣传工作创造了良好的机遇和发展环境。

二 中国对外文化交流的对策建议

（一）中国对外文化交流的工作原则

在和平与发展成为时代主题的今天，文化是国家综合实力的重要内容。历史和现实均已证明，任何一个国家在国际政治中单纯

（或过度）依靠硬实力是难以获得成功的，而软实力则上升为国际竞争中的重要指标，成为国际竞争的重要战略手段。目前，各个国家都在积极构建对外文化发展战略。如何在全球化文化格局中确立中华文化的地位，是一个全局性、战略性的问题。

1. 坚持以和平发展为指导

和平发展是中国的整体发展战略，这种战略是根据我国国情及世界形势来确定的。在文化交流领域，也必须坚持和平发展的指导原则。

现代国际社会普遍倡导平等发展、和平相处的文化共生原则。1992年成立的"世界文化与发展委员会"在文件《我们创造力的多样性》中明确提出了国际文化传播秩序：我们的前后左右都是文化的多样性，我们必须学会不让它导致文化间的冲突，而要它导致富于成果的共存与文化的和睦。

中国积极响应国际社会对于文化多样性的倡导，并在21世纪明确提出"维护世界和平，建设和谐世界"。2005年9月，时任国家主席胡锦涛在联合国成立60周年首脑会议上发表题为《努力建设持久和平、共同繁荣的和谐世界》的讲话。"坚持多边主义，实现共同安全；坚持互利合作，实现共同繁荣；坚持包容精神，共建和谐世界。""中国将始终不渝地把自身的发展与人类共同进步联系在一起，既充分利用世界和平发展带来的机遇发展自己，又以自身的发展更好地维护世界和平、促进共同发展。"[①] 同时我们还要增强文化总体实力和竞争力。正如胡锦涛同志在十八大报告中所指出的："要把坚持社会效益放在首位、社会效益和经济效益相统一，推动文化事业全面繁荣、文化产业快速发展。发展哲学社会科

---

① 《胡锦涛在联合国成立60周年首脑会议上的讲话》，新华网，2005年9月16日，http://news.xinhuanet.com/world/2005-09/16/content_3496858.htm。

学、新闻出版、广播影视、文学艺术事业。加强重大公共文化工程和文化项目建设,完善公共文化服务体系。促进文化和科技融合,发展新型文化业态,提高文化产业规模化、集约化、专业化水平。构建和发展现代传播体系,提高传播能力,扩大文化领域对外开放,积极吸收借鉴国外优秀文化成果。"[1]

在当今中西文化交流中,文化帝国主义、西方国家的文化渗透依然广泛存在,这些方式虽然在短期内能取得一定效果,但是从长期看,却阻碍了国际社会建设平等、和谐的新秩序,对其本国的国际交往也会产生消极影响。例如,美国一直以来奉行的文化"强势"输出模式,由于其强烈的文化霸权色彩,并没有收到预期的效果,遭到了广大发展中国家的强烈抵制,美国长期对包括中国在内的许多国家进行"人权"方面的指责,对广大发展中国家的报道充斥着指责、污蔑甚至颠覆性的内容,这样的文化传播方式很难被人们接受。在这种大背景下,我国实行和平发展的文化外交战略,对于文化的国际交流有着很好的指导意义。

在我国的对外文化交流工作中,要着力突出中华文化是和平的文化这一显著特点。几千年来,中国人对于"和"的认知不仅仅表现在理性的层面,而且还逐渐内化成了中华文化的一种深层的结构,支配着中华民族在处理各种关系包括国际关系时的行为习惯。这不仅是基于中国数千年来发展的历史事实,也是基于中华传统文化对和平问题曾经做过的深入认真的探讨和不懈的追求,而且"和"也一直是中华文化的内在精神,国人一直把"和"作为一种理想的价值目标来追求。要使其他国家的人民认识到中华文化不是"中国威胁论"所宣扬的那种冲突性文化,而是一种有深刻历史感

---

[1] 胡锦涛:《坚定不移沿着有中国特色社会主义道路前进 为全面建设小康社会而奋斗——在中国共产党第十八次代表大会上的报告》,人民出版社,2012,第33页。

和人类文明互动的历史文化，一种怀有"天下"观念和"和合"精神的博爱文化。

2. 辩证处理好各种重要关系

第一，协调好文化交流与政治的关系。当前我国对外文化交流工作的重点任务之一是树立我国良好的国家形象。在这个大目标下，我们需要处理好文化交流与政治的关系。其中，怎样协调好"传统中国"与"现代中国"的问题是我国对外文化交流实践中的重要问题，这其实也就是考虑我国的对外文化交流中"传统文化"与"现代文化"的比例问题。对于广大西方受众来讲，中国的特色文化常常会吸引他们的注意，京剧、书法、绘画等具有中国传统意蕴与历史文化的"符号"往往是外国人了解中国的首选。在西方受众眼中，这些特色的文化艺术构成一个瑰丽的东方世界。在我国的对外文化宣传中，这些传统文化的内容也常常是宣传的重点。但是，对于当代中国的文化发展，广大西方受众就缺乏了解，也缺乏一定的认同。相比传统文化，当代中国的社会文化更能反映和代表我国目前的国际形象，这是我国改革发展的动力，也是当代中国政治、经济、社会乃至文化的主旋律。中国的这些发展状况是目前西方社会最关心的领域，当代中国的文化能使外国人了解和把握正处在发展和变革中的中国。处理好"传统文化"与"现代文化"的比例问题，以目前当代中国为主，密切结合当今改革开放和现代化建设的实际情况，结合人民群众丰富多彩的生活，宣传现代中国改革开放和建设的成就、中国现代文化事业的发展、现代中国人的精神风貌等，可以让广大对外文化宣传的受众更多地了解现代中国，改变他们心目中关于中国的古老、陈旧的印象，使世界各国能够更充分地了解和认同中国文化。

第二，处理好政府行为与民间行为的关系。在对外文化交流中，政府无疑是主体，但主体又不能仅仅限于政府，还需要大力发挥社会力量的作用，积极鼓励民间的对外文化交流。政府与非政府组织如果能够在对外文化交流中相互配合、相辅相成，往往能取得良好的效果。在对外文化宣传中，政府侧重于针对外界不良舆论做出正式、官方立场的回应和反驳，同时用多种方式鼓励非政府组织进行对外文化传播，并且为非政府组织提供支援。目前，我国非政府组织的文化资源还比较欠缺，在对外文化交流中发挥的作用也不大，这是我国目前在软实力建设方面的"弱点"之一。由于对外文化交流工作的特殊性，非政府组织在开展文化交流方面具有政府所不具备的优势，政府应当鼓励其多发挥作用。

此外，还要处理好对外推广文化与保护国内市场的关系。面临西方文化特别是美国文化的大举涌入，我们需要保护本国的优秀文化遗产。法国在国际文化交流中与我国有着相似的境遇，面临类似的文化保护任务，其在保护本国文化上的成功经验值得我们借鉴。

3. 构建对外文化交流工作的长效机制

作为一项战略性的事业，我国的对外文化交流工作需要在经费、法律、人才队伍建设等方面形成配套的基础，构建长效机制。通过多方面、多层次的协同作用，努力构建我国对外文化交流工作新格局。要加快完善中国对外文化交流管理立法，完善对外文化活动的配套政策，逐步建立对外文化活动的基本信息数据库，加强制度建设，规范对外文化活动的工作流程等。此外，要系统地、有针对性地开展国际文化发展战略理论与实践研究。我国的对外文化宣传工作需要加强对文化外宣对象的研究，调查中国在他国的形象，并适时掌握国外受众的相关信息，以保证对外文化宣传工作的针对性和有效性；要加强跨文化传播和文化外交的人才培养，特别是培养和挖掘具有创新精神和创新能力的专业人才，不断推进对外文化宣传工作的机制创新；要将对外文化资源纳入一个整体，形成中央与地方、官方与民间、国内与国外整体联动的工作网络和战略布局，开拓新领域，探索新途径，走出一条有中国特色的对外文化传播之路。

总之，我们将以马克思主义及其中国化的最新成果为指导，既弘扬民族传统精神，又吸取西方优秀文化成果，又立足中国特色社会主义实践倡导崭新时代精神，推动社会主义文化大发展大繁荣，兴起社会主义文化建设新高潮，提高我国文化软实力，为实现中华民族的伟大复兴的中国梦做贡献。

（二）中国对外文化交流的发展战略

1. 加强国家意识形态建设

任何时代、国家和社会都需要一种能为绝大多数成员普遍认同的意识形态和价值观，以用来协调指导人们的行为，推动社会稳步发展。在当代社会价值观多元化，甚至彼此冲突对立的情况下，更需要有一种占主导地位的意识形态与价值观，以消除各种价值观之间的紧张关系，统一人们的思想，维护社会的稳定和促进社会的发展。在当今全球化条件下，在世界各种思想文化相互激荡、意识形态领域斗争错综复杂的新形势下，我们更要旗帜鲜明地坚持和强化主流意识形态的主导地位。这就要求我们通过改革，重塑主流意识形态的知识形象、理论形象和创新形象，增强其文化亲和力、感召力和创造力以及同其他意识形态的竞争力，为我国对外文化交流工作中的文化安全和意识形态的稳定发展发挥指导作用。

重视国家意识形态建设，首先要努力巩固和加强马克思主义在意识形态领域的指导地位。党的十八大明确提出："我们既不走封闭僵化的老路，也不走改旗易帜的邪路。"[①] 当前国际意识形态领

---

① 胡锦涛：《坚定不移沿着中国特色社会主义道路前进　为全面建成小康社会而奋斗——在中国共产党第十八次全国代表大会上的报告》（2011年11月8日），人民出版社，2012年，第12页。

域的斗争纷繁复杂，这就要求我们坚持马克思主义在意识形态领域的指导地位。应当清醒地看到，在我国，意识形态领域的斗争是长期的、复杂的甚至是十分尖锐的。在国际局势深刻变化和国内改革不断深入的过程中，西方敌对势力对我国实施西化、分化的战略意图始终没有改变，各种反马克思主义思潮的影响不会减弱，资产阶级腐朽思想和封建主义残余思想的侵蚀不会止息。各种西方敌对势力对我国发动各种攻势，其中很重要的一个方面是进行意识形态渗透，用各种手段、方式对我国实施"西化""分化"的政治战略，渗透内容和手段、方式都有了许多新的特点。因此，坚持马克思主义的指导地位不动摇，既要破除对马克思主义的错误认识和教条式的理解，又要抵制各种否定马克思主义的错误观点，以此不断巩固中国共产党执政的思想基础和政治基础。

加强国家意识形态建设，必须大力推进理论创新。首先，要大力推进主流意识形态的理论创新，不断增强马克思主义的说服力和战斗力。理论创新首先是要对时代课题进行合理解答和系统论证，必须系统地阐明为完成历史任务所提出的纲领、政策和主张的合理性与合法性，尽可能赢得广泛的社会认同与支持。其次，主流意识形态必须采用新的整合方式，不断完善意识形态在社会转型期的整合功能，切实增强主流意识形态的控制力和向导力。最后，积极探索意识形态及其工作的创新机制，进一步开拓马克思主义理论及其教育工作创新的空间。要探索和形成推进马克思主义理论发展的新机制，特别要重视从思想和体制上开拓马克思主义理论创新的空间。这是在国际环境复杂多变和人们思想观念多样化的情况下坚持马克思主义的指导地位的关键。

建设国家意识形态的目的之一是为了在对外文化交流中有效地促进在意识形态方面的相互理解和信任，这就需要努力探索对外文化交流中国家意识形态的传播模式。首先，要增强意识形态传播的实际效果。为了使意识形态传播活动顺利展开，取得好的传播效果，需要创造优良的社会文化环境。一是要加大健康、有效信息的传播量，用人们需要的健康向上的信息占据信息传播市场，保证传播对象的注意力始终集中在良性运行的方向上；二是要增加信息传播的针对性和专用性，使不同类型的传播对象可以很方便地在传播通道中获取自己需要的信息，降低信息获取的成本和难度，防止出现传播对象因找不到自己所需要的信息而转向其他渠道的情况；三是要采取法律和政策所允许的手段杜绝污染性信息进入传播渠道。

其次，主流意识形态必须适当改变自己固有的文化形象和叙述方式。目前，有些主旋律的报道、文章、文艺作品之所以不受公众欢迎，就是因为那种公式化、概念化、说教式的宣传方式无法令大众接受。因此，我们要善于正面地、真实地、亲切地、有效地表达自己。在宣传主流意识形态时不妨多些人文因素，在唱响主旋律的同时不妨吸取民间话语，在保持权威大气时不妨有些平民风格，从而切实增强主流意识形态的吸引力和影响力。建设国家意识形态最重要的工作是建立社会主义核心价值体系，增强社会主义意识形态的吸引力和凝聚力。本章此前对此已有专门论述，这里不再重复。

2. 加强中华民族凝聚力建设

一个国家的民族凝聚力与该国的文化安全有着极为密切的关系。如果一个国家的国民整体凝聚力较强，民众对国家的政治、文化、历史传统及民族精神有较强的认同，则该国的文化状况是安全的；反之，如果一个国家的国民整体凝聚力较弱，民众对国家的政治、文化、历史传统持怀疑态度，民族精神涣散，则该国的文化状况是不安全的，甚至孕育着某种危机。因此，加强中华民族凝聚力建设，对我国的对外文化交流工作有着极其重要的战略意义。

民族凝聚力在对外文化交流中是国家软实力的重要体现。凝聚力最初是物理学的概念，原意是指物质结构中同一物质内部分子、原子核等基本粒子间的内聚力和相互吸引力。后来，人们把它引入社会学、政治学、管理学之中，形成群体凝聚力、社会凝聚力和民族凝聚力等概念。关于民族凝聚力的内涵，许多学者都提出了自己的观点。本书认为，民族凝聚力是在一定的经济基础之上，在一定的政治运作中发挥作用，并充分体现民族优秀文化精神的动力系统。就其内容来说，民族凝聚力主要包括国家的历史文化传统和道德精神修养、国家的主导信仰和意识形态、国民的受教育程度、国家的民族宗教状况、一国的民族精神和民族情感等。同时，民族凝聚力是在对外文化交流中维护国家安全的重要因素。这首先是由民族凝聚力的基本功能决定的。一般认为，民族凝聚力系统作为一个社会能动者参与了一个民族经济与社会发展的全过程。在这一过程中，民族凝聚力显示出了诸多功能，如社会整合功能、适应功能及目标达成功能等。民族凝聚力系统的上述功能决定了民族凝聚力可以起到内聚群力、外御强敌的巨大作用。在对外文化交流中，它起到的具体作用体现在：它能确立民族文化进步的目标并为实现这些目标而调动一切资源；它能强化民族意识，增强民族文化和政治认同；它能弘扬民族精神，推动民族思想文化的进步；它能抵御外来文化强权的侵扰，维护国家的文化安全。

为了加强中华民族凝聚力建设，必须加强国民的文化认同。文化认同是指个体与外部世界、个体与个体以及个体与群体之间的一致性确认，文化认同不仅是个体精神动力和自我意识的源泉，而且是社会团结其成员的核心力量，还是一个社会组织机构证明自身合法性的依据。文化认同与民族凝聚力具有高度的一致性。文化认同是民族凝聚力的重要来源，民族凝聚力又推动和加深了国民的文化认同。同时，文化认同也是维护国家文化安全的重要因素。在经济全球化冲击和西方强势文化扩张的影响下，我国维护和加强文化认同的任务也十分艰巨和紧迫。我国是一个多民族国家，中华民族是一个由多民族构成的民族体系。要维护和建设国家的文化认同，首先就要求对中华民族的优秀文化加以有效的保护，要在政策层面上予以足够的重视，要调动个方面的力量，营造保护民族文化的良好环境。其次，要不断进行文化创新，积极借鉴和吸收其他文化的有益成果，不断完善和壮大中华民族文化。关于文化创新，本书前面已有专门的论述，这里不再展开。

3. 加强网络信息管理与信息化建设

面对经济全球化背景下网络信息技术对我国意识形态领域的挑战，我们要积极行动，跟上信息革命的潮流，同时要寻求对策积极反对信息霸权。欧共体委员会前主席、欧中联合商会主席雅克·桑特曾指出："欧洲人必须成为'全球信息社会'的驾驶员、设计者、建造者、内容的提供者和财政家，而不要成为'信息高速公路'边的搭车人。"① 这也应该是我国应对全球化背景下互联网挑战的战略目标。

第一，加强网络中的马克思主义理论和文化的阵地建设。当前，马克思主义与其他各种意识形态一起，在网上争夺着同样的受众，二者之间是一个此消彼长的过程。网络中同现实生活中一样，"思想领域的阵地马克思主义不去占领，非马克思主义和反马克思主义的东西就必然会去占领"。② 如果马克思主义的阵地狭小，声音微弱，人们在网上就很难接受到马克思主义的信息，这样就谈不上以马克思主义意识形态来引导、整合网上多样化的意识形态。从这个意义上说，建立互联网上的马克思主义理论阵地是引导网上多样化意识形态的一项前提性、基础性工作。为此，我们要加强网上理论阵地的信息源建设，这是确定网上理论阵地的内容，解决广大

---

① 蔡翠红：《信息网络与国际政治》，学林出版社，2003，第264页。
② 《十五大以来重要文献选编》，人民出版社，2001，第1037页。

民众看什么的问题。当前迫切需要做的具体工作之一就是建立起具有中国特色的网络宣传体系，集中力量办好国家、省市自治区等政府网站，通过政府网站向国内外宣传党和国家的方针政策等主流意识形态，同时大力宣传我国的优秀民族文化。此外，还要大胆创新，灵活运用各种形式建立网上理论阵地，建构多层次、多渠道的意识形态平台。

第二，采取多种手段确保信息安全。随着经济的快速发展，我们已经融入了互联网社会。尤其是随着"政府上网工程"的实施和国家信息化建设的不断推进，越来越多的企业和政府部门连入了互联网，甚至建立了自己的网站。因此，对网络安全的警惕不容半点放松，特别是政府、军队、金融、证券等重要部门，网络安全更是不能有丝毫的闪失。为此，应加快推进信息安全等级保护工作，建立起完善的技术防范体系，使信息网络管理工作逐步走向正规化、制度化；加强信息安全专门人才队伍建设，对现有信息技术人员要加强信息安全教育，同时加强对系统管理员的培训；各级领导者和决策者要以维护社会稳定和巩固社会主义制度的历史责任感处理和防范反政府、反社会、反文化的信息安全攻击和破坏，不断加强网络安全意识。特别重要的是，还要加强网络信息技术的自主研发。从目前的情况看，在我国网络信息发展中行之有效的安全检查保护技术措施还比较缺乏，信息防范技术的发展还比较滞后，这是导致经济、军事等安全问题频繁发生的重要原因。作为信息化后期国家，我国在开发安全的操作系统和安全的中央处理器（CPU）上有困难，但在操作系统的安全和CPU的安全上可以有所作为，我们可以借助国外的先进技术和平台，利用独特的关键技术，通过加速发展入侵检测技术、计算机网络病毒防治技术、"防火墙"技术等，为维护我国的信息安全提供新的技术防线。

4. 推进国家文化产业发展

在经济全球化进程中，各个国家在文化产业领域的竞争越来越激烈，文化产业的强弱已经成为危及国家文化安全的重要因素。为此，我们要采取切实有力的措施，增强国家文化产业的实力，提升我国文化产业的国际竞争力，以更好地维护我国文化安全。

第一，调整国家文化产业结构。文化产业结构是指文化产业在国民经济宏观产业结构中的比例关系以及文化产业内部各产业、行业之间的比例关系。① 由于"一般产业结构更多的是受一国的自然禀赋的束缚，而文化产业则主要受社会禀赋的制约"②，通过体制创新调整文化产业结构，对进一步推进我国文化产业发展具有十分重要的意义。首先，要进一步明确文化产业在整个国民经济中的重要地位。无论是社会经济发展的历史进程，还是各国发展文化产业的实践，均从不同侧面说明了必须高度重视文化产业的定位。文化产业已经成为许多国家的支柱产业是不争的事实。我们要在不忽视文化产业意识形态属性的前提下强调文化产业的经济属性，明确文化产业发展的目标、任务和基本战略框架，在政策和资源配置方面给予适当倾斜。其次，积极调整文化产业内部关系。文化产业发展必须抢占"高端"位置，即发展那些具有高附加值的文化产品。综合运用行政、法律和经济手段支持"内容产业"和"数字技术"的发展，通过"内容"创新与知识产权的保护保持我国文化产业发展的旺盛生命力。最后，实施文化"走出去"的产业发展战略。由于文化产业具有意识形态性和经济性的双重属性，各国发展文化产业无不着眼于全球文化市场，这其中经济利益和文化安全的双重目的都是不言而喻的。为了达到文化产业"走出去"的战略目的，

---

① 杨吉华：《我国文化产业结构存在的问题及对策》，《番禺职业技术学院学报》2007 年第 6 卷第 1 期。
② 胡慧林：《论文化产业结构的战略性调整与制度创新》，《思想战线》2003 年第 4 期。

一方面，放宽"市场准入"限制，充分调动国有、民营文化企业的积极性，并有效利用国家与地方文化力量夯实文化产业基础；另一方面，积极倡导文化企业按照国际市场的要求生产具有国际竞争力的文化产品，这就是要根据世界各国文化传统和文化消费的不同特点，在细化国际文化市场的基础上，开发不同风格的文化贸易产品。更为重要的是，要利用我国加入世界贸易组织后形成的国际文化贸易平台，完善我国对外文化贸易体制，为我国文化企业走向世界提供有效的金融、法律服务，形成具有国际竞争力的文化贸易体系。

第二，科学制定文化产业发展战略规划。为应对激烈的国际文化竞争，我们必须制定完善的文化产业发展战略规划，为提升我国文化的国际竞争力奠定制度性基础。首先，规划要服务于我国和平崛起的长远目标。作为文化产业的后发国家，我国制定文化产业发展战略规划的目的是推动文化产业总体水平的提升，最大限度地提升我国的文化软实力，降低世界各国特别是有影响力的西方大国对我国综合国力强大的敌视和抵制。其次，为了做好文化产业发展战略规划，必须进行相应的文化产业理论创新。作为一个后来居上的发展中国家，我国想要完成文化产业的整体赶超目标，必须首先完成文化产业理论创新。而文化产业理论创新主要应从理论创新体系建设和理论创新内容建设两方面着手。建立和完善国家文化产业理论创新体系，是确保文化产业拥有强大生机与活力的前提。最后，文化产业发展战略规划必须充分体现文化体制改革的要求。现在，由于文化体制改革问题已经成为制约我国文化产业发展的"瓶颈"，所以，推动文化体制改革，解放和发展文化生产力，是繁荣文化的必由之路，是提高文化竞争力的根本。

第三，切实保护优秀民族文化遗产。世界文化产业强国纷纷利用文化遗产的非独占性特点，加强掠夺文化产业后发国家的优秀民族文化遗产。我国在五千多年的文明历史上留下的无数文化遗产必然成为一些文化产业强国的觊觎对象。因此，加强对优秀民族文化遗产的保护已经刻不容缓。首先，要建立文化资源保护机制，通过国家行为，运用法律手段确定优秀民族文化遗产的保护与开发机制。如建立优秀民族文化遗产档案管理制度和建立优秀民族文化遗产的价值评估体系等。其次，积极应对文化产业发达国家的资源掠夺。面对文化产业强国对全球文化资源的肆意掠夺，通过创新和高端技术的应用并积极开发才是保护优秀民族文化遗产的最佳选择。在这点上，利用国际机制是保护优秀民族文化遗产的重要应对手段。一方面，我们应加快"申遗"步伐，利用现有国际机制明确中华民族优秀文化遗产的内容；另一方面，我们应积极推动国际优秀民族文化遗产保护机制，建立类似于知识产权保护机制的国际法律制度，规范全球文化产业发展过程中强国对他国文化资源掠夺性开发的无序状态。

参考文献

1. 中文文献

[1]《马克思恩格斯文集》(第1~10卷),人民出版社,2009。

[2]《马克思恩格斯选集》(第1~4卷),人民出版社,1995。

[3]《列宁专题文集》(全5卷),人民出版社,2009。

[4]《毛泽东选集》(第1~4卷),人民出版社,1991。

[5]《邓小平文选》(第1~3卷),人民出版社,1995。

[6]《江泽民文选》(第1~3卷),人民出版社,2006。

[7]《十六大以来重要文献选编》(上、中、下),中央文献出版社,2005、2006、2008。

[8]《十七大以来重要文献选编》(上、中),中央文献出版社,2009、2011。

[9] 马克垚:《世界文明史》,北京大学出版社,2004。

[10]《哲学大辞典·马克思主义哲学卷》,上海辞书出版社,1995。

[11] 本杰明·史华慈:《寻求富强:严复与西方》,江苏人民出版社,1996。

［12］蔡翠红：《信息网络与国际政治》，学林出版社，2003。

［13］刘洪潮：《怎样做对外宣传报道》，中国传媒大学出版社，2005。

［14］陈嘉映：《海德格尔哲学概论》，三联出版社，1995。

［15］陈昕：《救赎与消费——当代中国日常生活中的消费主义》，江苏人民出版社，2003。

［16］陈学明：《哈贝马斯"晚期资本主义"述评》，重庆出版社，1996。

［17］崔保国：《2012年：中国传媒产业发展报告》，社会科学文献出版社，2012。

［18］李天元：《旅游学概论》，南开大学出版社，2000。

［19］李希光、赵心林：《媒体的力量》，南方日报出版社，2002。

［20］大卫·麦克里兰：《意识形态》，孔兆政、蒋龙翔译，吉林人民出版社，1995。

［21］方东美：《原始儒家道家哲学》，黎明文化出版社，1983。

［22］方豪：《中西交通史》，中国文化大学出版社，1983。

［23］方克立：《走向二十一世纪的中国文化》，山西教育出版社，1999。

［24］孙泽学：《社会主义初级阶段文化建设研究》，华中师范大学出版社，2004。

［25］孙正聿：《超越意识》，吉林教育出版社，2001。

［26］王辑思：《美国意识形态的新趋势》，中国社会科学出版社，2000。

［27］王辑思：《文明与国际政治——中国学者评亨廷顿的文明冲突论》，上海人民出版社，1995。

［28］王介南：《中外文化交流史》，书海出版社，2004。

［29］王卡：《老子道德经河上公章句》，中华书局，1993。

[30] 费正清：《剑桥中国晚清史》（上卷），中国社会科学出版社，1985。

[31] 郭建宁：《当代中国的文化选择》，北京大学出版社，1999。

[32] 冯友兰：《三松堂学术文集》，北京大学出版社，1984。

[33] 柯毅霖：《晚明基督论》，王志成等译，四川人民出版社，1999。

[34] 李约瑟：《中国科学技术史》（第4卷·第2分册），科学出版社，1990。

[35] 刘建明：《新闻学前沿——新闻学关注的十一个焦点》，清华大学出版社，2005。

[36] 刘明君、郑来春、陈少岚等：《多元文化冲突与主流意识形态建构》，中国社会科学出版社，2008。

[37] 卢卡奇：《历史与阶级意识》，杜章智译，商务印书馆，1992。

[38] 鲁克俭：《国外马克思主义研究的热点问题》，中央编译出版社，2006。

[39] 罗素：《一个自由人的崇拜》，时代文艺出版社，1988。

[40] 裴化行：《利玛窦司铎和当代中国社会》（第1册），东方学艺社，1943。

[41] 普利高津：《从混沌到有序》，曾庆宏、沈晓峰译，上海译文出版社，1987。

[42] 秦家懿、孙汉思：《中国宗教与基督教》，吴华译，三联书店，1990。

[43] 塞缪尔·亨廷顿：《文明的冲突与世界秩序的重建》，新华出版社，1998。

[44] 黄楠森、龚书铎、陈先达：《有中国特色社会主义文化研究》，山东人民出版社，1999。

[45] 文化部、对外文化联络局:《中国对外文化交流概览(1949~1991)》,光明日报出版社,1993。

[46] 吴于廑:《古代的希腊和罗马》,中国青年出版社,1979。

[47] 〔英〕基托:《希腊人》,徐卫翔、黄韬译,上海人民出版社,1998。

[48] 熊文化:《英国汉学史》,学苑出版社,2007。

[49] 修昔底德:《伯罗奔尼撒战争史》,商务印书馆,1985。

[50] 徐善伟:《东学西渐与西方文化的复兴》,上海人民出版社,2002。

[51] 徐宗泽:《明清间耶稣会士译著提要》,中华书局,1989。

[52] 杨魁、董雅丽:《消费文化——从现代到后现代》,中国社会科学出版社,2003。

[53] 俞吾金:《意识形态论》,人民出版社,2009。

[54] 张冠梓:《哈佛看中国——全球顶级中文问题专家谈中国问题》,人民出版社,2010。

[55] 张桂珍:《中国对外传播》,中国人民大学出版社,2006。

[56] 朱谦之:《中国哲学对欧洲的影响》,河北人民出版社,1999。

[57] 翦伯赞:《论明代海外贸易的发展》,文风书局,1946。

[58] 王宁:《全球化与文化:西方与中国》,北京大学出版社,2002。

[59] 张昆:《国家形象传播》,复旦大学出版社,2006。

[60] 黄新华:《当代意识形态研究:一个文献综述》,《社会观察》2004年第1期。

[61] 辜正坤:《中西文化比较与中国文化战略回应》,《中国论坛》2003年第8期。

[62] 代金平、戴明玺:《论儒释道三宗的和谐理念》,《管子学刊》2007年第4期。

[63] 宏修平:《试论中国佛教思想的主要特点及其人文精神》,《南

京大学学报》（哲学·人文科学·社会科学）2001年第3期。

[64] 胡慧林：《论文化产业结构的战略性调整与制度创新》，《思想战线》2003年第4期。

[65] 蔡德贵：《构筑中西交流的学术桥梁——访著名学者季羡林先生》，《山东社会科学》2006年第11期。

[66] 蔡德麟、郁龙余：《东西方文化交流与二十一世纪》，《中国社会科学季刊》1993年第4期。

[67] 靳辉明：《关于当前影响我国的四种社会思潮的剖析和思考》，《重庆邮电大学学报》（社会科学版）2009年第2期。

[68] 方长平：《中美软实力比较及其对中国的启示》，《世界经济与政治》2007年第7期。

[69] 房宁：《经济全球化与中国社会主义》，《中国人民大学学报》2001年第4期。

[70] 匡长福：《西方对华文化渗透的新路径》，《马克思主义文摘》2011年第8期。

[71] 李晓莹：《我国面对外国非政府组织的策略研究》，《科技向导》2011年第26期。

[72] 卢洋：《旅游对中西方文化交流的影响》，《黑龙江对外经贸》2005年第8期。

[73] 史安斌：《全球网络传播、"第三文化"和意识形态问题》，《新闻界》2003年第5期。

[74] 宋晖、赖大仁：《文学生产的麦当劳化和网络化》，《文艺评论》2000年第5期。

[75] 王克婴：《近代与当代中西文化交流与冲突比较研究》，《历史教学》2002年第4期。

[76] 韦云龙：《跨国公司文化传播的三大特点》，《求是》2000年

第 12 期。

[77] 杨吉华：《我国文化产业结构存在的问题及对策》，《番禺职业技术学院学报》2007 年第 1 期。

[78] 杨宁：《后现代主义文化思潮对当代大学生的影响》，《青年研究》1995 年第 5 期。

[79] 张谨：《论文化转型》，《学术论坛》2010 年第 6 期。

[80] 张世英：《论超越》，《北京社会科学》1993 年第 12 期。

[81] 张志军：《中国全面入市与国家电视文化安全》，《现代传播》2002 年第 5 期。

[82] 《中国问题专家沈大伟见证中国》，《人民日报》（海外版）2010 年 5 月 21 日。

[83] 何申权：《4000 个英语新词来自中文》，《环球时报》2005 年 4 月 18 日。

[84] 沈宝祥：《略谈借鉴人类政治文明成果》，《学习时报》2003 年 3 月 17 日。

[85] 章传家：《如何真正融入人类社会政治文明的共同大道？》，《学习时报》2003 年 6 月 26 日。

2. 英文文献

[1] A. L. Kroeber and Clyde Kluckhorn, *Culture*：*a Critical Review of Concepts and Definitions*, New York：Vintage, 1963.

[2] C. P. Snow, *The Two Cultures*, Cambridge UP, 1964.

[3] E. T. Hall, *Beyond Culture*, Garden City, NY：Anchor Doubleday, 1977.

[4] G. Smith ed., *Communication and Culture*：*Readings in the Codes of Human Interaction*, New York：Holt, Rinehart & Winston, 1996.

[5] J. Marsella, "The Measurement of Emotional Reactions to Work：

Methodological and Research Issues", *Work and Stress*, 1994 (8).

[6] Michael Freeden, *Ideologies and Political Theory*, Oxford: Clarendon Press, 1996.

[7] "The Third Culture", http://www.edge.org/3rd_culture/index.html.

[8] R. Williams, *Keywords: A Vocabulary of Culture and Society* (2nd edition), London: Fontana Press, 1983.

附录 A 西方文化对当代中国大学生价值观的影响调查问卷

尊敬的各位同学：

你好！此次问卷的主要目的是了解西方文化对当代中国大学生价值观的影响。本次调查为不记名调查，我们会为调查对象保密，调查原始资料不会向任何单位和个人提供，不会用于任何考核工作，其结果将只用于学术研究，请放心填写。除问卷中注明填写方式的问题外，一般只选择一项答案，在填写过程中，请注意题目要求，不要随意空填。

你所提供的意见对本研究是非常宝贵的。没有你的帮助，研究者将难以完成所预定的研究目标。对于你的支持，我们表示衷心的感谢！

天津师范大学政治与行政学院

2012 年 12 月

附录 A   西方文化对当代中国大学生价值观的影响调查问卷

一　个人基本信息：

学校代码（   ）

1. 性别

    男　女

2. 年龄

    A. 18 岁以下   B. 18～20 岁

    C. 20～22 岁   D. 22 岁以上

3. 成长环境

    A. 沿海开放地区   B. 内陆地区

    C. 港澳台地区   D. 其他

4. 所学专业

    A. 文科   B. 理科   C. 工科   D. 医学

    E. 法学   E. 其他

二　具体内容：

5. 你喜欢看国外的影片吗？

    A. 非常喜欢   B. 比较喜欢   C. 一般

    D. 不是很喜欢   E. 非常不喜欢

6. 在你喜欢的影片中，（   ）占大部分

    A. 美国电影   B. 欧洲电影   C. 国产电影

    D. 日韩电影   E. 其他

7. 你认为外国影片最吸引你的地方是下列哪个原因？

    A. 故事情节

    B. 影片背后的深层文化内涵

    C. 高科技的制作技术，如音效、特技等

D. 演员的演技

E. 其他

8. 受好莱坞电影和美剧的影响，带动了其副业如"服装、游戏、音乐及电子产品"在中国的热销，对此你的态度如何？

A. 非常好，这促进了经济的发展

B. 不好，这样会阻碍民族经济的发展

C. 无所谓

D. 其他

9. 在你喜欢的流行音乐中，（ ）占大多数

A. 欧洲流行音乐

B. 北美流行音乐

C. 中国大陆流行音乐

D. 港台流行音乐

E. 无所谓，好听就喜欢

F. 其他

10. 在中外饮食文化偏好方向，你偏好

A. 更喜欢中国饮食

B. 更喜欢外国饮食

C. 皆喜欢

D. 不清楚、没想过

11. 你认为外来饮食文化进入中国

A. 会对中国饮食文化造成消极影响

B. 会丰富中国饮食文化，使其形式多样化

C. 不会对中国饮食文化产生任何影响

D. 其他

12. 你每月在西式餐厅或洋快餐上的消费是多少？

A. 100 元以下　　B. 100～200 元

C. 200~300 元　　D. 300 元以上

13. 你选择西式快餐或洋快餐最先考虑什么因素？

　　A. 品牌　　B. 口味　　C. 环境　　D. 服务

　　E. 习惯　　F. 价格　　G. 其他

14. 你庆祝过哪些西方节日？（可多选）

　　A. 新年　　　B. 圣诞节　　C. 复活节

　　D. 感恩节　　E. 愚人节　　F. 母亲节

　　G. 父亲节　　H. 情人节　　I. 万圣节

15. 你庆祝这些西方节日的理由？

　　A. 感觉很新奇，很好玩

　　B. 周围许多人都在庆祝，随大流

　　C. 个人宗教信仰

　　D. 对西方节日有深刻理解

　　E. 其他

16. 你对这些西方节日的看法？

　　A. 否定，不利于中国传统文化的传承

　　B. 肯定，新奇有趣，很适合青少年的个性

　　C. 应该和中国节日相互融合，和谐发展

　　D. 其他

17. 你认为这些西方节日对你有什么影响

　　A. 没什么影响，不会参与其中

　　B. 通过西方的节日，对其文化有了更深了解

　　C. 对中国的传统节日有所淡漠

　　D. 其他

18. 对于同一种功能相同的产品，在质量保证、价位合理的前提下，你会选择进口产品还是国产产品？

　　A. 进口产品　　B. 国产产品　　C. 无所谓

19. 你曾经购买过西方名牌奢侈品吗？

    A. 是   B. 否

20. 你希望自己就职于哪一类型的单位？

    A. 大型国际跨国集团   B. 国有企业

    C. 私营企业   D. 自主创业

    E. 政府职能部门（公务员）   F. 其他

21. 如果给你选择，你希望在什么样的市场环境下发展自己的事业呢？

    A. 政府能够对经济起管制作用，维护市场秩序

    B. 希望在一个比较自由的市场环境下发展自己的事业，希望政府尽量少插手，让市场发展的潜力迸发出来

    C. 市场与计划相结合的混合经济体制

    D. 无所谓，都能接受

    E. 其他

22. 对你而言，世界上最有用的语言是

    A. 汉语

    B. 英语

    C. 欧洲一些小语种（如西班牙语、意大利语等）

    D. 其他

23. 如果拿英语（或其他语言）与汉语相比，你认为哪种语言最美？

    A. 英语   B. 汉语   C. 其他

24. 你学习英语（外语）的主要目的是

    A 更好地了解西方文化   B. 找工作更容易   C. 出国

    D. 个人兴趣   E. 其他

25. 你是否有过出国留学或移民的想法？

    A. 是   B. 否

26. 上题选 A 的同学，你想出国的原因是

　　A. 向往国外的生活环境和文化氛围

　　B. 想要学习西方的先进知识和技术

　　C. 父母的决定，本人并无意愿

　　D. 不满足于本国的文化氛围

　　E. 其他

27. 如果你有留学或者移民的机会，你的首选是哪个国家（地区）

　　A. 美国　　B. 欧洲　　C. 日本　　D. 澳洲

　　E. 加拿大　　F 其他

28. 你认为下列哪国（地区）的生活方式更吸引你？

　　A. 中国　　B. 美国　　C. 欧洲

　　D. 澳洲、新西兰等国　　E. 其他

29. 根据你对自由的理解，你认为下列哪个国家（地区）是世界上最自由的国家（地区）？

　　A. 美国　　B. 欧洲　　C. 中国　　D. 不清楚

30. 根据你对民主的理解，你认为下列哪个国家（地区）是世界上最民主的国家（地区）？

　　A. 美国　　B. 欧洲　　C. 中国　　D. 不清楚

31. 你了解比较多的西方思想流派有哪些（可多选）

　　A. 人本主义理论　　　B. 行为主义理论

　　C. 西方生态社会主义　D. 西方民主理论

　　F. 马克思主义　　　　G. 其他

32. 下面哪些西方思潮流派人物是你比较了解的（可多选）

　　A. 民族乐派如肖邦、李斯特、西贝柳斯

　　B. 欧美现实主义文学如萧伯纳、海明威、罗曼·罗兰

　　C. 马克思主义如马克思、恩格斯

D. 印象派美术如莫奈、马奈、梵高、高更

E. 其他

33. 以下关于享乐主义的观点,你同意哪个

  A. 享乐的人不迷茫,不享乐的人才迷茫

  B. 社会进化的历史就是享乐的发展史

  C. 享乐主义是一种颓废腐败的思想

  D. 其他

34. 你认为在强调集体主义的中国,西方的个人主义是一种思想上的侵蚀吗?

  A. 是的 B. 不是 C. 不关注这个问题 D. 其他

35. 你认为大学应该强调集体生活吗?

  A. 应该 B. 不应该 C. 不关注这个问题 D 其他

36. 你是否觉得学术、班集体或其他的团体组织的规定或约束太多,令你受到束缚,而无法自由地生活?

  A. 十分同意 B. 基本同意 C. 有点不同意

  D. 完全不同意 E. 没感觉

37. 你觉得在社会生活中,是个人重要还是集体重要?

  A. 个人 B. 集体 C. 两者都重要 D. 说不清

38. 当个人利益和国家、集体利益发生矛盾时,你会如何做?

  A. 以国家、集体利益为先

  B. 个人利益为先

  C. 视情况而定

39. 你赞同"竞争是现代人的一种生活方式,优胜劣汰、适者生存"这一观点吗?

  A. 非常赞同 B. 较赞同 C. 不太赞同

  D. 很不赞同 E. 说不清

40. 你认为自己的竞争意识

　　A. 很好　B. 较好　C. 一般　D. 不足　E. 完全没有

41. 面对将来的社会竞争，你

　　A. 正积极做准备，提高竞争力

　　B. 与世无争，做好分内工作

　　C. 有点担忧，害怕适应不了

　　D. 很害怕，显得无所适从

　　E. 其他

42. 你觉得西方当代思潮对当代大学生产生了什么正面影响？（可多选）

　　A. 注重开放创新、科学技术

　　B. 注重管理知识、经济知识

　　C. 注重追求人权、自由、平等、民主、追求真理

　　D. 提高审美水平及个人修养

　　E. 使大学生更关注国家命运，国际动态

　　F. 其他

43. 你认为你对国外文化的了解在哪些方面？（可多选）

　　A. 音乐、电影　　B. 书籍　　C. 流行资讯

　　D. 生活方式、习俗　E. 外国历史　F. 其他

44. 你觉得西方文化是通过何种传播渠道影响中国当代大学生（可多选）

　　A. 互联网　　B. 杂志、电影、电视、广播

　　C. 进口产品　D. 旅游　　E. 其他

45. 你认为下列哪种传播渠道的影响最大

　　A. 互联网　　B. 杂志、电影、电视、广播

　　C. 进口产品　D. 旅游　　E. 其他

46. 你觉得西方当代思潮对当代大学生产生了什么负面影响？

（可多选）

  A. 个人主义盛行　　B. 享乐主义成风　　C. 性解放

  D. 拜金主义　　　　E. 追求个人功利　　F. 道德沦丧

  G. 其他

47. 你认为当代大学生受西方思想影响的最主要原因

  A. 我不成熟不稳定的年龄特点决定了大学生易受各种各样文化影响

  B. 科技的发展使大学生极易接触西方思想

  C. 全球化的发展，使国际文化交流更频繁

  D. 一些西方国家的强势文化入侵的政策

  E. 西方思想中经久不衰的优秀部分深深吸引了大学生

  F. 其他

48. 你认为大学生应该如何应对西方社会思潮的负面影响

  A. 用马克思主义理论来武装自己

  B. 深入理解西方社会思潮，把握其本质

  C. 认真学习我国传统文化，深入了解我国国情

  E. 远离当代西方社会思潮

  F. 其他

49. 你认为当代大学生应如何对待西方思潮的东渐

  A. 消除抵触心理，欣然接受

  B. 抛弃本民族文化，接受外来文化

  C. 认真思考，谨慎对待

  D. 坚决抵制

  E. 其他

50. 中国文化和西方文化哪种文化对你的价值观影响更大？

  A. 中国文化　　B. 西方（外来）文化

  C. 没有比较过　D. 不知道

51. 你对西方文化的态度

    A. 虽然西方文化很吸引人，但中国文化依然是根基

    B. 对西方文化的兴趣多于中国文化

    C. 对中国文化的兴趣多于西方文化

    D. 本身对了解文化兴趣不大

    E. 其他

52. 你认为中国文化有很多方面赶不上西方文化吗？

    A. 是　B. 否　C. 其他

问卷结束，谢谢合作！

附录 B 在华留学生对中国文化认知调查问卷

尊敬的各位同学：

你好！此次问卷调查的对象为在华学习的留学生，目的是更好地了解你们对中国文化的态度和兴趣及中国文化对你们的影响。

这次调查为不记名调查，我们会为调查对象保密，调查原始资料不会向任何单位和个人提供，不会用于任何考核工作，其结果将只用于学术研究。请你先仔细阅读一遍问卷后再填写，除问卷中注明填写方式的问题外，一般只选择一项答案。

你所提供的意见对本研究是非常宝贵的。没有你的帮助，研究者将难以完成所预定的研究目标。对于你的支持，我们表示衷心的感谢！

天津师范大学政治与行政学院
2012 年 12 月

一 个人基本信息：

1. 学校代码（　）

    国籍_____

2. 性别　　男　　女

3. 年龄

    A. 18 岁以下　　B. 18～20 岁

    C. 20～22 岁　　D. 22 岁以上

4. 已在华居住时间

    A. 1 年以内　　B. 1～2 年

    C. 2～3 年　　　D. 3 年以上

5. 你来自于下列哪个国家或地区？

    A. 美国　B. 欧洲　C. 日韩

    D. 非洲　E. 澳洲　F. 其他

6. 你在中国所学的专业

    A. 语言、文学类　B. 理学　　C. 工学

    D. 医学　　　　　E. 管理学　F. 金融经济

    G. 艺术　　　　　H. 其他

7. 学历：A. 本科　B. 硕士生　C. 博士生　D. 其他

8. 汉语水平（或 HSK 考试成绩）

    A. 高级（HSK5、6 级）　B. 中级（HSK4 级）

    C. 初级（HSK1～3 级）　D. 没参加考试

二 具体内容：

9. 你来中国留学的目的

    A. 喜欢中国的文化

    B. 中国经济实力强大

C. 专业/工作的要求

D. 中国教育水平高

E. 其他（请注明）＿＿＿＿＿＿

10. 用数字1至10衡量你对中国文化的兴趣，"1"代表毫不感兴趣，"10"代表非常感兴趣，你会打（ ）分

11. 用数字1至10衡量你对中国文化的了解，"1"代表毫不了解，"10"代表非常了解，你会打（ ）分

12. 你是否愿意了解更多的中国传统优秀文化知识？

    A. 愿意，因为很有价值

    B. 想了解，但是没有好的途径

    C. 不愿意，因为这些东西都过时了

    D. 其他

13. 你来中国前后对中国印象差距大吗？

    A. 非常大   B. 有些不同

    C. 不大   D. 没什么感觉

14. 造成你和中国人交流的障碍是？

    A. 语言障碍   B. 文化差异   C. 害羞

    D. 缺乏交流的机会   E. 其他

15. 你了解中国文化的主要方式

    A. 网络

    B. 书籍、报纸、杂志

    C. 与中国人交流

    D. 中国老师介绍

    E. 旅游

    F. 中文影视/音乐

16. 你平时浏览中文网页吗？

    A. 经常 B. 有时 C. 偶尔 D. 从不

17. 如果只能用一个名词（短语）来形容中国，你会选择

　　A. 中国制造　　　B. 熊猫故乡　C. 中国功夫

　　D. 人口第一大国　E. 共产主义/社会主义

　　F. 其他（请注明）

18. 如果只能用一个形容词（短语）来形容中国，你会选择

　　A. 神秘的　　B. 古老的

　　C. 美丽的　　D. 快速发展的

　　E. 其他（请注明）

19. 你最关注下列关于中国的哪些信息？

　　A. 文化信息　B. 社会生活信息

　　C. 政治信息　D. 经济信息

　　E. 教育信息　F. 其他（请注明）

20. 你认为最主要的中国精神是什么？

　　A. 顺从　B. 忠诚　C. 谦虚　D. 自律

　　E. 保守　F. 孝道　G. 勤劳

21. 你对下面哪些中国传统文化比较感兴趣或者有些了解（可多选）

　　A. 书法　　　　　　B. 古典诗词歌赋或小说

　　C. 民族音乐或乐器　D. 民族戏曲（如京剧）

　　E. 传统节日　　　　F. 玉器或瓷器

　　G. 国画　　　　　　H. 建筑

　　I. 其他

22. 下列中国节日你熟悉哪些？（可多选）

　　A. 春节　B. 元宵节　C. 中秋节

　　D. 七夕　E. 端午节　F. 清明节

23. 你认为中国文化对世界的影响力大吗？

　　A. 巨大　B. 一般　C. 没任何影响　D. 不知道

24. 对于中国文化的未来，你觉得

　　A. 很乐观　B. 比较乐观

　　C. 不乐观　D. 很悲观　E. 其他

25. 选出下列你熟悉的中国政治人物（可多选）

　　A. 秦始皇　B. 孙中山　C. 毛泽东　D. 邓小平

　　E. 习近平　F. 成吉思汗　G. 其他

26. 下列事物你对哪个最有好感？

　　A. 中国人　B. 中国政府　C. 中国文化　D. 其他

27. 你了解下列哪些事件？（可多选）

　　A. 1949年新中国成立

　　B. 一国两制制度

　　C. "文化大革命"

　　D. 改革开放

　　E. 中国共产党第十八次代表大会

28. 通过你在中国的留学，你觉得你对中国的感觉

　　A. 更积极，正面　B. 没变化　C. 更消极　D. 不知道

29. 你认为你在中国的留学经历可以让你在今后从事工作时更有竞争力吗？

　　A. 完全同意　B. 比较同意　C. 不置可否

　　D. 不太同意　E. 完全不同意

30. 你认为在文化传播方面，中国哪些地方需要改进？

问卷结束，谢谢！

附录 C Cognition of Chinese Culture from Foreign Student's Perspective

Dear foreign student,

We should be very grateful if you could please complete this questionnaire which will greatly help our researchers to better understand your impressions, views and interest towards Chinese culture. Without your valuable help, researchers can't complete their research. The results are anonymous and are intended for research only and won't be provided to any authorities. Please read carefully and provide only one answer per question unless otherwise specified.

School of Politics and Administration

Tianjin Normal University

December 2012

1. School Code No. (　　)
   Nationality
2. Gender: Male　Female

3. Age

    a. Under 18

    b. 18 – 20

    c. 20 – 22

    d. Over 22

4. How long have you been in China?

    a. Less than 1 year

    b. 1 – 2 years

    c. 2 – 3 years

    d. More than 3 years

5. What's your origin?

    a. America

    b. Europe

    c. Japan or South Korea

    d. Africa

    e. Australia

    f. Other

6. What do you study in China?

    a. Language/literature

    b. Science

    c. Engineering

    d. Medical science

    e. Management

    f. Finance

    g. Arts

    h. Other

7. Your level of education

a. Undergraduate student

   b. Postgraduate student

   c. Doctoral student

   d. Other

8. Your level of Chinese Language

   a. Fluent (HSK 5 – 6)

   b. Intermediate (HSK 4)

   c. Beginner (HSK 1 – 3)

   d. I haven't taken the HSK exam yet

9. Why did you choose to come to China to study?

   a. Interest in Chinese culture

   b. To learn about emerging economic power of China

   c. Requirement for job or study

   d. China offers a higher standard of education

   e. Other (please specify)

10. How would you describe your interest in Chinese Culture on a scale of 1 to 10 with 1 being "not interested" and 10 being "extremely interested"?

11. How would you describe your current knowledge of China on a scale of 1 to 10 with 1 being "no knowledge" and 10 being "expert knowledge"?

12. Would you be interested in learning more about Chinese culture?

    a. Yes, it will be a valuable tool in future

    b. Yes, but I don't know how

    c. No, it is irrelevant

    d. Other

13. How different is your actual experience in China to your expectations before arriving in China?

    a. Very different

    b. Somewhat different

    c. About the same

    d. No expectations

    e. Other

14. What are the main obstacles to you socialising with local Chinese?

    a. Language

    b. Culture shock

    c. Chinese shyness

    d. Lack of socialising opportunities

    e. Other

15. What is your current source of information about Chinese culture?

    a. Internet

    b. Books and magazines

    c. Socialising with Chinese

    d. Chinese teacher

    e. Travel

    f. Chinese music and movies

16. Do you visit Chinese websites?

    a. All the time

    b. Sometimes

    c. Rarely

    d. Never

17. If you were to describe China in one phrase which of the

following would you use?

    a. Made in China

    b. Homeland of the Panda

    c. Martial arts/ Chinese kungfu

    d. Most populous nation

    e. Communists/socialists

    f. Other (please specify)

18. What is the most appropriate adjective you would use to describe China?

    a. Mysterious

    b. Ancient

    c. Beautiful

    d. Rapidly developing

    e. Other (please specify)

19. What about China interests you?

    a. Culture

    b. Social

    c. Economy

    d. Politics

    e. Education

    f. Other (please specify)

20. What do you think is the main Chinese characteristic?

    a. Obedience

    b. Loyalty

    c. Modesty

    d. Self discipline

    e. Conservative

f. Blind honouring of the parents

g. Diligent

h. Other（please specify）

21. Which of the following interest you?（pick as many as are applicable）

a. Calligraphy

b. Chinese poetry and novels

c. Chinese opera, e. g. Peking opera

d. Chinese musical instruments

e. Chinese traditional festivals

f. Jade or china

g. Chinese paintings

h. Architecture

i. Other（please specify）

22. Which of the following Chinese festivals are you familiar with?（pick as many as are applicable）

a. Chinese New Year

b. Lantern festival

c. Moon festival

d. Chinese "Valentine" festival

e. Dragon boat festival

f. Chinese "All Souls" festival（to honour the dead）

23. How much do you think current Chinese culture influences the world at large?

a. Significant influence

b. Some influence

c. No influence

d. No comments

附录 C　Cognition of Chinese Culture from Foreign Student's Perspective

24. How do you feel about the future of Chinese culture?

a. Very Optimistic

b. Somewhat optimistic

c. Pessimistic

d. Very negative

e. Other

25. Which of the following politicians are you familiar with? (pick as many as are applicable)

a. Qin, shihuang (the first emperor of Qin Dynasty)

b. Sun, zhongshan

c. Mao, Zedong

d. Deng, Xiaoping

e. Xi, Jinping

f. Genghis, Khan

g. Other

26. Which of the following do you like the most?

a. Chinese people

b. Chinese government

c. Chinese culture

d. Other

27. Which of the following things are you familiar with? (pick as many as are applicable)

a. the founding of PRC in 1949

b. "one country, two systems" policy

c. Cultural Revolution

d. Reform and opening – up policy

e. The eighteenth National Congress of the Communist Party of China

28. Whilst studying in China your feelings towards China are becoming

    a. More positive

    b. More negative

    c. No change

    d. Don't know

29. Do you think your studies in China will enhance your future job prospects?

    a. Yes

    b. No

    c. Maybe

    d. Not sure

30. What is the best way for China to promote its culture?

Thank your for your time!

后 记

　　拙书成稿之际，也是我的博士学习生涯即将结束之时。回首这三年多的学习历程，感慨良多，在此，想以此篇文章为经，串起许多所感之事，所念之人，点滴俱在心头。

　　由于本人特殊的跨专业的学术背景，一直以来都对文化研究这一课题很感兴趣，我们生活在中西文化融合的大时代，一方面可以安享现代科技与文化所带来的便捷和丰盈，另一方面作为一名炎黄子孙，我们的个人生命和志趣又深受中华传统文化的滋养，因而，我总希望自己的研究能够触及这宏大壮阔的时代背景，去探究千百年前的先哲们即已怵然震动、日日思之的问题：当今不同文明间开放交融的"三千年未有之大变局"究竟将带给世界怎样的影响？深处其中的我们又当怎样自处？如何应对？这是一个可以结合内心志向和专业特长的命题，于是所思所想，慢慢向这个方向靠拢。

　　以此缘起，直至今日本书完成，我首先要感谢我的博士导师荣长海教授，在我完成本书的三年时间里，先生倾注了极大的心血，其严谨勤奋的治学精神与睿智谦和的大家风范，将是我终身学习的榜样。本书撰写期间，我曾数易其稿，先生亦不厌其烦地反复批阅，著作的选题、开题、撰写过程都凝聚了先生的心血，正是他不断地点拨、启发和敦促才使我的著作渐成轮廓并趋向完善，奈何学生天资鲁钝，虽于操觚染翰之间不敢有丝毫懈怠，但最终离先生的预期仍相去甚远，唯有日后加倍勤勉，以报先生栽培之恩，在此向恩师致以深深的谢意。

感谢余金成、杜鸿林、王存刚、王立等诸位教授对本书提出的宝贵意见，你们的指点使我得以避免很多弯路，对本书的写作具有重要的意义。

感谢对本书实证分析的问卷部分提供巨大帮助的各位老师，没有他们的帮助，拙作将难以顺利完成，他们是：李雪琴副教授、孙晓红副教授、雷鸣副教授、冯宏良副教授、焦洪宝副教授、靳丽华副教授、穆静老师、李天宇老师，在此一并致谢。

衷心感谢我的父母，感谢你们多年来的支持、呵护与包容，是你们的呕心沥血和辛勤培育才使我得以顺利完成本书！姐姐和姐夫的支持同样厚重无比，特别要感谢我的外甥女 Elaine 和 Emilia，你们纯净的眼神在宁静的夜晚多次激发了我的写作灵感！祝愿 Elaine 能早日实现你的剑桥梦！此外，还要感谢我的爱人李澎，感谢他多年来的理解、支持与关心。

最后，深深地感恩古今一切圣贤带给我源源不尽的精神指引和内心力量，并深深感念生命中所有经历过的人和事，正如索达吉堪布所言："人一生很多时候都生活在别人的恩泽之中，但他自己可能永远都不知道。"世界无穷愿无尽，海天寥廓立多时，愿我此生在通往圆满的路上不断精进，随喜！

刘　洋
2013 年 3 月于天津

图书在版编目(CIP)数据

当代中西文化交流中的意识形态问题/刘洋著. —北京：社会科学文献出版社，2014.4
　ISBN 978-7-5097-5717-8

　Ⅰ.①当… Ⅱ.①刘… Ⅲ.①文化交流-研究-中国、西方国家 Ⅳ.①G04

中国版本图书馆 CIP 数据核字（2014）第 035243 号

当代中西文化交流中的意识形态问题

著　　者 /	刘　洋
出 版 人 /	谢寿光
出 版 者 /	社会科学文献出版社
地　　址 /	北京市西城区北三环中路甲 29 号院 3 号楼华龙大厦
邮政编码 /	100029
责任部门 /	全球与地区问题出版中心 （010）59367004
责任编辑 /	张金勇　高明秀
电子信箱 /	bianyibu@ssap.cn
责任校对 /	白秀红
项目统筹 /	高明秀　张金勇
责任印制 /	岳　阳
经　　销 /	社会科学文献出版社市场营销中心 （010）59367081　59367089
读者服务 /	读者服务中心 （010）59367028
印　　装 /	北京季蜂印刷有限公司
开　　本 /	787mm×1092mm　1/16
印　　张 /	17.75
版　　次 /	2014 年 4 月第 1 版
字　　数 /	228 千字
印　　次 /	2014 年 4 月第 1 次印刷
书　　号 /	ISBN 978-7-5097-5717-8
定　　价 /	69.00 元

本书如有破损、缺页、装订错误，请与本社读者服务中心联系更换

版权所有　翻印必究